本书得到东华大学人文社科出版基金资助

秦德君 著

思想的郊外

知识、智慧与人性

上海人民出版社

序

　　《思想的郊外：知识、智慧与人性》是作者的学术随笔，分成几个方面。我年纪大了，没能每篇都细看，跳着看了各部分内容。但德君教授发表于报端的各类文章，我是时常仔细读的。

　　《思想的郊外：知识、智慧与人性》是一种"笔记体"著作。这种学术方式，灵动而"别出心裁"，在视野和阅读上，是个拓展。中国历史上，历朝历代都有一些著名笔记著作传世，采拾博洽，凡治乱得失、典章制度、文史考评、庙堂感悟、民俗风物、人生思辨、诸子百家、学术访察，无不书入其中，探赜索隐，气象万千，闪耀着知识、理性、智慧的光彩。学术价值比较高，是中国文化和学术中一道瑰丽的风景线。

　　比如南朝宋刘义庆的《世说新语》，名气大，学术价值高，趣味也强。再如南宋洪迈的《容斋随笔》，是关于历史、文学、哲学、艺术等方面的札记和读书笔记。其中典章制度考据辩证，尤为详尽，与北宋沈括的《梦溪笔谈》一样，是明清训诂、论析经史札记的典范。毛泽东一生好读《容斋随笔》，延安时期读线装本《容斋随笔》，晚年找来大字本《容斋随笔》读，孜孜不倦。又如清嘉庆进士梁章钜的《退庵随笔》，采借学术、官常、政事故实，“检束身心”“订讹砭惑”。还有像宋代欧阳修的《归田录》、司马光的《涑水纪闻》、陆游的《老学庵笔记》、叶梦得的《避暑录话》等，都是很著名的学术笔记，文笔即饶丰采。

很多人以为大文章难写，其实能写学术随笔才最见功力。因为除了要有思辨和品悟方面的能力，更得有扎实的国学底子和文史积蕴，且能博闻强记、举一反三并而别出机杼，还得有好的文字表达。记得以前读培根随笔，思想内涵可以，但总觉得文字“略输文采”，缺点“味道”，当然也可能是西文译成中文后的“失韵”。所谓学术随笔，要柳暗花明，闳中肆外，博有文采，可品意趣。

《思想的郊外：知识、智慧与人性》不落窠臼，新见迭见，清风徐来，思辨若深林，文笔类清潭，谓予不信，可试一读。

陶渊明诗曰：“田园将芜胡不归”。我们每个人都应当有个可以精神迈步、季节时新的后花园，芳草鲜美，落英缤纷，能让人流连忘返。

现在大文章多，大家都喜欢写洋洋洒洒的长文，却不一定写得好精短饱满的学术随笔和学术散文。这种倾向应当改变。希望有更多学者能多写精短文章，一孔之见、一得之见，有话则长，无话则短，这才可贵。是为序。

王邦佐

于华东医院　2018 年 8 月

目 录

第十章　精英与精英意识

第十一章　政治如溪流

第十二章　问一问，人的本质

第十三章　阅读，是最有风情的游历

第一章

知识、艺术、良心

思想的行程

《古诗十九首》"青青陵上柏"说："人生天地间，忽如远行客"，人的一生，都在路上。

人一生大概要走多少路？英国工效学家经过不太复杂的研究计算，得出结论：现代都市中的欧洲人，一生（按平均寿命70岁计算）大约步行8.05万公里。

这个数字，乍看挺"远"，但细算一下，其实人走得很少。以人平均寿命70岁计，一年365天，70年共25 550天。平均每天只步行了3公里多一点，每小时步行还不到200米。

英国工效学家们研究这个问题，是因为他们想知道，人类现在肌力正在逐渐减退的原因，是否与人类"步行距离缩短"的行为有关。难怪今天欧洲人，越来越喜欢跑步锻炼了。

然而人步行再远，也是有限的。只有思想的行程，才是旷漠无垠的。康德终其一生待在他的家乡葛德斯堡，从未远行，从未走出过那块狭小的土地。但他智慧的马车上天入地，横越四海。他的理论和思想，早已越出那个平静而安详的小镇，到达了世界各角落。它们还会继续前行，穿越历史，走进后人的思想课堂、书籍杂志，乃至人们的茶肆、酒吧、餐桌……

3

在各种对人的定义中，我觉得17世纪法国数理学家帕斯卡尔关于人是"思想的苇草"的说法，最合乎人的社会学本质。他在《思想录》中说："人只不过是一根苇草，是自然界最脆弱的东西；但他是一根能思想的苇草"，"思想形成人的伟大"。在谈到"思想"时，帕斯卡尔说："思想——一切是一，一切又各不相同。人性之中有多少种天性，有多少种禀赋啊！"马克·吐温也认为：思想才是人的生命之"重"，"构成生命的主要部分，并非事实和事件，它主要的成分是思想的风暴，它一生一世都在人的脑中吹袭"。

是的，我在故我思。唯有思想的旅行，"精骛八极，心游万仞"，可以越过万水千山，走入无限的时间和空间。人的步行距离，工效学家可以丈量；人的思想旅程，谁人可以计量？

思维的芬芳淡然而悠远。思想的精灵，比任何鸟儿都能飞得更高更远，比任何尖端物事更能穿越层云，彩彻云衢，凌贯古今。正如爱因斯坦说的："不管时代的潮流和社会的风尚怎样，人总可以凭着自己高贵的品质，超脱时代和社会"。

杜诗说："白也诗无敌，飘然思不群"；刘勰《文心雕龙》中说："寂然凝虑，思接千载；悄焉动容，视通万里"，这正是思想所具有的品质和风度。

思想是美丽的

拿破仑曾说："世界上只有两种强大的力量，即刀枪和思想；从长远看，刀枪的力量总是被思想的力量所战胜。"

想起拿破仑这话，是因为最近看到罗将军的妙论。就是那个自己发帖子吹自己、后被网友抖出来的那个。他自己冒充别人发帖子说："罗将军是军人也是学者，对于朝核问题分析的（应用'得'）很到位，所提建议非常合情合理，水平就是高；在电视台做军事评论是最受观众欢迎的！"

后来发现，发这帖子的不是别人，正是罗某本人。此事被网友抖搂出来后，罗大将军躲着不说话，消停了一段。风头一过，前不久又出来说话了，他说："拿键盘的敌人比拿枪炮的敌人更危险……"

妙论一出，有网友神回复："那你把枪炮给我们，我们把键盘给你，保证不删帖封号，如何？"

对于揭露他这糗事来说，"键盘"确实要比"枪炮"更有力量。

罗某的话，与正确的道理也有搭点边。

巴尔扎克怎么说来着？巴氏说："一个能思想的人，才真是

5

一个力量无边的人……"

你看，都强调了"思想"的力量。但巴尔扎克的话，与罗某的话完全不可同日而语。巴尔扎克是强调人类思想的伟大力量，罗某的意思，你懂的。

我这要说的是"思想力量"的另一面。就生活事实来说，"能思想的人"时常又是脆弱的。文明时常为野蛮所打败，人类漫长历史中有很多这样的演绎。君子的人格力量是强大的，《论语》里说到君子人格，俯拾即是，可君子时常斗不过小人。

在知识与权力的对垒中，君子与小人的对垒中，后者时常是胜出者。

但从长远看，思想的力量是不可战胜的。人类文明是以思想来启迪的。思想是人类文明绚丽色彩的底色。真正的思想是宝贵的。所以林语堂说："世界上的强盗，再没有比劫夺我们思想自由的罪恶更大的了。"

知识的定义

什么是知识？柏拉图有个经典的定义。他认为一个陈述能称得上是"知识"，必须合乎三个条件：一是被验证过的；二是正确的；三是被人们相信的。

但这三条，其实都难成立。

为什么？一是知识是经常被证伪的。任何知识只是在一定时间流程和空间范围的"点"上，才被证实、才能成立。过了那个"点"，"点"过境迁，未必成立。

二是"正确"与否，本质上是人的主观判断，本身就很难真正客观。

三是被人相信和认定的东西，也未必是真正的知识。很多被人们根深蒂固相信的东西，恰恰是谬误流传。

这让人想起日本野中郁次郎关于"知识"的说法：知识是一种被确认的信念。知识是从不相关或相关的信息中变化、重构、创造而得到的，其内涵比数据、信息要更广、更深、更丰富。——其实说白了，这就是经验。人类的经验构成了所谓知识的主体。合乎经验的东西，大体可以称为"知识"。

培根喊出了"知识就是力量"的动人口号，闪烁着那个时代的耀眼光芒。但是，"知识就是力量"其实只在极小的范围内才可能是现实。很多"知识"本身，可能是不真实的、真伪参半的，也是缺乏力量的。

所以知识的定义，有点难。

知识和创造

　　如果要找出一点 16 世纪后人类的思想痕迹，培根"知识就是力量"是个标签，差不多是那个时代的"最强音"了。那个时代，文艺复兴的余晖尚未收尽，人类的知性大面积觉醒，"知识"两字，闪耀着理性的光芒。

　　回望那个时代，一切事过境迁。今天的我们，重于创造而轻于知识。大家忙且现实，有点权势的，拿权势当力量，有些钱势的，以钱势作力量。在知识界，知识退居后位，"工具理性"占据前排，"创造偏好"则成为首席。

　　我们似乎每天都在"创造"，今天在电视里露脸，明天在研讨会上激情讲演，拿了出场费信封，再去赶另一个会场。极像 20 世纪 30 年代末张天翼笔下的华威先生，一样的赶场，一样的来去匆匆。

　　19 世纪的托尔斯泰和陀思妥耶夫斯基，大部分时间在埋首创作。托尔斯泰用 7 年时间写了《战争与和平》，71 岁时写了《复活》。马克思一生大部分岁月，都在默默无闻地工作。如果当年莎士比亚忙于露面和串场，休谟忙于做客媒体，培根每天在博客上发言十次，很多东西我们今天就读不到了。

知识很重要。高尔基说:"只有知识才是力量,只有知识能使我们诚实地爱人,尊重人的劳动,由衷地赞赏无间断的伟大劳动的美好成果;只有知识才能使我们成为具有坚强精神的、诚实的、有理性的人。"当然,也正如拿破仑·希尔在《思考致富》中说的:"知识不过是潜在力量,只有将它组织成明确的行动计划,并指引它朝着某个明确目的发挥作用的时候,知识才是力量。"

时下"创新""创见"如雷贯耳,比街边的杂货小店还多。每天我们都沉浸在"创新"的语境、心境中。有很多东西,如风中浮云,没多久就一阵风不知吹哪了,什么痕迹也没留下,只是忙煞了张悟本式的游走江湖的"大师"。

人类文明是经由创新不断拾级而上的。可创新不是一种时髦,创新也决不如把月饼做成方形的那般容易。真正的创新,本质上是文明、文化上的跨越和进步,至少也是技术上的完善。就知识与创造来说,知识先于创造,知识是创造的基础。没有真家伙,天天在那里搞话语爆炸,玩空手道,所谓"创新"、所谓"创造"、所谓"创见",不过是热热闹闹的胡闹而已。

我们需要先坐下来。淡定。

学者与思想者

叔本华说:"学者和思想家的区别,一种纯粹靠读书学来的真理,与我们的关系,就像假肢、假牙、蜡鼻子甚或人工植皮。而由独立思考获得的真理就如我们天生的四肢:只有它们才属于我们。这就说明,为什么一个思想家和一个学者是截然不同的两码事。"

这话说得有点绕。真正的思想家和学者,完全是"不同的两码事"。学者可以成为思想家,但未必就是思想家。思想家是关乎人类生存和社会正义的人,简单说,思想家是"有灵魂"的学者。

当然,也不是读了几本书,写了两篇不痛不痒的文章,便是"学者"。苏格拉底的弟子亚里斯提卜曾说:"真正的学者往往不是读了很多书的人,而是读了有用书的人"。知识本身是使人生长公共理性的,但如果光有知识,没有思想和良知,甚至连一个合格的"学者"也未必算得上。

也并不是有了点"思想",就是思想家。列宁说:"'思想家'之所以配称为思想家,就是因为他走在自发运动的前面,为它指出道路,善于比其他人更早地解决运动的'物质因素'自发地遇

到的一切理论的、政治的、策略的和组织的问题。"(《列宁全集》第5卷，人民出版社1986年版，第326页)

这样的"思想家"，才是真家伙。

哲学如一树

笛卡尔说:"哲学如一树,形而上学乃其根,物理学乃其干,其余科学则由此干所生之枝,此诸枝可约为三类:即医学、机械学与道德学。"

丹纳说:"自然界有它的气候,气候的变化决定这种那种植物的出现;精神方面也有它的气候,它决定这种那种艺术的出现。"

在许多思想家看来,哲学,特别是形而上,是人类智慧之根。在哲学之树上,在物理学主干上,旁逸枝生,衍生其他学科。今天的人,把哲学扔得远远的,因为它"无用"。哲学专业之外的人,决不习哲学;哲学专业的人,尽量不读哲学;搞中哲、马哲的,则不谙西哲。这是一件比较麻烦的事。

"无用"之用,是为大用。一个民族的浅薄和功利,时常是哲学精神的匮乏和思想方面的苍白。

丹纳(Hippolyte Adolphe Taine)是 19 世纪法国著名文艺理论家,他在经典著作《艺术哲学》中,把他的艺术哲学喻为"应用植物学",以植物学原理来说明艺术生长。"时代精神"和"风俗"决定了艺术作品的气质风格,就像一定气候土壤必然生长出一定植物一样。

许多思想大家，都有这种"风土气候"观，如孟德斯鸠在他的名著《论法的精神》一书中，从地理、宗教、民情、风俗等去探寻各个国家的法律精神，认为自然气候风土的不同，决定了一国"政制所能够形成的性格"。

人，人的心灵，还有包括艺术、文化、法律在内的人周遭的物事，是一地风土和精神气候的灵魂，又是一地风土和精神气候洗沥出来的"作品"。

知识、艺术、良心

罗素说："在我看来，知识、艺术、人生乐趣、友谊或温情，不仅是实现某些目标的途径，而且本身就是有内在价值的事物。"

马克思在《资本论》中说："有些东西本身并不是商品，例如良心、名誉等等，但是也可以被它们的所有者出卖以换取金钱，并通过它们的价格，取得商品形式。"

今天的世界太商品了，可换钱的东西太多了。马克思要活在今天，看到"挟尸要价"报道、照片，看到前两天《新京报》报道，全国又查出百余吨残害儿童的三聚氰胺奶粉，看到地沟油返回餐桌的报道，他一定会说："有些东西本身并不是商品，例如良心、名誉等等，但在某些地方，它可以堂而皇之地出卖以换取金钱，并通过它们的价格，取得商品形式……"

当人们肆无忌惮地将良心、名誉等都"出卖以换取金钱"时，当人性黑暗大肆蔓延时，一个社会的底线——正义、公正，以及公民的身心健康，会是什么样一种面貌？

"世纪智者"罗素（Bertrand Russell）则提醒我们，有些东西本身是人生目的。比如，知识的目的是什么？自古希腊起，先哲们强调"知识是一种美德"；知识本身，是人的目的所在。工业革命后，强调"知识就是力量"，但"知识是美德"并没掩失它原有的光芒。

为什么知识是"美德"？

因为，知识是求真，不仅涉及人的技能、专业等方面，更涉及人的灵魂的质量。

但在中国人固有思维里，"书中自有黄金屋"——知识只是达到目的彼岸的摆渡小船。正如有朋友说的，过去穷苦人家"读书是唯一的出路。即便到今天，还是有许多人把读书看成改变命运的途径……从古至今，读书往往与人的生计、前途息息相关。"

读书求功名，有它历史合理性的一面，但人们对于知识，正如对于求神拜佛，不是基于信仰，而是为求得庇荫的手段，殊可哀矣。

第二章

天之道，人之道

哲人相晤，儒道握手

《庄子》书中，孔子时常作为求道心切、汲于名利，被教导、被调侃这样一种有趣的角色出场，不过，那不太能采信。《庄子》天马行空，恣肆汪洋，大量是寓言式虚构文字。但在历朝历代作为"正史"的司马迁《史记》里，孔、老两贤见面，孔子向老子当面求教学问，是确有记载的。《吕氏春秋·仲春纪第二·当染》也说"孔子学于老聃"；《礼记·曾子问》有四处，记载了孔子向老子求道问学。

老子是周朝守藏室之史，管理王室藏书的官员。有一天，孔子不远万里，跑到周朝国都雒邑，向老子"问礼"。两人见了面，孔子说了什么问了什么，他们喝了什么茶，吃了什么点心，无以考证。老子听了孔子叙述后，对孔子说了一番话：

你所说的，倡导的人和骨头都已腐朽，只有言论还在。君子遇时就做官，不遇时像蓬草那样随遇而安。会做生意的善于积货，外表却看不出来，君子品德高尚，但容貌谦恭愚钝。去掉你的骄气、欲念、嘚瑟，还有好高骛远，这些对自身没好处。我能告诉你的，就是这些了。

话不长，但沉甸甸的。分析一下，老子这番话的要旨是：

其一，君子适时而行，不要硬做。我们从后来孔子对弟子说的"邦有道，危言危行；邦无道，危行言孙"（《论语·宪问》）那样的话语里，可以看到老子"君子得其时则驾，不得其时则蓬累而行"的影子。

其二，"君子盛德，容貌若愚"。脸上表情不要拥挤，没有表情是最好的表情。不要装，不要煞有介事、故弄玄虚。就是《老子》里"和其光，同其尘"的意思。

其三，去掉骄、欲、志。这些汲汲不已的"进取精神"，对人生并没啥好处。

孔子回去后，对弟子发了一番感慨。说鸟儿能飞，鱼儿能游，野兽能跑。会跑的可以用网捕，会游的可以用线钓，会飞的可以用箭射。但是对于龙，我就不能知道咋办了。它是驾着风云腾飞升天的。我今天见到老子，大概就是这样的一条龙吧！

还有一次，孔子在鲁昭公安排下，带了一个随从、一个童仆，一辆车，两匹马，古道西风，适周问礼。两人谈完，孔子告辞，老子送出门来，临别赠言，说了一番诫力更强的话。核心是"为人子者毋以有己，为人臣者毋以有己"，让孔子多玩点淡定，不要太自我、太愤青，过于书生意气，挥斥方遒。那次孔子从周京雒邑回来后，投到门下的弟子多了起来。

从老子对孔子的"规诫"来看，那时的孔子，是一个忧国忧民、社会责任感极强的公共知识分子。当时齐国的政治家晏婴，曾对孔子有个评价，说他们能言善辩，高傲任性，难以用法约束。他们重视厚葬，不惜倾家荡产，齐国不能沾染这种风气；他们四处游说，谋求官禄，而他们制定的烦琐礼节，几代人也学不完。

当时的齐景公，正是听了晏子的意见，放弃了用孔子的念头。但事实上，儒家学派的弟兄们，大致是那个模样。晏子说孔子"盛容饰"，似与老子对孔子的印象差不多，晏子的话大体还是公允的。

孔子老子晏子都是人类公元前"轴心时代"重量级思想大师。这一时期，古希腊产生了荷马、巴门尼德、赫拉克利特、苏格拉底、柏拉图、修昔底德和阿基米德等，以色列产生了犹太教先知，巴勒斯坦产生了以利亚、以赛亚、耶利米、第二以赛亚等先知，印度产生了释迦牟尼，中国产生了老、孔、晏、庄、孟等诸子百家。

孔、老会晤，称得上是一个历史性时刻。它是两位先贤心灵的交流，是道儒两种思想的碰撞和握手。并不是道不同，就老死不相往来。

一个求道，谦谦君子，不耻躬身；一个箴言，忠厚长者，淡影玄远。我相信，孔子几次向老子问学，对孔子一生产生了极大影响，孔子在最大限度上调适了自己的思想行为。事实上，我们在《论语》中，不少地方能隐约看到老子思想投下的影子。

"三宝"治世有大义

关于社会治理,《老子》六十七章中说:"我有三宝,持而保之:一曰慈,二曰俭,三曰不敢为天下先。"老子认为社会治理有三大法宝,应当恪守并珍视它们:第一是柔慈,第二是俭约,第三是不敢走在天下人的前面。

老子是比较低调的,对各种摆谱、夸饰,亦多鄙视。但他向世人"亮宝",是不是有些矜夸?

老子没有矜夸。这"三宝",不仅是老子的珍宝,也是人类的珍宝。那么这"三宝",比起我们收藏在橱柜里的金银财宝,有什么好?

老子回答:"慈,故能勇;俭,故能广;不敢为天下先,故能成器长。今,舍慈且勇,舍俭且广,舍后且先,死矣!"——因为慈怀,所以能勇敢;俭省,所以能用度宽广;不敢走在天下人前面,所以能成为万物首长。现在,舍弃了柔慈而求勇敢,舍弃了俭省而求宽广,舍弃了后退而求争先,死路一条啊!

想想不是这个理么?一个社会,如果仁慈匮乏,再大家穷奢极欲,凡事人人争锋,就像《甄嬛传》《陆贞传奇》《杜拉拉之似水年华》中津津乐道的那样,那是个什么场景?人与人之间不是

22

野兽一般？甚至比野兽更野兽。所以老子说"舍慈且勇，舍俭且广，舍后且先，死矣！"不是危言耸听。

"不敢为天下先"过去饱受批判，把它说成"保守"、"怕事"什么的，几乎是胡扯了。老子的"不敢为天下先"，不是退缩、没有改革精神，而是私利不抢在天下人前，不敢冒天下之大不韪。

台湾哲学家傅佩荣先生在他的哲学著作中说："为天下先，亦即要当领袖。'领袖'这两个字听起来固然很伟大，但我们也知道，一件衣服上的领子和袖子通常是最脏的部分……如果一定要争取天下第一，只能钩心斗角……"

要说老子这"三宝"，总觉得西汉文帝堪称楷模。南怀瑾先生认为汉文帝"深得老子的妙用"，"是老老实实地实行老子的哲学来治国，奠定两汉四百年的刘家天下"。的确，汉文帝是这方面的典范。

先说慈。文帝当皇帝后，南越王赵佗还在自立皇帝，并集兵力准备向北进攻。这是势不两立、殊九族的浩天大罪。这要在其他人，一定会发动一场大战，赶尽杀绝为快。但文帝为天下苍生念，不忍战争，亲笔修书一封，晓之以理。那赵佗收到信后，立马取消了皇帝名号。文帝以怀柔消弭了一场大战，拯救了无数生灵。

历来有所谓"诽谤妖言罪"，百姓议论朝政，时常被定罪。文帝说："古时治理天下，朝廷设有'进善之旌'、'诽谤之木'，让人们站在旌下议论朝政，在木板上书写建议。今法有诽谤妖言之罪，是使众臣不敢尽情，而上无由闻过失也。将何以来远方之贤良？"于是废除了这项法律。以言治罪，这在今天文明社会，

23

尚不能消除，以言治罪的事在今天太多了，但公元前两世纪的一名皇帝，做到了。

《史记》记载，齐地有个人犯了罪，要受一种残酷的"肉刑"。他的小女儿叫缇萦的给文帝写了一封信，信中说："妾父为吏，齐中皆称其廉平，今坐法当刑。妾伤夫死都不可复生，刑者不可复属，虽复欲改过自新，其道无由也。"表示愿意自己卖为官婢，为父亲赎罪，让父亲改过自新。文帝读了信感慨说："夫刑至断肢体、刻肌肤，终身不息，何其楚痛而不德也"，下令废除肉刑。文帝生前，废除了好几项这样的"恶法"。

文帝减轻刑罚，尽量放宽法律制度，减轻税负，种种政策举措，宽仁到极点。在平定诸吕之乱后，使国力迅速恢复。《史记·律书》说：文帝时"百姓无内外之徭，得息肩于田亩，天下殷富，粟至十余钱，鸣鸡吠狗，烟火万里，可谓和乐者乎！"文帝当政23年，社会犯罪率大大降低，监狱里空空荡荡，几乎没有犯人。

在那样一个时代，遇上文帝这样一个好领导，真是万民之幸。尽管这一时期，出现了像吴楚七国之乱那样的事件，但因其民生深厚，终未威胁政权，很快平定叛乱。

再说俭。刘恒做皇帝后，一件袍子穿了二十多年，补了又补，一直没换。这不是作秀，完全是出于对民生不易的悲怜之情。文帝平时穿质地粗厚的丝织衣服，对宠爱的慎夫人，穿的衣服不准拖到地面，帷帐不准刺绣花纹。文帝规定自己的陵墓"皆以瓦器"，不准用金银铜锡为饰、不治坟，"欲为省，毋烦民"。

一次，文帝想造个露台。匠人算了一下，约需一百黄金。文帝说："一百黄金相当于十个中等人家的产业了"，觉得耗费太大，立马取消了计划。完全没有今天许多地方一掷上百亿、几千亿搞豪华楼堂馆所那种"大气派"、"大手笔"。

曾在小文《桃红柳绿四月春》里写到，文帝连赏物识事，也带着"俭啬"的特点。世人多赏梅、赏菊、赏牡丹什么的，可文帝唯一的喜好，便是赏柳。

历史上大大小小的皇帝，都会说些节俭的道理，但大体只是说说而已。

司马光《资治通鉴》说：文帝"即位二十三年，宫室、苑囿、车骑、服御，无所增益"。西汉后来的元帝，耽于声色，从皇帝到贵戚近臣，竞相奢侈挥霍。皇家养的厩马近万匹，天天食粟，怕它们太肥，每天牵出溜达。成帝修建陵墓，"重增赋敛，征发如雨"，《汉书·谷永传》说"公家无一年之蓄，百姓无旬日之储"。《后汉书·陈蕃列传》说，桓帝时，"田野空，朝廷空，仓库空，是谓三空"。

后来的灵帝，在后宫里开商肆，饮宴作乐，甚至给狗戴冠带绶，生活腐朽到极点。灵帝为增加收入，在西园卖官鬻爵，按职位高低和利禄多少而定价。

一个皇帝，要真正怜惜苍生、做到"俭啬"两字，是不容易的。

再看"不敢为天下先"。 刘邦死后，吕后大行杀戮，刘邦儿辈被杀得七零八落，只有刘恒在荒漠贫瘠的内蒙一带孤云野鹤地做着代王。刘恒的母亲薄氏，喜清静无为、与世无争，吕后没把她放眼里，故保得一条命。周勃平定吕氏势力，要恢复汉家天下，可后继乏人，就把边远的刘恒找来做皇帝。

刘恒风尘仆仆，从边塞来到首都长安外的渭桥。周勃领着文

25

武百官迎候，百官下跪——这时，刘恒也跪了下来。"西乡让者三，南乡让者再"，再三称自己"不足以称宗庙，愿请楚王计宜者，寡人不敢当"。南怀瑾说，这也是老子的精神——"谦德"。文帝一生，亲和厚道，完全没有其他皇帝的霸道习气。

不知怎么的，杨柳依依的长安渭桥边，文帝跪下还礼这一幕，让我想到当年东西方"冷战"期间，联邦德国总理勃兰特在华沙那伟大的、历史性的一跪。

独钓寒江雪

雪是冬天的灵魂。没有雪花的冬天，不会留下记忆。

小时的冬天似乎都与雪有关。纷纷扬扬的雪，浮绘出冰清玉洁的童话世界。打雪仗、堆雪人、河上溜冰，都是雪的故事。反正觉得冬天就应该雪花飘舞、银装素裹，就应该川流冰结、天地肃然。这是遥远冬天定格的图像。

冰心在她的自传中说，她曾竭力思索古人咏雪的诗句，浮上心头是两首打油诗。其中一首是"天上一笼统，井上黑窟窿。黄狗身上白，白狗身上肿。"这首打油诗流传极广，写得诙谐有趣。

但是在关于雪的诗文中，最喜欢的，还是柳宗元的《江雪》：

千山鸟飞绝，万径人踪灭。
孤舟蓑笠翁，独钓寒江雪。

诗中透出的独特的深广感和沁人心脾的孤寂感，无以加复。这样简约的笔墨，把雪天意境写到这份上，真是绝了。还没哪首诗、哪首词能这样。雪花是一首优雅的歌，天地人事却这般静默枯寂。在几乎没有生命动态的冰天雪地，孤舟一叶，泠然一人，

27

垂钓时空……简直写出了这一静寂世界的精魂。

中国文化中，一直有一位超然世外的"渔父"，在那里独钓寒江。他最早的身影，可能来自汨罗江畔那个与屈原对话的风雨打鱼人。司马迁《史记·屈原贾生列传》记载，当年屈原遭楚襄王放逐，行至江滨。这时，出现了一名渔父。有了一场经典的对话——

渔父见而问之曰："子非三闾大夫欤？何故而至此？"屈原曰："举世混浊我独清，众人皆醉而我独醒，是以见放。"渔父说："夫圣人者，不凝滞于物而能与世推移。举世混浊，何不随其流而扬其波？众人皆醉，何不哺其糟而啜其醨？何故怀瑾握瑜而自令见放为？"

如果把渔父这段话，理解为士子应投社会所好、随波逐流，那就大错特错了。在渔父看来，心灵原野上吹拂的，应该是超然至上的明达之风。一个人"怀瑾握瑜"，不应成为拘囿自身之因。"与世推移"的政治技巧，才是生存法则。渔父此语，把透屈原式"未遇"之脉象，也点出志士仁人安身立命"方圆"之精髓。

但屈原太纯粹了，对此是有认知距离的。所以听了屈原的回话，渔父"莞尔而笑"，唱着"沧浪之水清兮，可以濯吾缨；沧浪之水浊兮，可以濯吾足"，飘然而去。

还是柳宗元，他另一首题为"渔翁"的七古，写了渔翁倏忽飘游、独往独来的、清廖神秘的景象，表达了对渔翁的无尽倾慕：

> 渔翁夜傍西岩宿，晓汲清湘燃楚竹。
> 烟销日出不见人，欸乃一声山水绿。

28

回看天际下中流，岩上无心云相逐。

渔翁晚宿西岩山畔，早上湘江汲水，燃竹做饭。炊烟散尽，闲阳高挂而身影不见，只有摇橹声在青山绿水间回荡和岩石上的白云悠然。这种场景，颇有些蒙太奇效果。句中"绿"字，与王安石"春风又绿江南岸"之"绿"，同有一字之微之妙。《泠斋诗话》说："苏轼云：……熟味此诗有奇趣。"

杜牧笔下，渔父的背景有一束超然遗世的冷光。他的《赠渔父》勾勒的场面是：

芦花深泽静垂纶，月夕烟朝几十春。
自说孤舟寒水畔，不曾逢着独醒人。

芦花深泽静垂纶，是个共时性画面。芦花丛中，深泽之滨，一位老者在静静垂钓。月夕烟朝几十春，是个历时性交代，安然的垂钓者，历几十烟朝月夕，一直在芦花飘飞的深泽中观云钓水。渔父说自己在孤舟上、寒水畔，始终未遇到屈原这样的"独醒"之人。讥讽当世再无屈原那样忧国忧民之人，多为浑浑噩噩、随波逐流之辈。这"未逢"之声，也是杜牧"世无知音"的喟叹。

苏东坡《前赤壁赋》中说"……渔樵于江渚之上，侣鱼虾而友麋鹿；驾一叶之扁舟，举匏樽以相属"。不知这段文字，是否对明人杨慎产生过影响。将渔父表达得睿智放达，并且更深入人心的，是杨慎那首让人百读不厌的《说秦汉》开篇《临江仙》。清初，毛宗岗父子将它置于《三国演义》篇首：

29

滚滚长江东逝水，浪花淘尽英雄。
是非成败转头空，
青山依旧在，几度夕阳红。
白发渔樵江渚上，惯看秋月春风。
一壶浊酒喜相逢，
古今多少事，都付笑谈中。

词将空间与历史感表现到极致，而渔父是这个画面的中心。如果说，"独钓寒江"的渔父，透出的是改革落败后孤独凛然的身影；"芦花深泽"的渔父，是几十载孤舟寒水、在苍凉阅世的话，那么，"江渚之上"的渔父，已不再是悲情的孤独者，而是历史空间中超然世事的笑意智者了。一个社会，是需要一些热闹之外的冷然者的。就像一个地方的"湿地"，它平衡着生态系统。也像打湿红尘的清雨，对潇潇暮雨洒江天，几番洗清秋。更似酷暑里的一架豆架瓜棚，艰辛地给出一点绿荫。渔父就是这样的冷然"边缘人"。

这样的心智是一种草根智慧，是超然的老庄式哲人化身。与"庙堂智慧"不同的是，"渔父式智慧"是出世的、禅意的，嘴角时常挂着几分洞穿世事的笑。渔父笑看古今，傲岸清流，比起"诸葛孔明式"智慧、"屈原式"智慧来，这种智慧洗尽一切世俗尘埃，更有大智慧的光泽。

青山依旧在，雪花还在飘，渔父的背影却早漫不可寻。

"倚赖天涯钓"的战略大师

在中国历史文化中，垂钓是个极有意味的动作，十分意味深长。前文说到高人垂钓，别有义趣，或养身心，或避世利，或事韬晦。千百年来，有很多幕垂钓历史剧，甚至有了一脉"渔父文化"。这第一幕，或许就是秋风习习渭水边上，姜太公的垂钓了。

秋水潺湲，莺飞草长，日光徘徊，姜太公"坐茅以渔"，草泽之中垂钓渭水。《六韬》是一部古兵书，一般认为是吕尚（即姜太公）所著，它开了中国兵学理论的先河。孙武、鬼谷子、黄石公、诸葛亮等，都曾潜心学习体悟这部兵学经典。《六韬》一开场，便记载了太公垂钓、文王相遇问策那一幕。

文王到渭水北岸打猎休闲，见水岸边有人安坐垂钓，问道："子乐渔耶？"姜尚回答文王说："君子乐得其志。小人乐得其事。今吾渔，甚有似也。"

太公从垂钓说起，说垂钓虽小事，但"其情深，可以观大矣"，其中道理十分深远，可推知天下大事。姜太公由"垂钓"论及天下，对文王指出：商朝虽表面强大，实则日薄西山，周可起而夺取天下。文王"与语大悦"，说"吾太公望子久矣"。

渭水边这一幕，飘忽着中国隐逸文化之风，颇有天下大势定

31

夺于胸，运筹帷幄的气度。"数尺丝纶垂水中，银钩一甩荡无踪"，那份指陈江山和深谋远虑，与后来的"隆中对"，有同工异曲之趣。这种智慧，大约可称为"逸智"。吕尚的"垂钓"论，对文王的战略决策，起了决定性作用。

1972年，在山东临沂银喜雀山汉武帝初年的墓葬中发掘出《六蹈》残简，表明汉武帝前《六蹈》已流行，否定了疑为古人伪托吕尚撰写的假设。《六蹈》汇汲了先秦兵学诸多精华。当年刘备临终前，曾要求刘禅读《六蹈》，诸葛亮生前，曾将《六蹈》与《申子》《韩非子》《管子》等书手抄一遍。北宋神宗元丰年间，《六蹈》被列入《武经七书》中，成为"武试"必读书，对中国兵学影响极大。其中，亦多有治国理政的深切之道。

而姜太公渭水垂钓这一场景，是整个《六韬》的开幕式。此后便开始了文韬、武韬、龙韬、虎韬、豹韬、犬韬——一系列政治智慧与军事智慧的演绎，拨云见日，云蒸霞蔚。

《史记·齐太公世家》记载，太公望吕尚者，东海上人。本姓姜氏，从其封姓，故曰吕尚。"年老矣，以渔钓奸西伯。"姜氏为周文王、武王、成王、康王四代宗师，据说活了139岁。姜太公垂钓渭水的核心，是"钓人"。白居易在《渭上偶钓》诗中说："昔有白头人，亦钓此渭阳。钓人不钓鱼，七十得文王……"

看来"钓人"之举，古已有之，姜太公或为"钓人"的始作俑者。不过姜太公之"钓人"，与今日"钓鱼执法"殊为不同。姜太公钓鱼以直钩，且不以香饵，民谚曰"姜太公钓鱼，愿者上钩"；今日执法"钓人"则巧设"倒钩"，诱民于水火。前些时间，沪上被披露"钓鱼执法案"，每钓一名，"钓钩"拿300元，"钓头"拿200元。一个"钓钩"熟手，月收入少则两三千元，多则五六千元；"钓头"则每月可净赚1万至2万，"收益"颇丰。

姜太公"坐茅以渔"钓人，为谋天下事，今人钓鱼执法却只为假公济私拿"提成"，虽都为"钓人"，前为逸智，后是欺霸，岂可同日而语欤？一个社会中，好的规制优化人性，劣质的规制却毒化人性，它把人性中贪婪、卑劣的一面引爆出来。

闲话垂钓，却扯远了。

后来牧野一战，灭商兴周，荡平四周，姜太公功莫大焉。《诗经·大雅·大明》说："牧野洋洋，檀车煌煌，驷騵彭彭。维师尚父，时维鹰扬，凉彼武王。肆伐大商，会朝清明……"

在风起云涌的年代，一个战略高手常常起着拨弄乾坤的作用，他们的走向和政治智慧，决定着一国一君的存亡兴衰。正如曾子说的："用师者王，用友者霸，用徒者亡"，凡能很好用师、用友者，事业成功就有了保证；凡好用听话、摇尾听命者，最后一定败亡。历史的经验不可胜数。

杜诗说"倚赖天涯钓，犹能掣巨鳌"，姜太公就是"倚赖天涯钓"的政治垂钓大师，也是政治规划和顶层设计的大师。他带来了齐国的勃兴。正如《史记·齐太公世家》中说的："太公至国，修政，因其俗，简其礼，通商工之业，便鱼盐之利，而人民多归齐，齐为大国。"

生命意趣与隐逸符号

庄子垂钓濮水，大约可以算是中国历史上政治垂钓的第二幕。

《外篇·秋水》记载，庄子钓于濮水，楚威王派了两个大夫跑到水边找到庄子，传达楚威王旨意，愿以国政相托，委以重任。态度语气恳切得很。

但"庄子持竿不顾"，头也不回地对两位说话。他打了个比方："我听说楚国有只神龟，死三千年了，楚王把它供在庙堂上。可是对这只龟来说，它是宁愿留下一把骨头让人供奉而去死，还是愿意自在活着在泥塘里滚爬呢？"两大夫回答：自然是活着在泥塘里滚爬的好。

庄子说：这不结了。你们请便吧，我啊就愿意活在泥塘里滚爬。

与姜子牙不同，庄子安坐濮水，不为"钓人"，亦不为"钓誉"，为的是"得鱼忘筌"式的快乐。庄子好钓，似不虚传，《淮南子·齐俗训》中，也有庄子垂钓的信息。有一次惠子经过孟诸，从车百乘，声势煊赫，动静弄得很大，庄子正河边钓鱼，见了这一幕觉得可笑，把钓到的多余的鱼，抛回水里。

庄子向往游鱼一般"无所待"的自由快乐，认为"所谓得志者，非轩冕之谓也"，淡泊安然，保全本性的纯净朴实，才是生活本义，"通于万物"才是人生的"天乐"。《外篇·秋水》接着记载的是"惠子相梁，庄子往见之"的故事。如果把这两个故事连起来看，就更能看到庄子所崇尚的生活态度了。

惠子在梁国做宰相，庄子抽了时间去看望老朋友。有人就对惠子说："庄子来梁国，是想取代你做宰相。"惠子听了很恐慌，"搜于国中，三日三夜"，折腾得不得了。

惠子原非等闲之辈，智商极高，又是庄子一生的契友，但在别人谗言下，在自己隐秘心理下，也会心胸狭窄地作出错误判断而起猜忌。他翻箱倒柜搜捕庄子。设想一下，如果当时惠子搜捕到了庄子，庄子的命运会咋样？

这是典型的以"惠子之心"度"庄子之腹"。唐代李商隐《安定城楼》诗说："不知腐鼠成滋味，猜意鹓雏竟未休"，谗言之可恶、嫉心之可怕，可见一斑。

庄子原本是找老朋友喝茶喝酒聊天来的，引来这么大猜忌，这下只好跑去对老朋友作"心理疏导"了，庄子用鹞鹰捡到一只腐烂老鼠，怕鹓雏来夺——而事实上鹓雏（凤凰一类鸟）"非梧桐不止，非练实不食，非醴泉不饮"，根本无意于夺"腐鼠"的道理告诉他，那惠子才松了口大气。

古今中外，大凡权力欲强的人得了一些权力，总会把权力看得比身家性命更重要。一有风吹草动，总以为有人要来夺它。为了"护权"，干出各式勾当，历朝历代，倾轧杀戮之举便遍布宫帷之中。即使惠子这样聪慧之人，看来也未能免"俗"。

庄子志趣旷达，精神淡定沉静，视功名利禄为"腐鼠"。《外篇·秋水》中记载庄子濮水垂钓这一幕的核心，是洞穿世事，清逸质朴，粪土当年万户侯。如果说濮水边"庄子垂钓"这个图景比较云淡风轻的话，那么，"惠子相梁"这一段，把"庄周式"生存哲学表达得更为直白透彻了。

在司马迁《史记·老子韩非列传》中，庄子"垂钓拒聘"是异曲同工的另一幕：楚威王听说庄子贤能，派人持"厚币"延请为相，庄子以大庙中"牺牛"的命运作比，表示自己"宁游戏污渎之中自快，无为有国者所羁……"

庄子心志上特别亲近鱼，爱以"知鱼之乐"表达"乐全之谓得志"的生命意趣。但是，如果以为《外篇·秋水》中的"曳尾于涂中"、《史记》中记载的"宁游戏污渎之中自快"，都表达了庄子快乐无比的飘逸与潇洒，以为庄子钓鱼快乐得忘了回家吃饭，则大错矣！

庄子拒相，其实有着更为深层的原由。他不是没有如姜子牙那样玩经天纬地、惊天动地的大事业的雄心和才力，只是在那样一个"方今之时，仅免刑焉"的时代，庄子已洞穿社会底蕴，看清一切，深知自己根本无法改变任何现状，与其空负将相之类的重任不能成事，素餐尸位，不如水边看高柳垂荫，看老鱼吹浪，与鱼水安闲相伴。

所以庄哥钓的不是鱼，而是志趣；不只是志趣，亦有无奈。

但不管怎样，经庄子濮水边这么一"钓"，后来在各个历史时期，哲人们的"垂钓"山高水长，一再演绎成淡泊避世、草泽经纶的意味，成为中国隐逸文化的一个知性符号。

一生不厌钓渔矶

东汉严子陵垂钓富春江，似是政治垂钓的第三个重要历史场景。

富春江景色秀丽。一折青山一扇屏，一湾清水一条琴，无声诗兴有声画，须在桐庐江上寻。但印象最深的，还是吴均《与朱元思书》中展现的画面："风烟俱净，天山共色。从流飘荡，任意东西。自富阳至桐庐，一百许里，奇山异水，天下独绝……"

可是，富春江有名，不仅是因为它的独绝秀色，更因为江畔坐着一名高士，"所钓不在鱼，挥纶以自适"，这一钓，悠悠两千年。这才是富春江美丽社会图景的灵魂。

严光字子陵（公元前37—43年），会稽余姚人，跟光武帝刘秀是很铁的同学。公元25年，刘秀在千秋台称帝，成为一代中兴之主，便想起老同学严光来。派人四处寻访，要他来朝中做官，召为谏议大臣，但被断然回绝。后来刘秀亲自去请，"抚光腹曰：'咄咄子陵，不可相助为理邪？'"严子陵对这位新科皇帝说："从前尧帝那样贤能，还有巢父那样的隐士不肯出来做官。读书人有自己的志趣，何必非得逼人入仕途？……"

有一次，刘秀和严子陵在宫中喝茶聊天，文治武道，五行八

37

卦，聊得十分投机，晚上刘秀让老同学同榻而眠。睡梦中，严子陵大咧咧把腿搁在刘秀肚子上，刘秀不敢惊动，一夜没能睡好。很可能，这是严想通过这样的"粗野举动"，告诉刘秀，自己根本不适合待在他的朝中。

孔子认为，天下有道，君子则仕；天下无道，君子则隐。平心而论，刘秀建立的东汉，是比较"有道"的。刘秀是一个比较厚道、品性健全的皇帝。毛泽东曾评论，刘秀是历史上最有学问的皇帝，会打仗，会用人。刘秀恳请严子陵，不是作秀，是真的对才学和士子的看重，也是"退功臣、进文吏"，"剽（消除）甲兵，敦儒学"的具体表现。更重要的，严本人不是傻愣愣的书呆子，而是有着雄才大略、玩起治国理政来得心应手的家伙。

那么严子陵为什么一再躲着刘秀，最后迁居桐庐，躲到富春江，浪迹江湖呢？

窃以为，这是严子陵对人的"权力理性"和生活真谛的深切洞察的结果。他把人性中最微妙的东西，看得很清了。况且伴君如伴虎，无论是乖乖虎，还是霹雳虎，华南虎还是东北虎。老同学相处易，伺候皇帝小儿难，这也是"历史的定律"。

老同学之谊，比起人的权力理性来，有时要苍白无力许多。

其实历朝历代，都有这样的见识。明朝开国功臣徐达，是和朱元璋一起玩大的哥们，朱元璋称帝后，一直以"大哥"相称。一次徐达出征回来，朱元璋说大哥功劳最大，却没一座像样的屋子，要把自己当吴王时的宅子赐给徐达，说宅子空着也是空着。徐达听了，直冒冷汗，断然拒绝了。后来朱元璋在吴王府设宴，宴请一同起家的布衣弟兄们，徐达喝高了。朱元璋命人把醉倒的徐达抬到他以前睡的床上，对众人说："我已把这房子送给徐大哥了，今天不过是代他请大家喝酒。主人已醉，大家就散了吧。"

徐达酒醒，发现自己睡在朱元璋的床上，一跃冲出吴王府，数九寒冬裹着被褥睡到大街上，第二天天一亮，立马进宫请罪，口称死罪。为什么？因过去帝王都有一种迷信，认为自己住过的房子有帝王之气，"潜龙在渊"，故能登及帝位。徐达如接受朱元璋馈赠，或安然在"准龙床"上睡上一宿，那么一定会被认为有觊觎的野心而被诛杀无疑。徐达没被其乐融融的"哥俩好"蒙住眼睛，才一次次避过祸，但最后还是死在朱元璋的一盘蒸鹅上。

而就生活一面来说，像严子陵这样的高人，最能洞悉生活的本质。那些花花草草，那些显赫和热闹，不过是人前人后虚幻一时的荣耀，少了重油和作料的生活，才更"真味"。

世人都爱权力——尽管表现方式不同，严子陵却能洞悉权力和人性的本质，凌波于"人性引力"之上。他一而再、再而三地拒绝刘秀诚邀，坚决不做官，把布衣进行到底，这是超越常人而不平常的地方。

曾经沧海难为水，除却巫山不是云，这是他基于生命洞察的逻辑之果。历朝历代，人们仰其高风，在严子陵钓台咏叹再三，范仲淹在《严先生祠记》中的话最有代表性："云山苍苍，江水泱泱，先生之风，山高水长"。郁达夫《钓台题壁》"曾因醉酒鞭名马，生怕情多累美人"，则最有趣味。而明人徐渭《严先生词》"如闻流水引，谁听伯牙琴"；南宋范成大说"鸡虫影里，见了还追逐。山间林下，几个真能幽独"；杨万里《读严子陵传》说"早遣阿瞒移汉鼎，人间何处有严陵"，都叹喟世上抗尘走俗，能真正体悟绝尘之心的人少。

波光粼粼，严子陵陶然垂钓富春，似是庄子垂钓濮水的"现实版"。他耕山钓水，以避世利，心同野鹤与尘远，诗似冰壶见底清。严子陵不在刘秀朝中玩小聪明，反倒成了一种大智慧。

一个人有一个人的性情，一个时代有一个时代的政治文化。在今天惟官是命、跑官要官，为弄一官半职耗费毕生大有其人的时代，严子陵的特立独行，更成了一个有着巨大"代沟"的遥远图景了。

历史上，有人认为严子陵反穿皮袄，湖中垂钓，是在作秀。世上有这样"作秀"的么？世界是世俗的，常人是平常的，以己度人寻常事。还是陆放翁说得深刻，一语道尽禅机："人间著脚尽危机，睡觉方知梦境非。莫怪富春江上客，一生不厌钓渔矶。"

闲来垂钓碧溪上

有时，觉得纪晓岚这家伙的文字很像刘欢唱歌，无论美声、通俗，唱什么精道什么。他的《钓鱼绝句》写得有趣：

"一篙一橹一孤舟，一个渔翁一钓钩。一拍一呼又一笑，一人独占一江秋。""一人独占一江秋"句，气魄宏大，最有场面感，就像张艺谋徐徐推远的长镜头。

据说这是当年乾隆下江南时的"命题作文"。当时游到西湖，乾隆看到湖光山色，景色旖旎，远处有渔船忙碌，问谁能以眼前景，用十个"一"，来做诗，可久无人应答。时人有"天下文采，南袁北纪"之说，于是乾隆先点了袁枚的名，袁枚诺诺无对，乾隆又点了纪晓岚，老纪就口占了这诗。诗中不多不少，用了十个"一"字。

纪晓岚一生才华横溢，学术成就相当突出。有《阅微堂笔记》和《纪文达公遗集》传世。《阅微堂笔记》影响尤盛，鲁迅称"隽思妙语，时足解颐，间杂考辨，亦有灼见。叙述复雍容淡雅，天趣盎然，故后来无人能夺其席"（《中国小说史略》）。作为一代文宗，纪晓岚不仅文好，政亦多绩，嘉庆帝御赐碑文中称："敏而好学可为文，授之以政无不达"。

不过，就这首诗来说，其实清初诗人王士祯的《题秋江独钓图》诗，早有异曲同工的蓝本："一蓑一笠一扁舟，一丈丝纶一渔钩。一曲高歌一樽酒，一人独钓一江秋。"相信老纪一定读过此诗，这里不过是袭用罢了。不过在那当下，老纪能有这样的"脑筋急转弯"，已殊为不易了。

王士祯的"一人独钓一江秋"，似有柳宗元"独钓寒江雪"之意。柳宗元之"独钓"，万物肃然，天地静寂，有深深的政治意味。这种悲怆，成为有担当、有灵魂的中国学人传递千年的精脉。但老纪的"一人独占一江秋"，多少有点像今天郊外的休闲。

还是说垂钓罢。

垂钓是个放松身心的活儿，气定神闲才有趣味，且一定得在山清水秀的地方。青潭碧影，远山几抹，静坐水畔，清风徐来，心水相映，灵魂才有漫步的芳草地。李白说"闲来垂钓碧溪上，忽复乘舟梦日边"，在脏兮兮、水不干净的地方，或者在嘈杂之地放渔竿，犹如大杂院里演芭蕾，不可想象。

钓鱼之趣，并不为餐桌上多几条鱼。世人垂钓，其志在鱼。高人垂钓，则别有义趣，或养身心，或避世利，或事韬晦。钓鱼之"钓"，其为闲情，又为逸志，更为禅意。

所以钓鱼之乐，乐在陶然山水，碧溪清流，身心化一而不知日之西沉矣。

"无为"的天空最晴朗

1983 年，被称为"伟大的传播者"的美国总统里根在"国情咨文"中引用老子的"治大国若烹小鲜"，来表达自己的治政理念。这《老子》六十章中话，是老子思想的精髓之一。"治大国若烹小鲜"，西汉河上公注"烹小鱼，不去肠，不去鳞，不敢挠，恐其糜也"。大致意思，是治理大国犹如煎小鱼那样——如果翻来覆去，极易碎烂。你不多动它、不折腾它，鱼才能熟而保持完整。

哲人之间有相通处。公元前老子"无为而治"的政治哲学，与两千多年后政治学家、经济学家哈耶克尊重"自然秩序"的思想，颇有灵犀相通处。人们甚至认为，西方自由主义经济学"自然秩序"的思想源自老子，老子思想孕育了现代经济学精神。

可是连西方社会引为瑰宝的"无为"学说和理念，在它的本土中国，要真正被接受，是有些困难的。你跟今天的人说"无为"，他会感到很奇怪，很 out，匪夷所思。在过去漫长岁月的一些朝代里，"无为而治"依稀可见，如中国历史上，汉唐两个时代是比较伟大的，大体上是无为而治、国力大盛的时代。如唐太宗的治国之道，秉持"自然安静"（《贞观政要·君道第一》）。但近几十年来，事功观日盛，折腾一波接一波，神州何事不折腾。

"无为而治"不是宅在家不做事，不是只晒太阳、只喝茶或打麻将。张岱年先生说："所谓无为，即统治者不干涉或尽量少干涉人民的生活。"

老子主张"以正治国，以奇用兵，以无事取天下"，要求恢复原始社会淳朴的"慈孝""忠信"等，反对暴力、重税和滥政。《庄子·外篇·天地》中解释说："古之畜天下者，无欲而天下足，无为而万物化，渊静而百姓定。"

《老子》中有段话，或许最准确地表达了老子心目中"无为"的统治者："太上，不知有之（也有作'下知有之'），其次亲之誉之，其次畏之，其次侮之。信不足焉，有不信焉。悠兮，其贵言。功成事遂，百姓皆谓'我自然'。"

意思是，最高妙的统治者，百姓甚至不感到他存在；次一等统治者，百姓对他亲近和崇敬；再次等的统治者，以威权临天下，人民畏惧他；最差劲的统治者，百姓根本瞧不起。因他滥发政令，不足信任。所以好的统治者悠闲无为、慎言谨令。在社会实现一定目标后，百姓都说："这是我们自己这样做的"。

就像这过年，爆竹声声，天下安详，千门万户曈曈日，总把新桃换旧符，又有谁刻意"为"之，又有谁发文件了？民间自有年俗的"自然秩序"，它多彩而缤纷。

儒家主张"德治"，法家主张"法治"，老子认为这两种都不如"无为而治"。实行"法治"，以严刑峻法镇压人民，人民逃避畏惧，危害很大。而于"德治"，老百姓虽能亲近甚至称颂统治者，但老子认为它是多事的征兆了。

在老子看来，好的政治，莫过于"贵言"，即不滥发政令，不折腾民众。这种"太上，不知有之"的统治者，就是老子心目中"无为而治"的统治者了。

"无为"思想在过去，被认为是"厌世哲学"，一直受批判。我们很少去体察其中的精微之处。梁任公先生曾说："常人多说老子是厌世哲学，我读了一部《老子》，就没有看见一句厌世的语。他若是厌世，也不必著述这五千言了。老子是一位最热心肠的人；说他厌世的，只看见'无为'两个字，把底下'无不为'三个字读漏了。"

我还想说的是，其实"无为而治"并不只是老子之说、道家之义，也为其他各家所吸纳。比如《论语·卫灵公》记载："子曰：无为而治者，其舜也与！夫何为哉？恭己正南面而已矣。"孔子认为，能无为而治理天下的人，大概只有舜吧，他做了什么呢？只是端正地坐在朝廷的王位上罢了。

孔子一贯主张"德治"和"礼治"，这里提出"无为而治"，显然是受到了老子思想的影响。

而一般认为姜太公作的兵书经典《六韬》，在"文启"篇里，也极力推崇"无为而治"的治政之道。认为国家要长治久安，当行无为而治。当文王询问姜太公，治理天下应恪守哪些准则时，姜太公回答他："政之所施，莫知其化；时之所在，莫知其移。""夫天地不自明，故能长生；圣人不自明，故能明彰。"意思是，施行政令的时候，要使民众感受不到它的教化；就像四时存在，可没有人感受到它在流转。天地运行从不刻意显示它的规律，所以才能滋养万物；圣贤从不表明自己，所以才能声名显著。

西汉刘向校订诸子略，其《说苑》卷七"政理"中说："武

45

王问于太公曰：'治国之道若何?'太公对曰：'治国之道，爱民而已。'曰：'利之而勿害，成之而勿败，生之勿杀，与之勿夺，乐之勿苦，喜之勿怒。'"很突出地表达了"天无为而成事，民无为而自富"，从而实现社会和谐的思想。

"治大国若烹小鲜"其实是一种非常重要的历史经验，也是一种高超的领导艺术。国愈大，政令愈不宜轻举妄动，因为实际情况时常比政令设计要复杂得多。"道常无为，而无不为"，无为而"自化"，以"无为"之道临治天下，反而可以无为达有为，无为而无不为，趋利避害，实现民众的福祉。

"无为"，就似一碧如洗的晴空。湛蓝蓝的，没有乱云飞渡，没有多余的东西。蓝蓝天上白云飘，白云下面马儿跑。

天之道，人之道

　　三国时魏国的何晏注释《老子》，有一天到王弼的住处逛逛，看到王弼也在注释《老子》，且理义十分精妙，说"若斯人，可与论天人之际矣！"（这样的人，就可以和他讨论天道人事的道理了！）

　　王弼是解析《老子》的大家，奉《周易》《老子》《庄子》为"三玄"，著有《老子注》《老子指略》等。我们今天读《老子》，不读王弼本子是不行的。当时何晏看了王弼所作的注释，极为折服，以至于不敢亮出自己的东西，不敢开口，只是唯唯听王弼的高论而已。

　　何晏说的"天人之际"的奥妙，古代学人视为最高学问。司马迁在《报任少卿书》中说自己著《史记》，就是要"究天人之际，通古今之变，成一家之言"。

　　我这里要说的是，中国人，很早就注意到"天道"和"人道"，即"天人之际"的巨大落差。古代文献里，关于天道人道的言论太多了。但把"天之道"和"人之道"作出明白比较的，是老聃。读《老子》七十七章，有一段极经典的话：

　　"天之道，其犹张弓欤。高者抑之，下者举之，有余者损之，不足者补之。天之道，损有余而补不足。人之道则不然，损不足以奉有余。孰能有余以奉天下，唯有道者。……"

什么意思？是说天的道，不是很像拉弓吗？高了就把它压低些，低了把它抬高些，有多余就减去，不足时就补给。所以天的道，是减损有余的来补给不足的。人的道却不是这样，它是减少不足的来供奉有余的。谁能用有余供奉天下呢？只有有道的人。……

大自然新陈代谢，取长补短，始终保持着均衡。"天之道"的自然正义在于，以多补少，将盈奉亏。你看下雨，总是流向低洼地；而"堆出于岸，流必湍之"。自然界一旦出现不平衡，就以平衡机制调和之、抑制之。人类社会中的"人之道"，就不一样了，它损少奉多，取短补长，富者愈富，贫者愈贫，反天道而行之。在老子看来，这种"损不足以奉有余"，是人类社会的普遍现象。

"马太效应"或许是"人之道"的另一种表达（在最高层级上，东西方哲人的很多表述高度一致）。《新约·马太福音》说："凡有的，还要加给他，叫他有余；没有的，连他所有的也要夺过来。"

曹禺先生的《日出》，扉页上曾写有《老子》和《圣经》中的话。第一条是"天之道，损有余而补不足；人之道，损不足而奉有余"，曹禺先生想要表达"人道"不可拂违"天道"这样一种剧意。

老子对"天之道"和"人之道"作了深刻比较。在西方，也有一位思想家对这两者作过比较。最近读叔本华，发现他对"人之道"和"天之道"有着出色的思辨力。叔本华说过一段相当深

48

刻的话：

　　　　大自然在人与人之间的道德和智力方面定下了巨大差
　　别，但社会对这些差别视而不见，对每个人都一视同仁。更
　　有甚者，社会地位和等级所造成的人为的差别取代了大自然
　　定下的差别，前者通常和后者背道而驰。受到大自然薄待的
　　人受益于社会生活的这种安排而获得了良好的位置，而为数
　　不多得到了大自然青睐的人，位置却被贬低了。

　　这里，叔本华指出了一个更为深刻的现象。老子只是指出了
"人道"与"天道"的相反——天道以多补少，人道以少奉多，
但叔本华更指出了"人道"不仅与"天道"相反，更颠覆天道的
安排，打破天道的规则。比如，大自然创造了优秀的人，给了他
们极高的禀赋，但到了"人"的社会里，他们那些宝贵的禀赋，
可能完全被消融抹杀。再比如，"小人得道，鸡犬升天"古今中
外都有，这也是"人道"拂违"天道"。
　　"大自然定下的差别"，到了人的社会中，却成了另一番模
样，被人为的相反的差别，颠覆了。这使人想到卢梭在《爱弥
尔》中说过的话："出自造物主之手的东西都是好的，而一到了
人的手里，就全变坏了。"
　　还是回来说"天道"。《老子》书中，谈到"天道"地方很多。
如"功成名遂身退，天之道"；"不窥牖，可以知天道"；"天之
道不争而善胜"；"天道无亲，常与善人"；"天之道，利而不
害"等。
　　什么是老子的"天之道"？老子的"天之道"，其实指天地正

义精神所在，有点类似于西方哲学中说的"自然法"。

"天之道"一直是人类景从的对象。中国古代诸子百家大多拿"天道"说事，《水浒传》里梁山英雄打出的旗号，便是"替天行道"。千百年来，人类一直在呼唤美德、弘扬奉献精神，为什么？根本缘由就在于"人之道"本身的"先天性缺陷"。在一个由人组成而不是由神组成的社会里，要实现大自然式的平衡和正义，是比较困难的。

老子指出，"孰能有余以奉天下？唯有道者"。真正有美德、能奉献社会大众的，只有少数道高之人。可是尽管这样，人类社会还是要多多效法"天之道"——这才是"天人合一"的真谛，才是人与自然实现"和谐相处"的最高境界。

第三章

道法自然，法尔如是

不若相忘于江湖

有朋友提到《庄子》的"相濡以沫，不如相忘于江湖"。这是今人时髦热词之一，时常用来表达豪达之风，耳熟能详。今人"引申"一下未尝不可，但其原义，就不是这样了。

"相濡以沫，不如相忘于江湖"，《庄子》内篇"大宗师"、外篇"天运"中都有这话。"天运"中载，有一天孔子来和老聃喝茶论道，谈及仁义，老聃对孔子大泼冷水。老子对他说了一通依照自然规律顺化而行、不要刻意推行"仁义"的话，然后说："泉涸，鱼相与处于陆，相呴以湿，相濡以沫，不若相忘于江湖。……"

泉水枯竭了，鱼儿们被困在陆地上，只得相互呼吸湿气，以口沫滋润对方，这不如彼此相忘于江湖。文字虽浅显，但内蕴深刻，表达了《庄子》对人生存的看法。庄周认为，鱼儿"相呴以湿，相濡以沫"，场景虽令人感动，但这不是好的生存方式。鱼儿在广阔江河湖海里自在遨游，才合乎本性，才对头。

庄周是借生活中的场景，以老子之口，来说明人与其在一个本真阙如的社会里，培植关爱，滋长仁义，不如在体任自然的环境中怡然自得，本真地打发生命。

举个不甚恰当的例子，比如那次温州动车事故，危难来了，大家相濡以沫，救命救难，这自然好。但如果没有天灾人祸，人们何须"相呴以湿，相濡以沫"？大家各忙各的，该上班上班，该喝茶喝茶，该炒股炒股，虽无催人泪下的英雄故事，无连篇累牍的报道，没有动人的照片，但在"鱼不可脱于渊"(《庄子·法箧》)的正常秩序下，人不是更合乎人性和天道么？

你再看那些战争频发的地方，国际社会的"人道主义援助"固然好，但如果没有那些争争夺夺的事儿，没有卡扎菲、没有萨达姆，没有拉登和小布什，人们安宁生活，比起热热闹闹的"人道主义援助"不是更好么？

儒家倡导"相濡以沫"，把关爱、仁义视为社会理性和生命法则，老庄则认为，神马都是浮云，"仁义憯然，乃愤吾心，乱莫大焉"，不如去掉那些刻意和人为施加的东西。鱼按"鱼性"，悠游于江湖，何来"相与处于陆，相呴以湿"？人按"人性"，若体任自然，离形去智，安时处顺，何来各种枷锁和烦琐的精神洗沥与困顿？

今人津津乐道所谓"相忘"于江湖，但庄子之"忘"，非刻意相忘和潇洒。

《庄子》中，多次出现"忘"字，那是一种超乎功利的怡然自得，庭前有花开花落，天上有云卷云舒——如桃花源中"黄发垂髫，并怡然自乐"、无刻意"感动"那样一种状态（甚至可将"相忘"理解为"相望"，亦无碍大义）。说起来，东晋陶渊明的《桃花源记》，比较形象地演绎了庄子"相濡以沫，不如相忘于江湖"的哲学意蕴。

至于将"相濡以沫，不如相忘于江湖"解为"鱼儿相互依偎

54

在陆地上……倒不如将过去江湖里生活彻底忘怀"等，更有点南辕北辙了。

《老子》《庄子》辛辣地嘲弄儒家的核心价值"仁"。认为推行"仁"，必造立施化，有恩有为，受惠者则反失其真。天地自然，无为无造，万物自相治理，无所谓"仁"的。生活中真实的景况是，"事生事"时常是一个社会的常态，"一生二，二生三，三生万事"，是是非非，衍生而起——你看网络上，它是个小社会，"网络达人"每日发出声响几十次，热闹非凡，可没有那些忙事儿，太阳照样升起，桂花一样飘香，清晨鸟儿一样在窗前鸣啭，国庆一样凑假七天。

司马迁在《史记》中说：庄子思想的渊源，是"其要本归于老子之言"，"明老子之术"。《庄子》言"相濡以沫，不如相忘于江湖"，不是倡导不要"相濡以沫"，也不是要人们"豁达地"刻意相忘江湖，庄子是在表达一个生存命题，即人究竟怎样的生活状态，才是更为合理的、本原的、天道的。

第三章　道法自然，法尔如是

事君数，朋友数

《论语·里仁》中，有一段著名的话："事君数，斯辱矣。朋友数，斯疏矣"，这是孔子学生子游的话。《于丹论语心得》解释说："'数'（shuo，去声）是'屡'的意思。如果你有事没事总是跟在国君（领导）旁边，虽然表示亲近，但离自己招致羞辱就不远了；你有事没事总是跟在朋友旁边，虽然看起来亲密，但你们俩离疏远也就不远了。……"

这个解释潇洒任性，让人看得也是醉了。一是把"事君数"的"事"，解成"有事没事"，这是非常可笑的错误，与以前有人把古文"泣涕"译为"眼泪和鼻涕"，有异曲同工之趣；二是机械地把"数"解为屡次，其实没搞懂"数"的确切含义。

这个"数"，是执着、烦渎、逼促之义。何晏《论语注疏》："此章明为臣结交，当以礼渐进也。数，谓速数。数则渎而不敬。"程树德《论语集释》说："数，烦数也。"子游这话，是谈劝君诫友的节制之道，反映了孔子思想。意思是：谏规君主如固执繁密，会遭其辱；规劝朋友如过滥执着，会招疏远。

先秦时代，规谏君主是士子的一种道义，一种责任，它的人性假设是"肉食者鄙，未能远谋"，于是"文死谏"成为一道悲壮的政治景观，绵延不绝。许多人为此"抛头颅、洒热血"。孔子认为没必要。《论语·先进》中孔子说："以道事君，不可则止。"孔子认为世已难行"周公之道"，刻苦屡谏，只会自身受辱。《论语·颜渊》里，子贡向孔子问"友"，孔子回答："忠告而善道之，不可则止，毋自辱焉。"主张在给朋友忠告时也要适可而止，别强求。不以数。

苏洵指出："事君数""朋友数"的"数"，是指不讲究技巧。胡氏说："事君，谏不行，则当去；导友，善不纳，则当止。至于烦渎，则言者轻，听者厌矣，是以求荣而反辱，求亲而反疏也。"

钱穆先生说得明白："事君交友，见有过，劝谏逼促，或过于烦琐，必受辱，或见疏。或求亲昵于君友，以逼促烦琐求之，亦必受辱，或见疏。若依教说义，于君友前数说己劳己长，或数说君友之短及其不是，亦将受辱觅疏。"

其实，"事君数辱，朋友数疏"也是处世之警策。凡事得把握度、避免数。今天"事君数"几已绝迹，谁也不会发傻执着地去规劝上峰。士大夫精神绝矣！明哲保身方为要道。但"朋友数"还是有的。经常有朋友间闹翻的，就是因为"朋友数"即诚劝过度，中国友道精神倡导"规过劝善"，但人性的弱点是难以取纳诤言。忠言逆耳，过犹不及，不把己见强加于人，是一种交友智慧。雅量者，非人人都有，亦非时时都有。若一再絮叨，有意思吗？

《礼·祭义》说："祭不欲数，数则烦，烦则不敬。"什么意思？是说即使祭拜自己先人，亦不可繁细过度，否则你老祖宗也会烦的，烦则失敬。

不怕人不读经典，就怕学者带着歪读经典。曲解原义，炮制鸡汤，上演的是学术版的"关公战秦琼"，幽默矣！

"无友不如己者"

节前复旦大学出版社老总杜荣根先生请吃饭。每次聚，都送我几本新书，这次是一套近出的《南怀瑾选集》，煌煌 10 大卷，装帧淡逸清雅。想当年读研那会儿，助学金很少，买这样的大部头是要下决心的，但南先生的书见一本买一本，可还是没弄全。这一套"选集"，一网打尽了。

南怀瑾的书很值得看。他常别出机杼，对问题有独到见解，又意趣横生。

比如，孔子在《论语》中说"无友不如己者"，两千多年来人们一直按宋儒们解释来理解。怎么理解呢？就是"交朋友不要交不如自己的"，至少要交"学问道德要比我们高的朋友"。

南先生批评这是"交情当中的势利"。

他说：如果孔子是这样讲，那孔子是势利小人，该打屁股。他在《论语别裁》中调侃说：如果交朋友只能交比自己好的，那么教授只好找大学校长做朋友，大学校长只能找教育部长，部长只能跟总统交朋友。总统呢，只能找上帝做朋友了，上帝再无可找的人，成了"没朋友的上帝"。

是啊，按这种解释，本科生得找硕士交朋友，硕士要找博士

58

做朋友，博士找博士后，博士后找院士，院士没得找了，只能去联合国找教科文组织的头儿或直接找联合国秘书长了。

南先生说，"中国文化就是这样被他们糟蹋了"。"无友不如己者"是说，不要认为你的朋友不如你。世界上每个人都有他的长处，人应该见他人长而舍其短。

也有人批评南先生误解了"不如己"这三个字，"与旁证不相符合"。我觉得，南先生所解极符"孔子精神"。孔子那样一个通达之人，会对交友提出如此不通情理的要求吗？他认为"三人行，必有我师焉"，倡导多向他人学习，怎么又会对交朋友设下如此这般的清规戒律？

更重要的是，如果孔子的意思如宋儒解释的那样，"交友必须交比自己强的"，那样"交友"就成了一件极沉重的事。我们首先得有个"估量"，看看对方比自己强与不强——过年与朋友去吃饭喝茶，先得考察一番，看看对方有没有"不如己者"。这可是一件相当麻烦的事儿，看学历，看职称，看职务，还是看能力？

人各有优长，这要细细比将起来，多累？希伯来典籍中说，所谓"智者"，是向所有人学习的人。交友是要"择友"，正如《本·西拉的智慧》中说的："一个忠实的朋友是一个安全的庇护所，谁找到一个这样的朋友，谁就找到了财宝。"又说"一个忠实的朋友是没有价钱的；他的价值不是金钱所能计量的……"但不能以"如己"、"不如己"来估量朋友。交友性情投合、相互忠诚，才是最重要的。

所以我们不能任性地曲解前人。

近之，远之

先从"学术超女"的话说起。于丹在"百家讲坛"对孔子说的"唯女子与小人为难养也，近之则不孙，远之则怨"解释说："唯女人与小人最难养也，近则不逊，远则怨"意思是："女人和小孩子都是最难带的了，过于亲近要对你耍横，不亲近了，她们又要撒娇。"

这一解释，相当令人喷饭。让人疑惑当年鲁国的孔子，是不是有过当幼儿园园长或妇联主任的经历？乐于把经典熬成"心灵鸡汤"也许不坏，但这样的"熬制"，更像是工业酒精勾兑的假名酒。非常折服一些名家无所畏惧的"学术精神"，可以由着自己的性子，放着胆子说话。

孔子这话出于《论语·阳货》。"子曰：'唯女子与小人为难养也，近之则不孙，远之则怨。'"权威的解释版本大意是：只有女人与小人最难相处，亲近了，他们就无礼；疏远了，他们又会生怨恨。

这个解释，虽然比起当下一些"名家"的解释要靠谱些，但经究起来，也还是相当的不确定。诠释古文重要的是"知人论世"，不能仅以辞论。以孔子那样的性情，似难以会以这种口吻

60

说话。

《论语》中"女"，多通假"汝"。这里"女子"，非指女人，而是"汝子"，即"你们这些小子"。这话是孔子与子贡等弟子们在聊天时说的，带有说笑成分。意思是："只有你们这帮小子和市井小人一样难弄。亲近了你们没了分寸，疏远了你们有怨言。"

小人指仆隶下人。养，自然不是贪官包养之"养"，也不是"七年之痒"（一笑），养指相处，也指养育、教育。所以也可理解它是孔子就教育说的话。意思是："你们这些小子们和市井小人一样的难以调教（教养）。教你们浅些的，你们就自以为是；教你们深些的，你们又产生抱怨。"

不管如何理解，于丹那样的解释，肯定是不成立的，这种"望文生义"实在令人惊诧。

不过话说回来，"唯女子与小人为难养也，近之则不孙，远之则怨"这话被"望文生义"的世俗解读后，倒也道出了一种世象——千百年来，人们都认为这是个事实（即女人、小人"难养"），故这种"误读"被口耳相传，天下皆知。至少可以提供一种警策。

小人"难养"，自不必说，为其习性所至，所谓"易反易覆小人心"，女人为何"难养"？这是个谜。可能与女人的性情有关。有这样一种说法，"女人是世界上最难懂的生物"。水浅易涸，水深则溢，远近皆非，左右不是，所以大家就借着孔子这话，吐出心中之块垒耳。

德不孤，必有邻居？

有书法家挥毫写下条幅，曰"德不孤，必有邻居"，字写得灵秀峻朗，有注曰"此格言，深爱之"云云。只是读来总有点像是音乐走了调似的。

"德不孤，必有邻"，《论语·里仁》中话。把这话解读为"有德之人必不孤单，一定会有邻居"（或"有道德的人不会孤单，一定有志同道合的人来相伴"）挺普遍。如杨伯峻先生的《论语》注释本就这样说的："有德行的人并不孤单，一定会有同伴相亲随、相信从……"

开始读《论语》，很容易这样理解，后来体会到这种解法，多少有些望文生义。此"德"者，指人德行品性，非指"有德者"。包括了好德坏德在内。把"德"简约成"有德之人"，看来顺理成章，其实离孔子意思较远。"邻"亦不实指"邻居"，邻，犹亲。德不孤立，必有类应，如居之有邻，是"相邻"、"相近"之义。

孔子这话的意思是，大凡一个人的品性不是孤立的，一种品性，必有另一些相近相邻的品性与之相伴随，"相组合"。

孔子是从人品性特点上来说的，这是一种洞悉人的品性的说法。孔子不太会充满道德感地去说些安慰人的话。况且"德不孤，必有邻居"，也未必是一种生活必然的事实。朱熹注解中，有"故有德者，必有其类从之，如居之有邻也"的说法，有的人可能会以此为据，引申出"德不孤，必有邻居"的说法，但朱熹"故有德者"这"者"，是虚词，非指人。朱熹原话是："邻，犹亲也。德不孤立，必以类应。故有德者，必有其类从之，如居之有邻也。"

朱熹老先生的意思，有德者会有其类从之，比喻"德"的"类应"——指此德与彼德，会比邻而居。

一个人的品性是一个"组群"，不是孤立一种。如孔子认为，人当履行"恭、宽、信、敏、惠"五种品德，这些品德在人身上，是相关联的，不会只一种在那里"特立独行"。古希腊人把"勇敢、智慧、节制、公正"等视为最重要的公民美德，这些品质之间，也是相近相联而不是孤立的。《巴比伦犹太教法典》释文《埃路依》篇中说："一个人的性格，可以从三件事上看出来"：饮酒方式、花钱方式和愤怒方式。其实它们也有联系的。

一个好孩子，一个坏孩子，都不只是一种品性在那里发生作用。

反过来说，一个人的恶德恶行，也"必有邻"，一定有相类的东西"相伴"而行。你看揭出来的贪官，大都"五毒俱全"，哪里只是一种"贪"病呢？

大而化之的阅读中，"七月流火"式的望文生义太多。"青歌赛"之类，歌好听就行，歌手们回答知识题时"误读"多多，不可苛求，但学者文化人艺术家们，就不能信马由缰了。

一个人的有德，无德，"邻居"都是有的，不过那是买商品房或动迁来的，不是"孟母三迁"搬来的。地段、环境、房型最重要，今天谁会为"邻德而居"而搬家？——光世界之最的房价，你吃得消么？

不是说学者不能错

看央视四频道，正好"百家讲坛"有学者在说"孔子是怎样炼成的"。其中说到孔子对晏婴的评价，引了孔子的一段话："晏平仲善与人交，久而敬之。"鲍鹏山解释说："孔子是说，晏婴这个人善于与人打交道，时间长了让人敬佩。"

这名学者是"百家讲坛"中说得比较好的。比起于丹式的天马行空、游谈无根来，大体上属于"有理有据"一类。但这个解释，不确切，离孔子原意太远了点。

孔子这话，出自《论语·公冶长》。孔子说晏平仲"善与人交"，不是说他"善于与人打交道"，好像很懂公共关系学的样子，而是说晏子"以善"与人交往、与人交往"为善"的意思。孔子这里说的"善"，不是"善于"（擅于）之意。这是称道晏子之德。孔子论人，重的是内在品性。

这种解释，也不是鲍氏的发明，而是一种相当普遍的臆断，带有现代汉语的理解习惯。还有一种解释，更搞笑，说"晏平仲善与人相交，他和人处久了，仍能对那人敬意不衰。"类似解释，赫然出现在许多权威文本中。大概源自程子"人交久则敬衰"那话。一般社会常识，人交往总是时间长情感愈深——这又不是搞时髦婚恋，时间长了有所谓"审美疲劳"，孔子怎会将"和人处久了，仍能对那人敬意不衰"作为"德"，来称颂晏仲平呢？情理和逻辑上能成立吗？

不是说学者不能说错话，念错字，解错意，"学者也是人"，也食五谷杂粮。只是读书治学，玩不得浮光掠影，阐释典籍尤当正本清源，否则贻误世人。

再者，如果你名气很大，是大牌，或者你自认为是大牌或大师，平时脾气也大，那就更不应该有错，你得把事情弄弄透，否则何以玩得大牌？你得拿出与你脾气、名声相匹配的学养和功力来。

《世说新语》载：孙子荆年少时想隐居，对王武子说要"枕石漱流"，却说成了"漱石枕流"。王武子调侃他说："流可枕，石可漱乎？"（流水可以枕，石头可以漱口吗？）过去士人说错文，是很让人"侧目"的，是要被调侃嘲弄的，更何况"解错意"？

顺便一说，对"善与人交"的不同解释，其实反映了中国人两种典型的人际交往态度。一种，"以善"与人交；另一种，"善于"与人交。前者，注重内在的诚心、善意，与交为善；后者，注重外在的"善于"技艺，讲究交道之"术"——今天的人，是比较讲究"善于与人打交道"这套的，充斥书肆的林林总总教你"学会"所谓打交道之类的垃圾书籍，便是明证。至于"交"中有没有诚心善意，那是毫不重要的。

我想，还是应当倡导晏子的"以善""为善"来与人交道，而不是仅仅追求的表面的、技巧性的"善于"，来与人交往。

"美轮美奂"有点逗

看上视世博新闻，时常觉得有点逗。有的主持人播报和介绍世博"盛况"时，脸上云彩飘得不行，表情拥挤不下。那世博会好像不是开在世博园，而是开在她脸上。

即使家里有了天大好事，脸上尽可以平静些的，不必过于夸张。

表情多得堆不下，如今就是一个表情泛滥时代。让人更有些惊诧的是，当下"美轮美奂"成了一个轰炸率极高的"烫词"——凡世博介绍，从开幕式、开园式、烟火表演、歌舞演出、会展活动，到诸如夜间灯光、奇物异类……必言"美轮美奂"（有时打出字幕是"美仑美奂"），只是这种用法望文生义，离谱得很。

"美轮美奂"是专门用来形容建筑的，用于其他描述，就相当莫名其妙了。《礼记·檀弓篇》说："晋献文子成室，晋大夫发焉。"这是说春秋时，晋国贵族晋文子家新建了一所房屋，落成时晋国大夫纷纷来致贺。当时有个叫张老的人，他的贺词是：

"美哉轮焉！美哉奂焉！歌于斯，哭于斯，聚国族于斯！"

意思是，"好呀，高大啊！好呀，漂亮啊！以后逢到祭祀，

67

就在这里奏乐；逢到丧事，就在这里哭泣；遇有宴集国宾、聚会宗族等活动，也好在这里举行了！"话中，带有讥讽排场奢侈之意。这是这个词的出处。

后来，"美哉轮焉！美哉奂焉"成为成语"美轮美奂"，用来形容建筑物高大漂亮——"轮"者，谓建筑高大宽敞；"奂"者，谓建筑光明华丽。"轮奂"也作"轮焕"，如白居易《和望晓》诗说："星河稍隅落，宫阙方轮焕。"

堂堂电视台，用语瞎胡来。"美轮美奂"不可这样乱用。

不过，按这种"曲解"来形容当下的一些夸饰表情，倒多少有些切合——"美轮美奂"谄态如风，有点好玩。

道法自然，法尔如是

闲来翻翻文字，读到一些对《老子》的解释，颇觉有趣。比如《老子》五十二章："人法地，地法天，天法道，道法自然。"这几句，是整个老子哲学思想的基座所在。正如南怀瑾先生言："它是老子千古不易的密语，为老子思想的精华所在。"此话甚得《老子》要旨。

"人法地，地法天，天法道"好理解，大体意思是人效法（学习）地，地效法天，天效法道。而"道法自然"的理义，并不那么"直观"。很多解释把老子的"自然"，等同于今天说的大自然——"道法自然"就成了"道效法着整个的大自然"。这跑调得厉害。

如有一种热度很高的说法："所谓道法自然，也就是说，自然之中皆是道理……""道法自然，就是让我们的心感受天地之气。天地之气无处不在，所以道无所不在。""道法自然，就是让你无处不看见……"

这种"心灵鸡汤"式的解释，娓娓动听，但很曲解。它没有学理路径，天马行空，游谈无根，完全是人生大师的激情和望文生义的臆断。

老子所说"自然"，是指道本来如此，"自"是自在本身，"然"是当然如此。故所谓"道法自然"，是指"道性自然，无所法也"（河上公注），所以"道法自然"，是说道乃"自然而然"，道以自己的本性为法。

南怀瑾先生解释得最明白了。他说：老子所说的"自然"，是指道的本身就是绝对性，道是"自然"如此，"自然"便是道，它根本不需要效法谁，道本来如是，原来如此，所以谓之"自然"。

南先生说："自然"一词，在这里不可作为物质世界和自然，不是佛家所说的那个"自然"，而是哲学的名辞。勉强解释，可以说是"原来如是"的表诠，犹如佛家的"法尔如是"，即本来原是这样的意思。

张岱年先生在 1979 年的《老子哲学辩微》中也说：《老子》书中"自然"一词并非指自然界，"是自己如此之意"。

《老子》书中，很多章节都有"自然"。如"百姓皆谓'我自然'"（十七章）、"希言自然"（二十三章）、"夫莫之命而常自然"（五十一章）、"以辅万物自然而不敢为"（十四章）等，都是"法尔如是"、自然而然、自己如此的意思，绝非今日"自然"之义。

按照钱穆先生观点，"自然"一词，乃庄子始创，而其义未确，至《老子》书始："自然二字，乃始确然成为一名词，而占思想上重要之地位"（《庄老通辨》）。《庄子》内篇中，"自然"凡两处："常因自然则不益生也"；"顺物自然而无容私焉"。

《庄子》书中提到"自然"有八处："常因自然则不益生也"（《德充符》）；"顺物自然"（《应帝王》）；"应之以自然"（《天运》）；"调之以自然之命"（《天运》）；"莫之为而常自然"（《缮

性》）；"知尧桀之自然而相非"（《秋水》）；"无为而才自然矣"（《田子方》）；"自然不可易也"（《渔父》）。《庄子》多用"自"表自然之义，如"形将自正"（《在宥》）；"而物自化"（《在宥》）；"其自为也"（《天道》）；"形物自著"（《天下》）等，都有"自然"义。

时至今日，还有人生大师在信马由缰，就有点好玩了。

我们做人做事，要多参悟大自然，效法大自然，多向大自然学习，但不可曲解前人。将古人思想随意裁剪成一味味所谓"心灵鸡汤"，貌似滋补味美，实则误人深矣。还是引南怀瑾先生话：

"我们后世之人读古人的著作，常常拿着自己当代的思想观念，或者现代语言文字的习惯，一知半解地对古人下了偏差的注解，诬蔑了古人，这是何等的罪过。"

第四章

历史是什么鬼

昔日表情何淡然

有着 2 400 多年历史的大同市，地处晋、冀和内蒙古三角区域中心，曾是北魏京都和辽代陪都，历史文化厚重。距大同市城西 16 公里处的云冈石窟，绵延一公里，有大小石窟龛 1 100 多个，石刻造像 51 000 多尊。其中，有各种栩栩如生的宗教人物形象。

当你站在这些林林总总的石刻面前时，你一定会被那些石刻上反映出来的人类昔日的表情所触动。

怎么说呢？那是一种无比安详、娴静、淡然和天地大仁的表情。这种表情，太人性了，太轻淡如云了，太没有杂质了。从这些历经历史烟云的凝固石刻上，我们能感悟到那个时代的精神和心灵的含义。

这样一种表情，人类一定普遍拥有过。否则，石刻艺术家们不可能杜撰出来。东晋诗人陶渊明在《桃花源记》中描述人们"黄发垂髫，怡然自乐"的和平安乐生活，人类度过了这样"黄发垂髫，怡然自乐"的娴澹时期。就人类经历来说，并不是生存经历越长，社会表情就越好。有些文明特质，不是与时间累进的。像这样清澈如水的石刻表情，现在不是普遍能看到了。

75

没有表情是最好的表情。如今大街上，表情似乎过于丰富，也过于拥挤了。各种媒体，正急切地激荡人们的各种欲念。钱欲、物欲、利欲、权欲，各种功利饥渴、成功急切、人生无奈之类……成为我们社会表情的构成部分。

昔日表情何淡然！在悠悠的农耕岁月中，人类的脸庞有这样的表情，耐人寻味啊。读这种表情，犹如躺在芳草地上，看蓝天上飘过白云。

文明的溪流

"万山不许一溪奔，拦得溪声日夜喧，到得前头山脚尽，堂堂溪水出前村。"杨万里这首《桂园铺》，写了溪水千回百转、穿越崇山峻岭终于豁然开朗的特性。据说，胡适很喜欢这首诗，以诗勉己。1961 年，胡适还写了这诗赠给台湾原《自由中国》半月刊发行人雷震，雷震曾因反对蒋介石"三连任"被判刑入狱。

山涧溪流是拦不住的，文明的溪流也一样。在经九曲十八弯的历史沧桑后，浩渺古远的涓涓细流终成大脉，堂堂溪水出前村。

跟着德国存在主义哲学家雅斯贝尔斯，沿着他的思想小径溯源而上，我们见到文明溪流的一个重要站点——风光旖旎的人类文明"轴心期"。雅斯贝尔斯在他著名的《历史的起源与目标》一书中认为，在公元前 500 年左右的时期内即在公元前 800 年至前 200 年左右的精神过程中，可以找到"历史轴心"。这一轴心时代，为人类提供了丰富的文化成果，成为一代代人"享用"不竭的精神渊源。所谓"轴心期"，是历史文明的定型期。

这个时期，人类不同地区出现了许多奠定文明基础的思想大师。在中国，孔子和老子非常活跃，中国所有的哲学流派，包括墨子、庄子、列子和诸子百家，都出现了。印度出现了《奥义书》等。在伊朗，波斯国教祆教创始人琐罗亚斯德传授一种挑战性观点。在巴勒斯坦，从以利亚以赛亚和耶利米到以赛亚第二，先知纷纷涌现。希腊贤哲如云，有荷马，哲学家巴门尼德、赫拉克利特和柏拉图，许多悲剧作者以及修昔底德和阿基米得。雅斯贝尔斯说，我们可以把这一时期简称为"轴心期"（Axial Period）。

"轴心期"结束了几千年古代文明，它融化、吸收或淹没了古代文明。雅斯贝尔斯认为，"直到今天，人类一直靠轴心期所产生、思考和创造的一切而生存。每一次新的飞跃都回顾这一时期，并被它重燃火焰，提供精神动力"。

这个时代的特点是，世界上三个地区（中国、印度和西方）的人类全都开始意识到整体的存在、自身和自身的限度。以后人类每发展和跨越，都会回忆这一时期，从中获得新的感悟和力量，这一时期一直为人类提供着精神动力。

雅斯贝尔斯本来学的是法律，后改学医学，获医学博士学位，在临床精神病理学方面颇有研究。后又转学哲学，1921年后，在海德堡大学做哲学教授。他有三卷本的阐述存在主义哲学观点的《哲学》出版，但最有影响的，应该说还是他这本《历史的起源与目标》。

好的思想家有一个特点，时常会在潜心研究某种现象的基础上，提出某种独特的假说（或理论范型）来解释某种现象——如英国历史学家汤因比关于文明起源和文明发展的"挑战—应战论"，美国政治学家亨廷顿的"文明冲突论"，德国哲学家雅斯贝尔斯的"轴心论"，这是一种思想方法，也是一种学术方法。

总有人不去体悟其思想方法的长处，而是要么对他们横加鞭挞（当年亨廷顿"文明冲突论"来到中国时，便遭严厉批判。火力虽猛，打的却不在点子上。一些人对他的书没有好好读，批判文章却写得洋洋洒洒）；要么鹦鹉学舌、亦步亦趋，如"仿照"雅斯贝尔斯提出所谓"新轴心时代"（"现代轴心时代""第二轴心时代"等），这种"新轴心时代"论，有点像雅氏理论的"山寨版"。

既然有了"新轴心时代"，那么它的特点是什么？核心要素有哪些？你得给出解说。且不说各种解释语焉不详，缺乏理论底气和结构机理（雅斯贝尔斯提出"轴心期"假说有特定要素和条件），光在对雅斯贝尔斯"轴心"理论的把握上，就存在很大问题——在雅斯贝尔斯解释体系中，今天的科技时代，是他历史序列里的"第四期"，即"第二个间歇期"。雅斯贝尔斯把人类历史分作四段："史前时期""古代文明期""轴心期"和"科学技术时代"（15世纪开始，经17世纪决定性发展到19世纪全面开展，欧洲成为世界的中心）。在这四个时期中，史前期与古代文明期是"间歇期"，轴心期则是"突破期"，而我们现在处在的科学技术时代是"第二个间歇期"。

雅氏理论序列里的"第二个间歇期"，忽然变成了我们学者手里的"新轴心时代"，是不是一件挺有趣的事儿呢？

雅斯贝尔斯强调："对我们来说，轴心期成了一个尺度。在它的帮助下，我们衡量各种民族对整个人类历史的意义"——此乃"山中一夜雨，树杪百重泉"，今天的所谓"新轴心期"，能为今后的人类提供文明的范型和尺度吗？

文明的溪流在"轴心期"打了几个转后奔流而下，变得开阔平缓，甚至横无际涯，但它只是人类这一轴心时代的延流而已。人类真正的"轴心期"不可能如衣袋里的硬币，一摸有好几个。如果人类有几个"轴心期"，本质上就没有"轴心期"。

诗经时代"采风官"

中国诗经时代，就置有采风官，广采草野俚语，以视民意。中国古代是很重视民意调查的。西周时，就建立了"采风"制度即民意收集制度。当时通信、交通都极原始，民居散落，采集民意谈何容易，但没成立什么机构，也没今天"零点公司""盖洛普"等专业公司发布"权威报告"什么的，而是充分利用民间闲散人力资源。

《春秋公羊传》记载：当时朝廷规定，男子60岁、女子50岁如果没有子女的，由官方提供他们日常生活费用，"使民间求诗"——让他们深入坊间收集诗歌俚语，时间是从当年十月，到第二年的正月。

这种安排，相当智慧。首先，男子60岁、女子50岁而无子女，一则空闲，二则无人赡养，让他们承担一定工作，保证了生活来源，且有事可做，有利身心健康；二是这个年龄段，各方面已"淡定"，没有"部门偏好"和利益倾斜，能保证相对客观；三是从十月到来年正月，正是农闲时间，不会误农时，是民意采集最佳时间。

这是一种非常畅达的民意采集渠道，有"四量拨千斤"之妙。通过这种方式，"观风俗，知得失，自考正也"，"故王者不出户牖，尽知天下所苦"——这不是大话，当时确是这样。

这种采风制度不仅是治国理政的创举，也是非常好的文化保护制度。正是这种制度，产生了许多辉映千古的中华文化硕果，《诗经》中的"风"、《陌上桑》《孔雀东南飞》等两汉乐府诗，我们今天能读到的许多作品，都是这种制度所带来的文化瑰宝。一种好的社会治理规制，收益总是多方面的。

历史的真与假

中国历史上有"孔融让梨"的故事，也有"尧舜禅让"的故事。它们是许多历史美德的起点。

比如尧舜先哲，最为人津津乐道的，便是"禅让"一目。它是一种境界、一种榜样，一种千百年来的先贤典范，春风杨柳万千条，六亿神州尽舜尧。只是"孔融让梨"可信，"尧舜禅让"不可信。

历史美德，有时如远望的绿意，草色遥看近却无。

意大利历史学家克罗齐说："一切历史都是当代史"。著名爱情小说《诺桑觉寺》中，女主角凯瑟琳·莫兰在谈到历史时说："要说历史是枯燥无味的，那就怪了，因为大多数历史是编造出来的。"至少，我们可以说，过去竹帛上、今天书本上，许多"历史"，不是信史。人们观念中被传授而固化的许多所谓"历史事实"，与历史真相差得太远。

尧舜时代，部落联盟的大酋长已有相当的特权，很多部落头领都想争夺此位，想要和平"禅让"，已不太可能。西晋太康二年（公元 281 年），有人盗发魏襄王墓，所获竹简，与儒家经典记载出入极大。内称：夏族的尧本想把王位传给儿子丹朱，但是

思想的郊外：知识、智慧与人性

夷族的舜起而反对，通过一场政变，舜囚尧而杀丹朱，才弄到权位。这些记事，后来称为《竹书纪年》，时间在儒家经典之前，可信度远比儒家经典要高。

所以禅让，这个"让"那个的，是个挺大的神话。儒家学者之所以臆想和编造"尧舜禅让"，想来也有苦衷。在风起云涌的战国时代，国君传位之争相当残酷，为劝说国君们淡化权力意志、推行"仁政"，禅位让贤，减少流血，就以"尧舜禅让"事迹游说天下。说着说着，以讹传讹，假的也漫成真的了。

而对待历史的激情和"意义"观，也是促成此状的内因之一。许多历史学家"渴望对历史进行解释是如此根深蒂固"。阿克顿在《剑桥近代史》第一卷导言中说："当我们撰写历史时，一定要把人类事务的进步当作是科学的假设而贯穿其中"。这样，历史中就多了"人类真正的财富、幸福、知识乃至美德"，而历史帷幕中，许多刀光剑影的场景，被省略了，或被简略了。

此外，儒家有所谓"三讳"——为尊者讳、为亲者讳、为贤者讳。既树尧舜为榜样，对其事迹就得曲意掩映，就不能不说些不是真话的话。只是"禅让"这一德目，到后来，却衍生为一种宫廷政治的"行为艺术"——如曹丕代汉、司马炎代魏，皆以"禅让"为遮羞布。而相对真实的《竹书纪年》，后来反倒成了禁书。

历史的真与假，有时竟如此具有反讽意味。

人类有文明史以来，多少战争、杀戮、争斗，都由权力而起。有多少人能真正放得下权力？为了权力，弟弑兄、子废父的鲜血一直流到近现代。权力的滋味太神奇了，对有些人来说，他们的灵魂就是为权力而存在的，失去权力，生命支柱便轰然倒塌。严忠济在《天净沙》中说"宁可少活十年，休得一日无权"。有了权力，而搞"禅让"，太难了，与"人性"太相违了。

所以，写了中国历史上第一部史学理论专著《史通》的唐代大史学家刘知幾说："尧之授舜，其来难明；谓之让国，徒虚语耳！"

伪史可怕

比起正史来，伪史似乎是一道更能亮眼的风景。

历史是任人打扮的小姑娘，这还算好。不过是穿衣戴帽的不同，或村姑娘、白领小资的差异。起码那个"小姑娘"是真的。最可怕的是伪史，那个"小姑娘"只是个木工手艺。

伪史者，是人出于一定目的的伪造之"史"。伪史有一次构筑完成的；也有星星点点，经一定时间"累积"而成的。

不管哪种，它们都能以讹传讹，愈演愈真，俨然而成"信史"。

伪史之可怕，不仅在于其伪，向壁虚构，或由一点事迹扩展、演绎而来，更在于伪史带有强烈的道德感和说教目标，它用"事实"来解说一种道德事实或道德人格，指向一个价值目标，相当蛊惑人心。

凡伪史，都能越变越"真"，越变越像那回事。

人类是有历史的，历史是珍贵的。它使人鉴古知今，继往开来，但历史的珍贵在于其真。由于年岁久远，很多历史事实有些模糊、有些变形，无法辨证，这似是无法改变的事儿，这给伪史的以讹传讹，提供了可能。

对于人类历史的各种解说中，充满了伪史。人类各个时期都一直为伪史所迷惑。

人们看不清历史，是因为存在大量伪史。人们看不清历史，又可能衍生更多的伪史。

"轴心"前时代

通常认为，现代西方文明有两个源头，即古希腊文明和希伯来文明。它们都属于人类"轴心期"的文明。"轴心时代"产生了一大批思想先师，如孔子、老子、佛陀、以色列先知和希腊哲学家。但稍涉猎一下世界史，便知道它们并非西方最终的源头。

西方文明的起源，还可往前追溯到埃及和两河流域文明。这两个文明都是希腊和希伯来文明的祖先，早在西元前 3 500 年左右就出现了，而古希腊文明大约兴起在西元前 8 世纪，希伯来文明早一点，大约在西元前 12 世纪，之间有一个两三千年的时间差。

中国文明在"轴心时代"之前，已有夏商周的丰厚积累。

闻一多先生可能是我国最早明确意识到轴心时代现象的学者。他在《文学的历史动向》一文(1943 年作)中说："人类在进化的途程中蹒跚了多少万年，忽然这对近世文明影响最大最深的四个古老民族——中国、印度、以色列、希腊都在差不多同时猛抬头，迈开了大步……"

人类伟大的"轴心时代"，究竟是如何形成的？

这一特殊的历史文化现象发生的缘起因果，至今没有找到真正令人满意的解释。

伟大的"轴心时代"

　　人类公元前 8 世纪至前 2 世纪，是一个伟大时期。在这个时期，人类精神基础得到完善和奠定。中国文明、印度文明、波斯文明、犹太文明和希腊文明是这个时期文明的标志。人类出现了一大批思想大师，古希腊有苏格拉底、柏拉图，以色列有犹太教的先知们，印度有释迦牟尼，中国有老子、孔子等诸子百家。他们提出的思想原则，成为人类的"元典"，他们塑造了不同的文化传统，至今还一直影响着我们的生活。

　　令人惊奇的是，虽然中国、印度、中东和希腊远隔千山万水，交通和信息都闭塞不通，但这些不同地区创造的精神和文化，却有着很多相通的地方。

　　德国哲学家雅斯贝尔斯给这个时代贴了一个标签——"轴心时代"。他在《历史的起源与目标》一书中认为："人类的精神基础同时或独立地在中国、印度、波斯、巴勒斯坦和古希腊开始奠定，而且直到今天，人类仍然附着在这种基础之上"。事实正是这样。今天我们精神的基础，仍是这些人类先哲创造的这些东西，我们没有超越，我们也不可能超越。"人类一直靠轴心时期所产生的思考和创造的一切而生存，每一次新的飞跃都回顾这一时期，并被它重燃火焰……轴心期潜力的苏醒和对轴心期潜力的回归，或者说复兴，总是提供了精神的动力。"

在《人的历史》一书中，雅斯贝尔斯也论及这一时代。他指出这一时代"充满了不平常的事件"：在中国诞生了孔子和老子，中国哲学的各种派别的兴起，这是墨子、庄子以及无数其他人的时代。在印度，这是优波尼沙和佛陀的时代。在伊朗，祆教（即琐罗亚斯德教）提出它挑战式的论点。在巴勒斯坦，出现了以利亚、以赛亚、耶利米、第二以赛亚等先知。希腊产生了荷马和哲学家巴门尼德、赫拉克利特、柏拉图，悲剧诗人，修昔底德和阿基米得等。"这些名字仅仅说明这个巨大的发展而已，这都是在几世纪之内单独地也差不多同时地在中国、印度和西方出现的"。

后来的很多历史学家，都谈到过这个时代的伟大之处。如美国历史学家伯恩斯教授和拉尔夫教授在他们的著作中提到：由于一些无法解释的原因——或许仅仅由于巧合——在古代世界的三个相隔很远的地区，在大约同一个时候都开展着高度的哲学活动。当希腊人正在探讨物质世界的性质、印度思想家正在思考灵魂和神的关系时，中国的圣人正试图去发现人类社会的基础和贤明政治的根本原则。

坊间有谚语说："一岁看八岁，八岁定终生"，是说一个人到八岁时，大体可看出他今后一生的情况。公元前 8 世纪到前 2 世纪这个伟大的时代，是不是大体相当于人类的"八岁"这个时期呢？

当然，在严格意义上，最早提出"轴心文明"这一命题的，并不是雅斯贝尔斯。在更早，如在 1856 年，拉索尔克斯在他《历史哲学新探》中就提出：公元前 600 年，波斯的琐罗亚斯德，

89

印度的乔达摩·释迦牟尼，中国的孔子，以色列的先知们，罗马的努马王，以及希腊的爱奥尼亚人、多利亚人和埃利亚人的首批哲学家，全都作为民族宗教的改革者而几乎同时出现，这不可能是偶然的事情……

到了1870年，维克多·冯·施特劳斯也说道：在中国老子和孔子生活的数百年里，所有开化民族都经历了一场奇异的精神运动。在以色列，耶利米、哈巴谷、但以理和以西结进行着他们的预言，而新一代人在耶路撒冷建立了第二圣殿（公元前521—前516年）。

雅斯贝尔斯秉承了先哲们的思想，但他觉得，先哲们"仅仅是浮光掠影而已……人们从未有论证它们的意图，从未从整体上把握这些获得当时人性的整个精神存在的普遍类似现象"。雅斯贝尔斯论述这一命题，是想"从整体上把握这些获得当时人性的整个精神存在的普遍类似现象"。

还有一点，在我看来极为重要，那就是雅斯贝尔斯深刻地指出：与人类的"轴心时代"相比，最明显的，是现在正是精神贫乏、人性沦丧、爱与创造力衰退的下降时期，只有一点仍可与以前的一切比美，那就是科学和技术的产生。今天，精神本身被技术过程吞噬了。甚至科学也得服从技术，代代相传的结果加强了这一趋势。雅斯贝尔斯认为：通过人类日益增长的对自然的控制，自然以这种前所未料之方法，威胁要控制人类。通过从事技术工作的人类的特性，自然确实变成人性的暴君。

人类从技术上造成了第二自然，但危险在于，他可能被第二自然所窒息；而他面对不驯服的自然，进行永恒的生存斗争，可能会相对自由一些。人类的全部存在变质为技术完美的机器中的一部分，整个地球变成了一个大工厂。在此过程中，人类已经并正在丧失其一切根基。

也许，这正是"轴心时代"理论的现实映照意义——"轴心时代"成为人类文明和精神的一个经纬；是今天我们更好地反思、洞悉人类社会状况的一个坐标。

值得我们惊叹和进一步思考的，不是"轴心时代"人类思想大师们的伟大智慧本身，而是在一切似乎都原始、落后、不发达的当时岁月里，这些伟大智慧的渊源究竟来自哪里？

在我看来，他们的伟大智慧最主要的，是来自大自然最直接的体悟。苍苍茫茫的大自然，辽阔的田畴原野、千层叠嶂的山峦和大地土壤——正是这些"最本原的物质"，使人们获得了生命根基。大自然是人们最直接、最丰富的精神课堂，是人们获得灵感和沉思不竭的源泉。

是的，思想和精神只是辽阔土壤中生发的"自然之果"。今天我们越来越远离大自然，远离土地，远离草长莺飞，远离碧水雄山。我们只是偶尔与大自然打个照面，注定了浅显和没有根基的状态。我们的心是飘浮的。如果说现代人有什么"本质"的话，那么这个"本质"，就是将人从土地上拔出来，将人整合在城市的钢筋丛林中逶迤穿行。

人的灵魂，其实是一棵树。它必须扎根土壤，必须有阳光雨露，才能郁郁葱葱，才能"何当凌云霄，直上数千尺"。缺乏深厚土壤的植物，就像超市里买的远离光照的那些玻璃瓶植物，不会有多少生命力。

只有在苍茫大自然和风霜雨露中生发的东西，才会成为"元典"。没有大自然生发的灵感和元精神，今天人不太可能有真正

91

穿越时空的东西。今天我们有色彩，却没有雄浑，这倒没什么，只是不要把色彩和浅薄，装点成了雄浑和伟大。

本质上，今天我们没有太多的沉思，只有浮想。沉思是很重的、能瞥见星光的东西。

文明脆弱

巴尔扎克说:"一个能思想的人,才真是一个力量无边的人。"

可是,"能思想的人"时常最为脆弱。人是一根"能思想的芦苇",这根芦苇是柔韧的,又是孱弱的。

文明是强大的,是历史进程中最强大的力量了,可文明时常为野蛮所打败。君子的人格力量是强大的,可君子斗不过小人是常态。正如亨·哈·埃利斯说的:"万物之中,文明是最脆弱的,任何高度的文明都经不起它所面临的多重危险的威胁。"

在知识与权力的对垒中,权力总是胜出者,正如文明总输于野蛮。

这是个悖论,可却是个事实。

"能思想"才有力量,但"思想"在人类的庞大物系中,却又时常最没"力量"。

这个悖论的缘由,适合在一杯清茗的袅袅香气中,看着天边的落日晚霞来思考。

世界大历史

最近读完弗罗姆金的《世界大历史》。弗罗姆金师法古希腊希罗多德和修昔底德，"用心记录史实"，以"自己的方式"解说历史。在这本书中，"尤其着重人类在自我组织管理的方式以及战争、和平与生存等课题观念上的流变"。

与其说此书是一部论著，不如说它是一部历史学术散文。夹叙夹议的轻松方式，使它的历史之旅充满了云淡风轻。书中通过"十二个根本转折"，把我们由数百万年前的非洲森林，带入20世纪90年代和往后的世代。简约的笔墨，展现了人类从文明曙光到21世纪的万象风光，有一种"削繁就简三秋树"的疏朗。书中作者的议论和见解，都相当不同流俗。

读历史著作，我会比较留意"历史规律"方面的内容。"历史规律"预设了我们文明的走向。一代人、数代人，乃至历代人，都只是历史规律长河中的一个水分子（甚至都算不上）。人类似乎是在朝着一个神秘的目的地行进——不管是昂首阔步，还是步履蹒跚。

可是，历史真的有规律吗？

当年为写《政治设计研究》一书，曾仔细研读过"证伪主

94

义"科学哲学思想家波普尔闻名遐迩的《历史决定论的贫困》和其他相类的书。它颠覆了我对一些"定律"的看法。波普尔是质疑"历史规律论"的巨擘。他认为，由于受知识增长的限制，人类历史进程不可预测。"历史规律"无迹可寻，"历史命运"之说纯属迷信。波普尔对"历史决定论"的深刻质疑，犹如空谷传响，回声久远。

在我阅读范围内，18世纪意大利哲学家维柯和德国哲学家赫尔德，是"历史规律说"的滥觞。维柯的名著《关于民族共同性的新科学原理》，在神学之外寻找历史演进规律，把人类历史分为"神的时代"、"英雄时代"和"人的时代"。德国浪漫主义先驱赫尔德在《人类历史哲学的概念》一书中，则把人类历史分为"诗的时代"、"散文时代"、"哲学时代"的交替。这些时代分类富有诗意，他们关于历史是"有机整体"的观念，对后世产生了极大影响。

18世纪是理性主义高歌猛进的时代。起草吉伦特宪法的法国启蒙思想家孔多塞，在他《从历史上看人类的进步》一书中，把人类未来分为十个阶段，而他身处的法国大革命，则是这十个阶段来临的标志。他的《人类精神进步史表纲要》，则提出如何预测、指导和加速人类历史的进步。

康德在他《一个世界公民观点下的普遍历史观念》中确信，人类历史具有"合目的性"和"合规律性"的双重性质；人类历史归宿是合乎理性的、完美的。大约在这时，"历史规律论"这种历史哲学，已经成为一种影响甚大的理论了。

"历史哲学"这一概念，由18世纪的伏尔泰提出，但伏尔泰没留下这方面著作。到了19世纪，理性主义历史哲学的大腕、大师抑或集大成者，都非黑格尔莫属。在他那里，人类历史发展表现为"只知道一个人自由"的时代（古代东方）、"知道部分人自由"的时代（古希腊罗马）和"知道人人皆自由"的时代（日耳曼精神）。重要的是，"理性""绝对理念"在黑格尔那里是世界真正的主宰。这种"神秘主义幽灵"至今余波未息。

但"历史规律论"一直受到人们质疑。许多人认为，历史本质上是一个混沌的走向。雅斯贝尔斯说得明白："我们正在一片未经标测的海洋上航行，无法达到这样一个岸口：在其上我们可以获得观察全体的清晰视野。"以解释文明"挑战—应战"机制以及"文明解体"著称的英国历史学家汤因比也说："人们醒悟过来，发现自己处于一个混沌的世界之中。"伯恩斯和拉尔夫在《世界文明史》中认为："历史的动因是各种各样的"，"人类活动的促动因素是异常复杂的"。即使是受到马克思高度赞誉的美国杰出社会科学家摩尔根，在他那部伟大著作《古代社会》中也说："文明社会之所以能完成于它实际完成之时，乃是一系列偶然事件的结果。"

弗罗姆金这本《世界大历史》，没有太多涉及"历史规律"问题。但他认为"人类活动的促动因素是异常复杂的"，"历史的动因是各种各样的"。如"贪婪无疑是人类活动的有力动机，但这并不意味着经济的因果关系必须被视为普遍的规律"。弗罗姆金偶发的议论很精彩，如"历史的发展充满了反讽……历史的过程中，并无所谓的必然"，"主导历史走向的，往往是偶发事件"。

显然，弗罗姆金与许多人一样，并不认为有着一种客观的"历史规律"在主导着人类命运。所谓历史规律，是风烟迷离，难以迹考的。

人类到底有没有决定着自身命运的历史规律？

"君子于其所不知，盖阙如也"。

历史是什么鬼

历史是什么？人类行为的痕迹？过去真实事实的记载？带着偏好的叙述？

其实我们读到的所谓"历史"，任何时代的记载都不可能真正"客观"，不可能真正描述出当时事件的全息情形、当时事情的全部真相。

事情在发生的那一刹那是"真相"，之后，被记录下来，或被后人描述下来，都已不是真相，已是对真相的主观记录。可能失真，可能真假杂糅。

至于伪造历史，涂改历史，更是人类这种动物最喜欢干的邪事儿。

吴佩孚是个罪恶罄竹难书的大坏蛋吗？张作霖是被日本人炸死的吗？段祺瑞、袁世凯都是历史教科书上写的那样吗？袁世凯暗杀了宋教仁吗？……

进一步，且不说"还历史真相"不容易，对于历史真相不走样的"理解"，亦不容易。

德国思想家海德格尔曾把真实发生的事情，称为"历史"，把历史学家们对真实的历史的描绘，称为"历史学"。这个区分，至少可以避免人们把自己对"历史事实"的理解和描述当成历史事实本身。但究竟什么是"真实的历史"？怎样的东西才是"真实的"？谁给出评判？这是个无法解决的大问题。

1928 年，英国哲学家、历史学家柯林武德在度假时，思考到"历史"与"伪历史"的问题。他认为，真史和伪史都是由某些叙述构成的，区别在于真史必须交待清楚支配历史事件的有目的的活动（历史文献和遗物仅仅是证件），伪史或假历史学则不考虑目的。

我们见到的各种"历史"，充其量只是略带几分"真实"境况的历史碎片罢了。

历史主义有个著名的格言："不懂得过去，就无法理解现在。"有点鉴古知今的意思，大家都接受这种观念。但细究起来，根本站不住。至少，这里有这样三个疑问：

一是为什么理解现在须以"懂得过去"为条件？是人类经历的相似性？历史的重复性？过去和现在的可类比性？尽管有"历史有惊人的相似"这一说，可再"相似"的历史，也是殊为不同的。把"过去"假设成理解今天的必要条件，在事实上能否成立？

二是"懂得了过去"，就一定能"理解现在"么？过去是过去，现在是现在，空间、时间、境况、人物都不一样。列宁说过："一切以时间地点为转移"，怎么懂得了过去，就一定能"理解"现在？所谓日新月异，一日千里，"现在"是感性、具体的，"过去"是线条的、抽象的，尽管历史现象有某些相似性，但毕竟不可同日而语。"懂得过去就能理解现在"的依据，是什么？

三是"懂得过去"是个何其泛泛的说法？——这个"过去"

99

应该包括除"现在"之外的全部漫漫时段，这是个形体庞大的山峦，其中有无数树木花草、熊罴虎豹。韩非子在《五蠹》中就已提出过近古、中古、远古的说法，故所谓"过去"，它有不同分割，有不同时段，不同界面，"懂得"哪些时段、哪些界面、哪些系统、哪些内容方为"懂得"？"懂得过去"谈何容易？

所以，懂得过去，未必理解现在。理解现在，亦不必一定得懂得过去。事实恰恰是，一方面，人类从不真正信赖于过去，都是现实无比的"现实主义者"；另一方面，谁信赖于"历史"越多，谁受诓骗越多，尤其在中国。这也是一个基本事实。

第五章

科学之真与艺术之美

知性、悟性、灵性

回溯人类以往经历，我们总会为各个历史时期大师们的异常光彩所惊异。按理说，文明在前行，人在各方面应"今胜于昔"，可事实上，今天人的知性慧端、灵性憬悟，未必一定胜于前人。

比如古希腊亚里士多德，一生至少撰写了 170 种著作，流传下来的有 47 种。他的这些著作，有天文学、动物学、胚胎学、地理学、地质学、伦理学、政治学、物理学、解剖学、生理学、修辞学、教育学、神学、美学、诗歌、风俗、雅典宪法等，涉及众多领域。真是一位"百科全书式的"人物。德国伟大哲学家、思想家黑格尔称亚里士多德为"人类的导师"；马克思称亚里士多德为"古代最伟大的思想家"，恩格斯则尊亚里士多德为"古代最博学的人物"。

又如文艺复兴时期的拉伯雷，我们读过他的《巨人传》。其实，他是个很敬业的医生，只为了减轻他病人痛苦，让他的病人"消遣"，他才随意玩玩写小说，却写出了经世巨著。拉伯雷真正有兴趣研究的，是数学、医药学、考古学、天文学、植物学等。在这些领域，他有着相当精深的研究。

被认为是对现代欧洲最具影响力的思想家之一、18世纪德国古典哲学创始人康德，一生写了约53部著作。其中最有影响力的是"赢得整个世界赞誉"的《纯粹理性批判》《实践理性批判》和《判断力批判》（号称"三大批判著作"）。但其实，康德研究哲学，开始只是业余爱好。

德国启蒙大师赫尔德、浪漫主义的先驱曾听过康德两年课，他后来说："每次回忆起少时结识一位哲学家并聆听他的讲座，我就充满感恩的欣喜……他的哲学唤醒了独立思考。我几乎从未听过更加卓越和打动人心的讲座。"康德教学的领域据说相当广泛，包括哲学、人类学、道德哲学、伦理、自然神学、逻辑、形而上学、数学、物理、力学、美学、地理、自然法、生物、教育学等。事实上，康德还教过"筑城术"和"烟火制造术"。

还比如法国启蒙思想家伏尔泰，是诗人、剧作家、小说家、历史学家、哲学家，又是自然科学的普及者。歌德不仅是伟大的剧作家、"天才的诗人"（恩格斯语），也是生物学家、物理学家、地质学家、天文学家和气象学家。18世纪的福尔斯特，是自然科学家、文学家、美学家、启蒙思想家，同时也是杰出政治学家。18世纪的霍尔巴赫是哲学家，同时也是知识渊博的伟大学者。在物理学、化学、地质学、矿物学和冶金学方面，他为《百科全书》写过400多个条目。同一世纪的狄德罗，不仅是伟大的哲学家，也是非常出色的文学家、文艺理论家、美学家和造型艺术评论家。再如，17世纪的笛卡儿、牛顿、莱布尼茨等人，都在不同的领域纵横捭阖，极多建树，气象万千……

中国宋元之际，史学家马端临历30多年写《文献通考》，共348卷，是一部"会通古今，该洽载籍，荟萃源流，综统同异"

的典制体通史巨制，从上古写到宋朝宁宗时期。钱穆在《中国史学名著》中说："马端临那样写出他三百几十卷的大书，直到今天，这部书还是中国一部有价值的大书。"

当然，还可以举出很多人。恩格斯在《自然辩证法》一书中，曾十分赞赏地谈到那些百科全书式的巨人们：

> 那时，差不多没有一个著名人物不曾作过长途的旅行，不会说四五种语言，不在几个专业上放射出光芒。列奥纳多·达·芬奇不仅是大画家，而且也是大数学家和工程师，他在物理学的各种不同部门中都有重要的发现。阿尔布雷希特·丢勒是画家、铜板雕刻家、雕刻家、建筑师。此外还发明了一种筑城学体系……马基雅弗利是政治家、历史家、诗人，同时又是第一个值得一提的近代军事著作家。路德不但扫清了教会这个奥吉亚斯的牛圈，而且也扫清了德国语言这个奥吉亚斯的牛圈，创造了现代德国散文，并且撰作了成为16世纪《马赛曲》的充满胜利信心的赞美诗的词和曲……

是什么造就了这些光芒四射的巨人？是什么使这些人"在几个专业上放射出光芒"？我想，归根结底只能是教育。教育像一根魔棒，点亮了他们智慧的火焰，开启了他们超凡绝伦的知性、悟性和灵性。

教育是用来点亮灵性的。那时的教育，绝无今天的精细和繁杂，也没有今天这样层出不穷地玩新概念、折腾新花样，却为人的知性、悟性和灵性的养成，保留了空间。

一寸灵性一寸金。好的教育，一定不是那种"限制性"教育，一定不是短浅的、急功近利的教育，而应该是开发性、诱导性的教育，是那种善于点亮知性、悟性和灵性光芒的教育。这一点，在人类的任何时期，都是一样的。

南北不同学风

　　关于南北学人学风的不同，最具影响的说法，是南朝宋时刘义庆《世说新语》中的记载。褚季野语孙安国云："北人学问，渊综广博。"孙答曰："南人学问，清通简要。"支道林闻之曰："圣贤固所忘言。自中人以还，北人看书，如显处视月；南人学问，如牖中窥日。"

　　褚、孙两人是东晋名士，支道林是东晋高僧。这个对话中，褚季野以"渊综广博"概括北人学问的特点，孙安国则以"清通简要"归纳南人学问特点，都准确凝练，勾画出中国学人的不同特点。

　　但说得更精当明白的是支道林"北人看书，如显处视月；南人学问，如牖中窥日"这个比喻，意思是北方学者以章句训诂为学问，缺少识见，犹如明处看月亮，淡光罢了。南方学者以探求义理为学问，有见解，好似窗棂里看太阳，少见他物，但看太阳真切。把复杂的学问差异说得透白，这僧人可谓"才藻新奇，花烂映发"。

　　《隋书·儒林传序》也说"南人约简，得其英华；北学深芜，穷其枝叶。"这实际上是说，北方秉承了东汉古文经学派学风，南方则发展了魏晋学风。所谓东汉学风和魏晋学风，从经注方面看，南方的经师《周易》用王弼《注》，《尚书》用《伪孔传》，《左传》用杜预《注》；北方的经师《周易》《尚书》用郑玄《注》，《左传》用服虔《注》。至于《诗》，南北经师都用《毛传》《郑笺》，《三礼》则都用郑玄《注》，南北之间差异并不大。

但从释经方面看，差别就大了。主要表现在北方经师恪守东汉经师的家法，厘析训诂章句，不能别出机杼，是一种拘囿书面、相对保守的学风。南方经师则博融众说，阐发经义，别有心得，是一种由书面渗入书中的学见。大抵北方经学崇尚郑玄学问，排斥王肃学问，更排斥玄学；南方经学则不仅郑、王兼用，还兼采玄学。玄学尚清谈，剖析名理，是当时士人的重要功业。如梁时盛行讲经，口头讲经的记录称"讲疏"或"讲义"，如梁武帝有《周易讲义》《中庸讲疏》。还有一种称为"义疏"，阐发经义比经注更详尽些。南方士人有讲义和义疏，北方士人有义疏，则无"讲义"一体。南朝时人讲经，重于义理。《魏书·李业兴传》记载，一次李业兴到梁朝聘问，梁武帝问他儒玄两学如何可得贯通？李业兴回答，自己只学五经，不懂玄学深义。梁武帝又问有无"太极"？李业兴回说，自己不习玄学，不知有无太极。这一问答，亦颇可说明南北学问学风之不同。

"渊综广博"与"清通简要"的扼要区分，对于认知"南北学风"有启迪。但至少有三点不可忽略：

一是褚裒、孙盛和支道林所说的"南北"，其地缘界限与后人的理解，是有差别的。二是对于南人、北人学问学风的差异，在东晋褚、孙之前，已有论及。如《三国志》卷五十七《虞翻传》注引《吴书》："策既定豫章，引军还吴，飨赐将士，计功行赏，谓翻曰：'孤昔再至寿春，见马日磾，及与中州士大夫会，语我东方人多才耳，但恨学问不博，语议之间，有所不及耳。孤意犹谓未耳。卿博学洽闻，故前欲令卿一诣许，交见朝士，以折中国妄语儿'。"孙策话中说到"中州士大夫"与"东方人"学问差异，如所谓东方人"学问不博"，与褚季野所谓"北人学问渊综广博"似可呼应。三是当时北方学问崇尚"博通"之风，与东汉古文经学有关。"博通"学者，大抵为古文经学家或倾向于古文经学的学者。今文学家中，像杨震那样"明经博览，无不穷究"的较少。总体上那时北方学术思潮对南方影响不大，南方一流学人所学的依然是今文经学。

所谓"汉魏之际，中华学术大变"，这一时期虽不甚长，却是一个急剧变革的重要时代。其时北方士子对博与通的追求，开始逾出经学范畴，正如余英时先生在分析东汉士风转变时说的："东汉中叶以降士大夫多博学能文雅擅术艺之辈，如马季良、蔡伯喈、边文礼、郦文胜、祢正平等皆是也"；南方学人于经学领域之外，亦有向博通发展趋势。比如当时陆绩，陈寿称为"博学多识，星历算数无不该览"。

"做学问"的吊诡

　　说到做学问，不得不说到时下一种吊诡现象。即一方面，今天"做学问"的队伍无比庞大，学术无比"繁荣"；另一方面，学术质量泥沙俱下、良莠杂陈甚至每况愈下。一方面，我们为各种层出不穷、掷地有声的"创见"、"理论创新"眩晕不已；另一方面，真正有自身心得、有独立见解、有学术建树的东西少而又少。陈陈相因的东西、拾人牙慧的东西、自说自话的东西、剽窃抄袭的东西如洪水漫延。"学问"两字下，大量的文字垃圾，被源源不断炮制出来。毫不夸张地说，我们今天正处于一个文字垃圾漫天飞、学术泡沫创吉尼斯纪录的时代。

　　前两天，一位在高校做老师的同学对我说：现在当老师的人人都得拼命写文章。一到年终，就要统计发了多少文章、发在什么级别的刊物上，然后折成分数，定考核名次或用来评职称。他们校长在大会上训话说，"高校以学术为本，高校是做学术的地方，教师要以做学术为天职……"这名校长的观点，有相当的普遍性。现在各地高校无不"大抓学术"，无不想着法子逼着教师多发文章。就我本人来说，每年都推荐过不少同学、朋友的文章给一些刊物报纸。几乎所有的学术刊物，都发大量的"关系稿"

甚至"卖版面"。

按理说，如此重视学术，中国今天有如此庞大的"学问"队伍，那一定是当之无愧的学术大国了，但具有讽刺意味的是，虽然我们的"学术成果增长率"名列世界前茅，但无论是有世界影响力的学术成果，还是世界知名的学者，我们都极为罕见。至于像汤因比那样，提出"挑战—应战机制"这种文明发展、陨落的理论解释模型；能像雅斯贝尔斯那样，提出"轴心时代"这种公元前文明发展的理论解释模型（近有学者鹦鹉学舌，提出所谓"新轴心时代"自然是地道的扯谈。一个学术解释模型的确立，须以历史事实为依据，有内在完满性，逻辑上能自圆其说。所谓"新轴心时代"自然是一种不能成立的伪理论）；像亨廷顿那样，提出"文明冲突论"这种冷战后世界格局发展态势的理论解释模型这样的学术创造（尽管有其可争议的地方），那是绝对的空白。许多被称为或自诩为"发明"、"创见"、"独创"的东西，甚至获了大奖的东西，其实不过是拾古人、拾前人、拾他人（包括他国人）的牙慧或附庸前人学术风雅而已。

《三国演义》中，曹操"酌古准今"作所谓《孟德新书》，其实为战国无名氏所作，被张松识破。张松说其中内容"蜀中三尺小童，亦能暗背诵"，曹于是称："莫非古人与我暗合否？"然后一把火烧了。今天，步曹丞相"莫非古人与我暗合"这种牛气的大有人在；但一把火烧掉、不遗留笑柄于世的那种明智，则少有其人。

走进书店，你能看到浩繁的林林总总十分漂亮的书，打开后则空空如也、注水如湖。这让人想起培根说过的话："假如有人又从作坊转入图书馆而惊异于所见书籍门类之浩繁，那么只须请

111

他把它们的实质和内容仔细检查一下，他的惊异一定就会调转方向。因为，他一经看到那些无尽的重复，一经看到人们老是在说着和做着前人所已经说过和已经做过的东西，他就将不复赞叹书籍的多样性……"

休谟则说："我们如果在手里拿起一本书来，……那我们就可以问，其中包含数和量方面的任何抽象推论么？没有，其中包含着关于实在事实和存在的任何经验的推论么？没有。那么我们就可以把它投在火里，因为它所包含的没有别的，只有诡辩和幻想。"虽然休谟说的是实证，但时下很多漂亮的书，的确是可以不客气地"投在火里"的。今天我们学问、学术的书架上，在大量的出版物中，至少有一半以上，是空耗大量社会资源的文字垃圾。

"高校应以学术为本，教师要以做学术为天职"，这话听起来很靓、很有道理，却是一个伪论。高校以教学育人为天职，学术是以个人兴趣为基础，是为教学服务的。教师的首要任务是教学而不是其他。当年蔡元培主政北大，推行"与其守成法，毋宁尚自然；与其求划一，毋宁展个性"，当时北大兼容并包、群星荟萃，从未规定人们"发多少文章"。当年的西南联大从不搞业绩考核，甚至教学上也不搞硬性规定，没有教学大纲，教师自编教材，讲什么完全由教师自定。在当时那样恶劣的社会环境中，却产生了极为辉煌的科研成果，成为"一代之盛事，旷百世而难遇"，世称"西南联大现象"。

今天世界上，像哈佛、斯坦福、牛津、剑桥、麻省理工、耶鲁这样的著名大学，有的学者十几年、几十年没发表一篇文章，这太正常了。因为学术虽为"天下之公器"，但它是以个人兴趣、感悟为基础的，它需要时间和积累；它既不能量化，也不能催促。做学术是有条件的，不是靠"指标"和"考核"硬逼的。有的人能做很好的教育者，但未必能做好的研究者。但在时下中国，一名教师不要说十几年、几十年，就是几年不发文章，那还了得？早早下岗吧！

1911年，梁启超在他的《学与术》中说："学也者，观察事物而发明其真理者也；术也者，取所发明之真理而致诸用者也。"这是比较公认的对"学术"的经典诠释。学术的本质，是兴趣基础上探索和创造；思想、悟性、创见、真知灼见是学术的灵魂。那种急功近利的"做"，那种东抄西拼的"做"，那种浮光掠影的"做"，那种为职称、为考核的"做"，最后一定是炮制垃圾，一定是诱导学术腐败。这样的所谓"做学问"，与真正的学术精神、学术本旨相去甚远。

总之，一方面是学术队伍的浩浩荡荡、无比庞大，研究文章的铺天盖地、汗牛充栋；另一方面是学术的苍白、空洞和学术腐败的层出不穷，甚至学术造假成为"集体无意识"。一方面是无数人在为学术忙；另一方面是真正学术建树上的空白越来越大，真可谓"山中何所有，岭上多白云"。这就是当下中国"人人皆做学问"的一种有趣的真相。这是不是一种耐人寻味而又十分令人警策的吊诡呢？

不妨作个假设

对于我们这个过于实际的世界来说，有时"假设"一下，可能不是坏事。

我们不妨设想一下，如果亚里士多德在今天，他还能写出170多种学术著作吗？且不说这样会被"学术委员会"讥评为"不专业"，从而给评职称带来麻烦；即使在个人时间上，也不可能。他得应付各种各样的会议、林林总总的活动、名目繁多的考察……还得忙着做课题、外出讲课、参加评审、参加评奖，争名气、挣经费……

孔子在今天，也不可能带着他一帮弟子周游四处、坐而论道。一是这样有清谈误国、游手好闲的嫌疑；二是这么多人在一起发议论，很不利于安定团结；三是孔子和他的弟子也得为种种名利忙。所谓"学者也是人"，"也得生活"是矣！

康德一生约写了53部著作。如果在今天，他不可能一生都傻待在哥尼斯堡。他得不停地外出考察、讲学、挣费用；他不可能那样潜心地、随心所欲地捣鼓那些形而上的玩艺。至于那赢得整个世界赞誉的"三大批判"著作，以及其他享有盛誉的皇皇巨著，如果不申报"资助"，肯定出版不了。写"主流话语"的赶潮文章，发 C 刊、申报哲社奖之类，康德既不擅长，亦不会情愿。由此看，康德熬出个中级职称、副高什么的尚有可能；要混个"正高"、做个"博导"之类，难！

至于恩格斯在《自然辩证法》中提到的那几个人，我想大体是这样：达·芬奇能争取在美术馆搞一两次大场面的画展，多发些请柬，多请些领导来剪彩，多有些亲朋好友来捧场，就很风光了。如果他社会兼职多，双休日一定还得被人请去搞"素质教育"辅导之类，他还能有闲暇去搞数学研究、物理研究并兼做工程师么？阿尔布雷希特·丢勒能画几张拍卖会上价高一些的画、争取弄个市、区美术协会"常务理事"之类的头衔，至多再客串一下雕刻，已经是很牛的"T 型人才"了，还能越俎代庖地去搞什么"筑城学体系"？

恩格斯说到的马基雅弗利，他那几部杰作《论李维》(Discourses on Livy)、《战争术》(Art of War)、《佛罗伦萨史》(Florentine History)及精彩的《曼陀罗花》(Mandragola)，我们就别指望了。他那本谤伤无数的《君主论》，能出版就运气大大的了。而恩格斯论及的路德先生，作为"宗教界别"人士，他能在什么会上代表"界别"发个言，提个"建言"之类，也很极品了，他是否还有闲暇和情志来旁涉恩格斯说的"现代德国散文"、"《马赛曲》词曲"？想必答案也是清楚的。

事实上，今天的人文环境，已不可能再孕育真正的大师了。即便是像亚里士多德这样大师的料，经过今天的教育流程炮制出来，大体上也只能是平庸队列中的一员，不可能是拨云裂雾的参天大树。当然，以亚里士多德之资，拿个什么"三好学生"，或在社科评奖中拿个三等奖之类，也是有可能的。

参天大树只能生长在大山深谷中。像我们每天生活的小区里，那些花花草草，只能是平庸环境的一种点缀。我们可以欣赏花草小树，但千万别把那些花草小树当成了参天大树。

黄鹤一去不复返，白云千载空悠悠，时过境迁，大师已矣。希冀在今天的人文环境特别是教育流程中，多少保持一些浑朴灵性、保持几分天然心智和非功利心，有渊源不绝的精神创造力，难矣！

"做学问"与兰质蕙心

　　有句话，叫"做学问"。一个"做"字，兴味悠然。学问既然是做的，少不了正襟危坐，少不了"做"功。正如过去中国人读书是件大事，雨打芭蕉听残声，红袖添香夜读书。

　　做学问，肃然，惶惶然，是好事。尤其今天，青灯黄卷、悬梁刺股式的"做学问"少而又少了。可问题的另一面是，真正的求学问道，也未必是硬"做"的。比如散步时的偶得，爬山时的灵感，上洗手间时的火花，有时甚至比书桌上的"做"更有道道。

　　汤因比一次在旅行的火车上突发奇思，一夜间，形成了令他后来名声大震的那本皇皇巨著《历史研究》的框架构思。托尔斯泰在一次散步时，由一朵折断的牛蒡花引发，形成了中篇小说《哈泽·穆拉特》的架构。19世纪奥地利作曲家舒伯特，有一次在维也纳郊外散步，返回途中到一家小酒店小坐。当他随意翻阅一本莎士比亚诗集时，来了感觉，他大喊"旋律出来了！可是没有纸，怎么办？"后来，随手在一张菜单上写下思绪。15分钟后，创作完成了那首后来名声大噪的《听哪，听哪，云雀》。

　　柏拉图在《伊安篇》中说："……诗人是一种轻飘的长着羽

117

翼的神明的东西，不得到灵感，不失去平常理智而陷入迷狂，就没有能力创造，就不能作诗或代神说话。"柏拉图说的，或许就是这种情况。

即使是故纸堆里的学问，比如清代盛行的考据学，需要对诸子百家、史部、集部等文化典籍等进行清理爬梳，要校勘、辨伪、辑佚、注疏、考订史实，对那些浩如烟海的文化典籍做无征不信、去伪存真、正本清源的工作，即使如此，光青灯黄卷、硬坐硬做，也还是不够的，也还得靠点灵性的东西，还得有点慧根的体悟。

有的人"做"了一辈子，也"坐"了一辈子，也没弄出点像样的东西，就是少了点兰质蕙心。

学问并不完全是书桌上的事儿。说学问、学术也可以是"玩"出来，似乎有点玩世不恭，但事情就是这样。古希腊亚里士多德的《政治学》、柏拉图的《法律篇》是两部伟大的经典，对于这两部伟大著作，17世纪卓越的数理科学家、思想家帕斯卡尔指出：我们只会想像柏拉图和亚里士多德总是穿着学究式的大袍子，其实，他们是在"娱乐之中"写出《法律篇》和《政治学》的，是作为"消遣"而写的。

两先贤为自己"消遣"而写出名著，而文艺复兴时期的拉伯雷作为医生，则是为了让他的病人"消遣"才写《巨人传》，却写出了经世巨著。梁启超在《读陆放翁集》中，曾称大诗人陆游"辜负胸中十万兵，百无聊赖以诗鸣。"意思是陆游本是一名胸有雄兵百万的军事家，只是由于不得志，才退而娱写诗作，却成为一代大诗人。事情大体是这样。德国古典哲学创始人康德举世闻名的三大批判著作（《纯粹理性批判》《实践理性批判》《判断力批判》），是他"业余兴趣"中写成的。这种"在娱乐之中"写出伟大经典的事，古今中外太多了。

当然，说学问、学术也可以"玩"出来——这种"玩"，不是玩世之玩，而是灵性之玩，悟性之玩。今天没机会顽皮的孩子，被父母逼着整天关在屋里做功课、练钢琴的孩子（其实是为现在的教育体制所逼），将来在创造力和情商方面，多半是会有问题的。孩子许多聪明劲，不少是通过"玩"来开发的。正如有人说的："当今教育是把天才训练成庸才，把庸才塑造成蠢材，把蠢材雕琢成傻瓜，把傻瓜培养成人才"。话虽尖锐了点，可并非危言耸听。

话得说回来，"做"学问少不了"坐"学问。如今，坐定冷板凳、肯下笨功夫的做学问，日益成为昨夜星辰。范文澜说："板凳要坐十年冷，文章不写一句空"，今天在这满世界的浮华中，我们究竟还有多少耐心，究竟还有多少定力，能够真正坐得住呢？

"君子不器"

　　早晨上班路上，听 94.7 音乐频道正在播出一组谷建芬谱曲的儿童歌曲。其中最有特点的，是骆宾王的"咏鹅"。曲子诙谐俏皮，伶然动听，反映出"咏鹅"儿童的心理。忽然想起，读研时参加过一个附庸风雅的"以诗佐酒"游戏，那是我们年级研究生聚会。每人在轮到时，须背诗一首，背不出或背不全的，罚酒一杯。结果大部分人，只能背诵耳熟能详的三四首。一位管院同学被罚酒最多，他想了半天，勉强背了骆宾王这首"鹅鹅鹅，曲项向天歌……"

　　虽然这是游戏，但多少反映了我们时下的专业分割，不是本专业的东西就"隔行如隔山"。与专业无关的东西，就绝不去关心。我们对知识的切割过于细致，专业的分野过于强健。今天，某专业之"专"，某专业之"知"，时常是以其他方面"无知"为条件和代价的，甚至，当"专"到其他什么都无知的时候，反倒被认为是真正的"专"了。这不是很漫画么？

　　有理由担心，今天的某些教育模式和学问模式，正在越来越多地炮制"单向度人"。"单向度人"，原是法兰克福学派马尔库塞（Herbert Marcuse）的概念，指在现代文明的科学、艺术、哲学、思维、体制、经济和工艺各方面，失去拥有"第二向度"即"否定性原则"能力的人。这里，我用它来指知性、悟性、灵性、创造性都存在问题，对专业外东西无知到"极品"级的单科工匠。

今天，我们的世界正变得越来越丰富多彩，但我们生命个体正变得日益单质化。随着知识、科技的增长，知识分类和切割的精细、学科独立化和实用主义倾向在不断加剧，受教育的人，似乎正在"专"得越来越无知。

在两千多年前，孔子提出了"君子不器"的著名论断。孔子认为，人不能像各适其用的器皿一样，只限一技之长，人应该博学多才。两千多年后的今天，我们的教育方式和学问方式，"器皿"化倾向反而越加突出。似乎所谓专业者，除了本专业（而非领域）的那点东西外，可以"不知有汉，无论魏晋"。

不错，现代社会专业需要分工，知识要切割，但专业之"知"，并不意味着一定得以其他"无知"为代价。知识在本质上，具有整体性和贯通性；知识的切割，只是为了传授的方便，而绝非意味着知识本身具有如此清晰的鸿沟和边界。

尽管培养各种工匠化的专才是必要的，但我们的教育课堂，不能成为单科工匠的伟大作坊。人类教育和学问的本质，在于开启和激扬人的灵性，点亮人的智慧光芒。无论是教育方式，还是学问方式，对人过度型号化、工具化，进而把人熔铸为巨大工业文明框架中的"单向度人"，是相当有害的。

在 14 世纪，意大利人文巨擘薄伽丘，比马克思更早地提出了"人应该是全面发展的人"的思想（马克思提出了"人的全面发展"这一命题）。什么是"人的全面发展"？它首先意味着，一个人灵性的保全和发展；其次它意味着，一个人的知性和知识结构的健全。

　　人如果只有畸形的知识结构而没有慧端灵性，只有心跳没有心灵，只有思维没有思想，只有知识没有知性，那是教育的大败。更重要的是，它造成的损害和后果，决非几代人所能消弭的。

学位论文与创新

曾在一个大学主持行政管理专业硕士毕业论文答辩。他们论文质量落差较小，总体水准比较高。更引起人兴趣的，是对"创新"的谨慎态度。如一名硕士生，在论文"概述"部分的"研究意义、方法和创新"中，用了"可能的创新点"这样审慎的表述。大多数论文对存在的问题，都能客观说明。

答辩中我对那名硕士生说，这是值得赞赏的态度。我们不要轻易将一篇硕士论文看成是一次重要"创新"的问世。我们鼓励创新，但真正的创新并不那么轻而易举。科研领域，一个概念的创新，也不是太容易的事儿。正如被称为"堪称我们时代最为强大的头脑"的当代思想家 G.萨托利在谈到创新时指出的："创新并非易事，它的捷径是不学无术"。"在大多数时候，他们都是在无知地重复着前人的尝试"。

我们似乎一直处在一种"反讽"当中。一方面，学术相当苍白——很少有质量上乘的学术；另一方面，"学术创新成果"让人目不暇接。集体语式中，充满了"创新轰炸"。正如凡事无不说"文化"一样，各行各业凡事无不说"创新"。至于学位论文中，"创新"更是一个被用滥了的字眼。

"创新"是当下硕士、博士论文重要的评价标准（当然有一定必要性）——每篇硕士、博士毕业论文，都得表明有哪些"创新"。学生迫于压力，只得"自我提升"，大谈"创新"。去年参加一所大学 MPA 毕业论文答辩，一名学生在 PPT 中，列举自己学位论文有"12方面的创新"，引起答辩委员会极大兴趣。但考量下来，没有一条能够成立。有些"创新"，甚至会贻笑大方。

　　其实，就一篇硕士论文来说，"创新"不是最主要的。硕士论文主要考察什么？我认为主要是考察经教育和专业训练后，能否"像样地"研究问题，即考察研究问题的"规范能力"。因此，一篇硕士学位论文好不好、质量高不高，主要看：

　　1. 研究的问题是否成立（不能是"伪命题"、"假问题"或前人已解决了的"问题"）；

　　2. 分析框架是否合理，有无内在逻辑或内在关联性；

　　3. 能否运用恰当的专业理论特别是联系所学专业知识，进行比较系统的分析；

　　4. 研究方法是否得当（马克思说过：不仅探讨的结果应当是合乎真理的，而且引向结果的途径也应当是合乎真理的）；

　　5. 研究所占有的资料是否全面（特别是权威文献是否掌握）、文献引用是否规范；

　　6. 语言表述是否准确、规范（常见毛病诸如概念不清、语义歧义、前后矛盾、病句等）。

　　在这个基础上，若能有创新，当然更好。至于博士论文，曾在一个大学与博士生的交流中，我鼓吹说，硕士论文主要是研究"问题点"，博士论文则要能研究"问题域"。因此，博士论文除了考察上述要素外，还要看"研究力"之深广度，即是否具有较好的驾驭"问题宽域"和一定研究深度的能力。

在人类历史活动中，我们时常遇见这样的情形，当某些人喜形于色地宣称自己贡献了伟大创造或作出了某种发明时，其实只不过是重复了历史中早已存在的东西罢了。亚里士多德很早就告诫过我们："人类既然经历了这么长久的年代，如果这些创见的确优异，就未必不早为前贤所觉察。现世的种种，历史上几乎都有先例。"

前面提到的 G. 萨托利，则批评今天的人们存在一种"求新癖"："求新癖是指不惜任何代价地求新。因此'求新癖患者'的特征是，狂热地想超过和取代一切人和物。求新癖患者因而又滋生出超越癖……"

创新很好，但我们不要滥用"创新"，不要将"创新"无限泛滥化。"创新"绝不像小孩玩积木那样随心所欲。今天，文明有了巨大堆积，"前人之述备矣"，当我们宣称"创新"时，得十分审慎。还有，生活有自己的内质和逻辑，也并不是让我们随意"创新"的。

所谓学术

当下中国，学术期刊林林总总，学术网站且多且滥，学术文章汗牛充栋，学术大牛牛气冲天。可实际上，意识形态的诠释、自说自话的呓语、低水平的重复，构成了"学术"领域的三大景观。

学术本是天真烂漫的孩童，能天真无邪地说真话。可事实上，如今所谓"学术"，不过是威权的婢女，甚至连婢女都算不上。大多所谓"学术"，以低眉下心，媚权为能事，是打着学术名义的文字垃圾。至于学理不通，学力不逮，逻辑混乱，文字粗劣……更是家常便饭，见惯不怪。

如今环境污染治理迫在眉睫，学术领域何尝不如此？何尝不需要下猛药治理污染？

糟糕的，不是中国无学术，而是伪学术的大盛，登堂入室，堂而皇之，畅通无阻，乃至声相势利，一批批江湖之士浪得虚名，营造着"学术繁荣"的虚假声势和假象。

所谓学术，在水一方。溯洄从之，道阻且长。溯游从之，宛在水中央！

读研是"闻道之旅"

　　时常有研究生说比起本科阶段来，觉得读研抓不住重点，学不到东西。以前自己读研时也曾有过类似感觉。可后来逐渐明白，"学不到东西"，除了课程设置、专业兴趣等可能的因素外，更多也可能是受"本科思维"的影响。

　　研究生教育与本科生教育的重要区别在于，本科生教育是"授人以鱼"，告诉你这是什么、那是什么，研究生教育是"授人以渔"，引导你去思索、分析、研究，探寻事情背后的机理。与本科教育突出知识性不同，研究生阶段突出思辨性、探究性，更多是学问方法、综合思辨能力的训练。

　　所以读研究生（包括读博）一定不能把"本科生惯性"带进来，被动等着知识点"给予"，而应当重视对学问知识和社会本身的审度思辨，注重训练观察、分析、解决问题的实际能力。

　　读研是闻道之旅，是一种社会年龄的成长。大学生活只是提供一个平台，让你置身于一种氛围，学不学，学多少，不决定于学校，不决定于课程，不决定于教师，而决定于你自己。所谓"读研"，一半是课堂学习和导师引导，一半在于自己阅读、思辨、拓展。导师是引导之师，余则要靠自己悟性和勤勉习得，重在领悟力、思辨力、知识方法、解决问题能力的提升。好的研究生，还应当与导师教学相长，这才是读研的真谛。

所以读研应十分珍惜，一定不能荒废时日。因为本科学习只是"脱蒙教育"，研究生学习才是作为一个生命主体，进入人生、社会、心灵和知识、学问的内里层面，是"闻道"的真正开始。应花大量时间开展课堂外的阅读，这是绝对必须的。一名课外不阅读的学生，是"学不到东西"的。记得当年在复旦大学读研上"比较政府体制"课，列出的专业参考书目有几十本，自己还根据需要找来大量相关的书籍，虽非本本深读，但反复研读相关章节，铄远切近，砥砺比较，融会贯通。

由于研究生教育是"小众"教育，因此读研另需要体悟把握的，是如何适应和参与发散式、研讨式的授课方式。我们读研阶段，研究生轮流讲专题、讲专业、讲名著，课前要看大量材料，课上发言，要在总体把握基础上作具体分析，并给出自己的分析和观点，否则会遇到很大压力。其他同学补充、质疑、提问，老师最后点评。回首读研，这种训练方式受益极大，它不仅激荡了思维方法，更重要的是提升了实际动手能力，为走向社会投入实际工作后尽快进入状态，打下了良好基础。

对于真正的学习来说，其实任何"专业"都不是决定性因素，重要的是能否借着专业的基点纵横捭阖，博览群书，"博学之、审问之、慎思之、明辨之、笃行之"。一个人，如果大学时期都读不了书，那么他这辈子，大体是读不了什么书的。

接下来的问题是，学会"如何读书"，它决定了一个人"专业成长"的高度。几乎所有的研究生都遇到的头疼问题，是面对大量专业书、参考书，不知如何下手、如何消化。一是书量庞大，难以下手和驾驭；二是每读一书，得花大量时间，陷于其中而不能自拔。平时读闲书气定神闲可以，可当你面对多门专业课齐头并进，大量书籍"压力山大"时，读书效率就至关重要了。这就需要训练一种有效率的读书方法。

首先要确定这本书在专业序列中的位置，形成坐标；其次要诊断把握这本书的核心内容；再就是这本书对自己学养思辨的启发是什么。围绕这些"标的"读书，先得看它的纲目结构，前序后跋，再在总体浏览基础上重点把握重点章节，反复研习。其次要随手做笔记（动不动手，收获完全不同），以理出头绪。南宋思想家朱熹这个话是很有道理的："大抵为学，虽有聪明之资，必须做迟钝工夫始得。既是迟钝之资，却做聪明底样工夫，如何得？"要有下笨功夫的劲头。三是与其他相类书作比较，任何事情在比较的框架中，理解、记忆、把握都会更快。此外，平时书读得越多，理解一本书越快，因它读书时比较系数丰富，能很快"解构"一本书。

"读研之乐何处寻，数点梅花天地心"，读研作为博识闻道之旅，是人生非常重要的转折点。三年磨剑，博收约取，方能获得学问立身之道。

社会科学定量研究裨正

从近代科学到现代科学的发展过程中，自然科学采用了从定性到定量的研究方法，自然科学被称为"精密科学"。而社会科学、人文科学等由于研究对象的复杂性、非计算性，通常采用定性的思辨和描述方法，由此被称为"描述科学"。但这种状况随着科学技术的发展已发生重大变化，有些学科如经济学、社会学等开始向实证、精密化研究方向发展。

毫无疑问，社会科学研究中应用实证、定量的研究方法是十分必要的。但必须看到，社会科学研究中应用定量方法和其他自然科学的研究方法是为求得更为精确的研究结果，而不是为了赶时髦。事实上在社会科学领域，很多东西是难以机械地运用定量研究方法的。

著名思想家达尔指出：

> 国家的统治需要的不仅仅是严格意义上的科学知识。统治并不是物理学、化学甚至（就某些方面而言）医学意义上的科学，原因在于，首先，事实上一切重大的政策决定，无论涉及个人或政府，都需要道德判断。我们在对政府政策意

图达到的目的（比如，正义、公平、幸福、健康、生存、安全、福利、平等诸如此类的事情）进行决定的时候，是在作伦理的判断，而伦理判断并不是通常意义上的"科学"判断。

政治学家莱斯利·里普森也认为：在当代的"科学"研究中存在太多测量工具和模式、系统和统计及其他时髦的东西，它们确实也提供了一些信息和线索。但是它们触及这一课题的核心了吗？对政治而言，远比简化成从 id 到 IBM 的一条直线的流动复杂得多。人本质中所有复杂的地方，它的多面性、善和恶、吸引人的东西和令人厌恶的东西，都在现实政治中存在着。对于这些，科学技术只能解决有限的部分，其余的也就是事实上这一课题中最重要的部分包含了人们的阐释，其中必然有着人们的主观因素。

他进一步指出："传统物理研究所使用的方法——例如从经验观察中或在严格控制条件下进行的试验形式的普遍归纳——在社会探究中的运用，只是有限的。这个方法的最高权威目前在自然科学中已经受到了质疑。"

19 世纪末，德国哲学家文德尔班（W.Windelband）创立的"价值学派"把世界分成两部分："事实世界"与"价值世界"。20 世纪二三十年代以施利克（M.Schlick）、卡纳普（R.Carnap）等人为代表的逻辑实证主义认为，科学是关于客观的事实判断，与"主观"价值无关。一切属于价值评判性的做法务必从科学领域中荡涤干净。

尽管"事实世界"与"价值世界"的区分，对于推进科学研究非常有价值，如"价值中立"对于科学研究有重要的方法论意义，但是在许多科学领域，"事实世界"与"价值世界"是难以完全绝缘的。正如美国著名哲学家普特南（H.Putnam）指出的：因为价值是带有事实的价值，事实则是带有价值的事实，"每一事实都含有价值，而我们的每一价值又都含有某些事实"。

事实上，即使是在自然科学研究中，产生了重大成果的，也并非都是实证和数量分析之果。有人曾问爱因斯坦："你是如何得出你的理论的？"爱因斯坦回答："在想像里。"

定量分析是依据统计数据，建立数学模型并运用其分析对象的各项指标及其数值的一种方法；定性分析主要是凭直觉、经验，凭分析对象过去和现在的延续状况及最新的信息资料，对分析对象作出判断的一种方法。定性分析在古希腊时代就得到了很好的展开；定量分析作为一种研究的基础思维则始于伽利略。作为近代科学的奠基人，伽利略第一次把定量分析法全面运用于他的研究中，从动力学到天文学，伽利略抛弃了以前臆测成分居多的分析而代之以实验、数学符号、公式等。

定性、定量这两种科学研究方法对数学等知识的要求虽有高低，但并不存在定量研究"高于"定性研究的结论。事实上，现代定性分析方法同样要采用数学工具进行计算，而定量分析则必须建立在定性预测基础上，两者是相辅相成的。

在思想家波普尔那里，定量方法被称作是"亲自然的研究"。波普尔认为，在社会科学领域滥用"亲自然的研究"是有害的。在当下我国的社会科学研究中，机械的、赶上时髦式的"滥用"定量分析比比皆是，这对我国社会科学研究是有害的。定性是定量的依据，定量则是定性的具体化。根据实际研究对象的需要，把两者结合起来综合运用，而不是为追求概念的时髦，才能真正取得研究的最佳效果。

探寻真理是学术的灵魂

一、学科体系与知识系统

所谓学科体系，是根据研究和教学需要，对科学结构和产业结构作出分割、分类的学科门类系统。人类知识系统的学科体系已有久远的历史，至少在古希腊、古罗马时代已相当成熟了。进入 21 世纪后出现了许多新的学科门类。有些以前跨领域的研究，后来变成了专门的学科领域，人类的知识体系越来越庞大，也越来越细化。

学科划分不是任意的，须有一定的条件和标准。在我国，学科划分主要分三个界面。一是"学科门"，二是"学科类"，三是"专业"。本质上，学科体系的划分，是为了研究的需要和知识传递的效率，并不代表各个学科之间，各种知识板块之间，有着非常严密的分割边界。恰恰相反，各种知识体系相互有着紧密的关联性。在这个意义上，学科的划分是相对的。

美国著名经济学家博尔丁（Krenneth Boulding）曾提出检验一门新学科是否成立，可以提出这样的测试标准："也许一个学科必须通过三种测试：它是否已有一个书目？你能否在其中开设课程？你能否就其内容举行考试？也许还应加上第四项标准，它是否已有任何专门化的期刊？如果这四项条件都能符合，则其取得的学科的地位即应属毫无疑问。"

从我国哲学社会科学学科建设的实际需求看，一是要以通过构建相对完善的知识结构体系，来进一步突出学科的特性和不可替代性；二是一些新兴学科，如何更快地建构起包括概念、范畴、体系在内的相对独立、完善的学科框架。

二、学术体系与问题意识

学术体系是包括学术方法、学术理念、学术规范和学术制度（组织、体制、评估、基金、监督等）等在内的技术体系。一门学问能不能够成立，要看它是否拥有强大的学术体系为其支撑。

从我国学术发展的共性问题看，学术体系建设最重要的，一要突出"问题导向"。学术的本质是"求真"。学术是用来研究问题的，没有"问题"，就谈不上学术，也不需要学术。所有称得上是"学术"的钻研，都应当面对"问题"、聚焦于"问题"，以分析问题、解决问题为己任。

问题有理论问题，有现实问题；有"形而上"，有"形而下"；有"终极性"问题，如人的价值，生命的意义，人从哪里来，到哪里去，还有信仰、宗教问题；也有"时代性"、"渐暂性"问题；有结构性、体制性问题，也有过程性、随机性问题。学术应当聚焦于最重要、最本原的问题。探寻真相，寻求真理，是学术的灵魂。当前我国正在全面推进国家治理体系与治理能力现代化，新现象、新问题层出不穷，方兴未艾，需要深入研究的问题应接不暇。我们要把研究聚焦到各种问题上，为推进国家治理体系与治理能力现代化助力。

二要突出原创或者说创新。学术是人类认识世界、分析世界和参与世界的工具。学术的价值在于探索真知、未知和新知。陈陈相因的东西，很难成为学术。"我注六经""六经注我"的研究，也不是真正意义上的学术。已经解决的问题不需要学术，一下看明白的东西也不需要学术。当我们说"学术精神"的时候，是强调其求真、求新的品质，强调它追求真理的态度和精神。我国学术建设要增强更多原创性的学术成果，力戒空话大话套话，鼓励和容许也许看起来不那么成熟完善，但却蕴含有创新价值态势的各种原创和探索。这是学术体系建设的治本之要。

三是如何强化学术规范，这方面的问题相当突出。没有规范，何言学术？一门学科的良性发展，须以严格的学术规范为依托。尤其要整治学术腐败，净化学术风气。

三、话语体系与学术本义

"话语体系"是指一门学科或一门科学所拥有和运用的表达结构系统。从人类文明发展看，一种成熟的学科，是必须有其自己的"话语体系"的。比如数学语言中的概念、术语、符号、式子、图形等都是其独有的，数学通过自己的文字语言、符号语言和图形语言来表达。物理学中诸如热、势力学、热现象、热运动、温度、温标、绝对零度等，也是其独有的表达体系。

所谓"名为实之宾"，"学科话语"是学科内容的表达，也是学科研究的工具，应秉承学科特性，基于学科的特点来展开，而不是刻意的"标新立异"。在这个意义上，所谓"话语体系建设"应当是"自然而然"的，"随体赋形"的。

我国当下学术话语体系存在的突出问题，一是缺乏真正的

"学科话语"，即缺乏能精确反映学科的内容的表达系统，说的都是"普通话""假借话"。二是照搬照抄国外的洋概念，拿腔拿调地"硬译"，食洋不化，这已是阅读领域的一大公害。唐朝韩愈在《进学解》中说："周《诰》殷《盘》，佶屈聱牙。"当年邹韬奋先生批评："有些文字，尤其是所谓直译的文字，写得佶屈聱牙。"毛泽东当年在延安就批评过"洋八股""党八股"这些东西。三是学术语言驾驭能力匮乏，许多皇皇大著、洋洋论文，鸿篇巨制，磕磕巴巴，拉拉杂杂，无病呻吟，不得要领，甚至连通顺、流畅尚且做不到，不忍卒读。我们想起中世纪波斯诗人萨迪说过的警策的话："因为有语言，你胜于野兽；若是语无伦次，野兽就胜于你……"四是套话、大话盛行，话语"干瘪乏味"流弊盛广。

　　有效推进我国的话语体系首先要从解决上面这些问题做起，回归学术本义。一种好的学科话语体系，首先一定是准确、简洁的。孔子在《论语·卫灵公》中主张"辞达而已矣"，同样，亚里士多德也认为"最明晰的风格是由普通语言形成的"。历史学家陈寅恪曾主张，研究学术必须去掉"俗谛之桎梏"，真理才能发挥。我们要善于从博大精深的中国古典文化中，汲取有益养分，寻找中国话语的根脉。在话语精神风格上，如孔子的循循善诱，孟子的雄辩铺陈，庄子的灵动瑰丽，老子的简约深沉，都值得我们一学。而提倡长话短说，言简意赅，少说多做，这对于净化学术风气，更是一种必要。

科学之真与艺术之美

1969 年 7 月 20 日阿波罗号载人登月成功。阿姆斯特朗踏上月球，他充满豪气地说："我的一小步，人类一大步。"这"一大步"很给力，具有科学进步和巨大社会审美价值，但从传回来的照片看，月球表面坑坑洼洼，都是大大小小的陨石坑，很不好看。2007 年"嫦娥一号"从月球传回首张月球照片，上面也是百孔千疮。就"科学事实"来说，月球表面是缺乏"美感"的。

艺术的本质以美为前提，科学的本质以真为前提。虽然科学与艺术都需要想象，但艺术还需要荒诞和变形，科学则更依据本真和逻辑。

正因为如此，19 世纪英国唯美主义诗歌代表之一的约翰·济慈（John Keals）认为，牛顿用三棱镜对太阳光谱进行分解，使"彩虹"的美感尽失，很煞风景。

"彩虹"是美、是诗，但在科学上只是光谱。科学讲究的是事实和真相，凡"真"的东西未必善，也未必美。天象上，"虹"是指照射到雨滴的日光，在两次折射和一次反射后，进入观测者眼中的同心彩色圆弧，色序是内紫外红，视角半径分别为 40 度和 42 度这种大气光象。我国位于盛行西风带，雨云大多由西向东移动，西方若有虹，意味雨将移来；虹在东方，则天气可能转晴。

但这道弧线太具美感了。人们欣赏彩虹的美丽，谁会去细想它的光谱，去猜想它明天带来的是晴还是雨呢？

最早记得的彩虹名句，是李太白的"两水夹明镜，双桥落彩虹"，简练，对称，好记。李商隐则有"虹收青嶂雨，鸟没夕阳天"的宏辞，比起李白恢宏稍逊，但更灵动。你看傍晚雨停了，天边青山隐隐约约，重现出来，天空一抹彩虹，鸟儿迎着夕阳飞去，消失在晚霞之中……

过去读茅盾的《虹》，"虹"的那一段印象是很深的："分明的一道彩虹划破了蔚蓝的晚空，它像一座长桥，宛宛地从东面山顶的白房屋后面，跨到北面的一个较高的青翠的山峰……"徐志摩《再别康桥》中的"虹"，托着轻盈的美美的梦，达到了至美的境界："……那榆阴下的一潭，不是清泉，是天上虹，揉碎在浮藻间，沉淀着彩虹似的梦。"

意大利女作家艾·莫兰黛在《历史》中，把彩虹写得绚烂："太阳已经偏西了。那道无形的彩虹，一直悬挂在林间空地上空，洒下无数亮斑，好像一只只体态轻盈、外形多变、嗡嗡有声的蜜蜂，大多数是金黄色、酱紫色和淡绿色的……"

1933 年夏，毛泽东的《菩萨蛮·大柏地》词说："赤橙黄绿青蓝紫，谁持彩练当空舞？雨后复斜阳，关山阵阵苍"，这"赤橙黄绿青蓝紫"与牛顿的光谱分解"暗合"。但牛顿是科学分解，毛泽东的"赤橙黄绿青蓝紫"是诗情画意。这便是"科学"与"艺术"的不同！

更引发我们思考的是科学与艺术本质上的相融性。1993 年李政道先生在北京"科学与艺术"研讨会上作演讲。他说：科学和艺术是不能分割的。它们的关系是与智慧和情感的二元性密切关联的……艺术和科学事实上是一个硬币的两面。关于科学和艺术的这种关联，并非李先生首发其微，英国哲学家伯特兰·罗素在《宗教与科学》一书中曾更早说过："科学和宗教是社会生活的两个方面……"

关于艺术和科学相融渗透，法国著名哲学家、美学家马利坦有过深刻的阐发。他举例说：所有伟大的数学家的著作中"都蕴含着诗"。在赫拉克利特和柏拉图，亚里士多德和阿奎那，普罗提诺、斯宾诺莎和黑格尔的哲学见解中，"都有神奇的诗性直觉在起作用"。马利坦认为：没有诗的帮助，亚里士多德不可能凭经验完成他的关于菱形基本定义的推断；而在霍布斯思想的狂热背景中，"有些东西是诗教给的"。"诗甚至帮助了阿西西的法兰西斯，帮助了哥伦布、拿破仑和18世纪意大利著名冒险家克格莱斯特罗……"

美国哲学家、社会学家、教育学家杜威也洞悉这一点。认为"审美的性质也可以存在于科学著作之中。对于外行来说，科学家的资料通常是令人望而生畏的。对于研究者来说，这里面存在着一种达到完成与完美的性质……它们有时还具有高雅的，甚至是严谨的形式"，杜威举例说，"克拉克—麦克斯韦曾引入一个符号使得一个物理学方程式得以对称，只是后来，实验的结果才赋予这个符号以意义"。

杜威甚至认为："科学无论在方法方面还是在结论方面都是一种艺术"，因为"任何形式的知识都是有关于艺术的事情"。当然，其他艺术或技巧的活动是一种"寻求"（search），而科学的寻求活动是"再寻求"（re-search）。

这些都是从科学活动所具有的"艺术因素"来说的。从艺术方面看，艺术也包含了"科学"。每一件艺术作品，都是一种独特的媒介，通过它及其他一些物，使性质上无所不在的整体得到承载。甚至艺术本身，也是一门科学。德国艺术史家格罗塞（Ernst Grosse）认为：在广义的关于艺术的研究和论著中，可分出两条研究路线，一是艺术史，一是艺术哲学。而艺术史和艺术哲学的结合，就是所谓"艺术科学"。科学艺术之所以具有科学性质，主要依据它的研究方法。艺术科学的主要目的，以格罗塞的话来说，"不是为了应用而是为了支配艺术生命和发展法则的知识"。

艺术和科学作为人类的伟大创造活动，都与整个人类精神、社会和生活有密切联系，正如李政道先生指出的，"科学和艺术，都源于人类活动最高尚的部分，都追求着深刻性、普遍性、永恒和富有意义"，但艺术更表现为从现实人生中超脱的独立存在。作为人类不同类型的"生存方式"，艺术与科学本质上是一致的。在现实生活中，"艺术思维"与"科学思维"也并不是绝缘的。

由此无论牛顿如何用仪器进行光谱分析，"彩虹"永远是一道惊艳的弧线。在中国文化中，"彩虹"还具有独特的美学意蕴，有着天地凛然正气的意思。"气贯长虹"之类，表达出地域文化中社群所共同的社会审美。

读到林清玄《清音五弦》中的话："一个心里有彩虹的人，就能维持美丽的心情，在彩虹升起的时候，会觉得阳光与雨都很好……"

我们要做"心有彩虹"的人。飘过雨后，心里若有这道美丽弧线划过，一定云蒸霞蔚，灵魂充满美丽。

第六章

红树青山皆有诗

帝王哲学家奥勒留

怀着好奇心，读完马可·奥勒留的《沉思录》，想知道一名古罗马皇帝的"思想"，究竟能走多远。

在思想廉价时代，"思想"比较拥挤。可真正的思想，是干干净净的。即使掺入了少量权力因子，也会如一杯橙汁中滴进了酱油之类，会有荒诞的颜色和滋味。

奥勒留是历史上著名的"帝王哲学家"，生活于公元121—180年间，是晚期"斯多葛学派"的代表人物。《沉思录》中大部分内容，是他在战事倥偬的鞍马劳顿里写成的。

任何人读了这心灵独白，都会有这样的感觉：权力没使一名权力者泯灭性灵，这本身是个奇迹。权力使人迷醉，像醉酒一样。奥勒留把思辨的触觉伸向天、地、人、物一切，自然物事、社会人事，都能激荡出知性的云彩。奥勒留的伟大，不是伟大在他帝王的功业，伟大在他一颗本真的心。他以纤尘不染的心灵，感悟生活、体察生命。

明亮下的忧郁，隐约的悲情，秋水般的沉静清澈，是这本书的特点。

"每个人生存的时间都是短暂的，他在地上居住的那个角落

143

是狭小的，最长久的死后名声也是短暂的，甚至这名声也只是被可怜的一代代所持续。"奥勒留在《沉思录》中说。然而他自己的名声，正因为这本书而长久。

温家宝在谈到这本书时说："这本书天天放在我的床头，我可能读了有100遍，天天都在读。"的确，《沉思录》有一种不可思议的魅力，它甜美、忧郁和高贵。正如德国新康德主义哲学家文德尔班说的："马可·奥勒留的《沉思录》，是折中主义与宗教的斯多葛主义的里程碑。"

一个古罗马皇帝，为何有如此深沉美丽的哲思？

英国思想家罗素说："马可·奥勒留是一个悲怆的人，在一系列必须加以抗拒的欲望里，他感到其中最具有吸引力的，就是想要引退去过一种宁静的乡村生活的那种愿望。但是实现这种愿望的机会，始终没有来临。"

是的，只有一颗悲怆的心灵，才能辽阔，才能安详，也才能审辨世事。反过来说，洞穿世事，洞穿了生命底蕴的人，一定是悲怆的，也是空明的。

柏拉图认为，只有哲学家成为国王，或国王成为哲学家，国家才能治理好，人类才有希望。这是一个伟大的梦想。如果说，这一梦想曾经实现过的话，那么千百年来实现了这一"梦想"的人，奥勒留无疑是其中之一。

这名古罗马皇帝写这本书的时候，中国皇帝在干什么？东汉第十一位皇帝汉灵帝刘宏，正在他的后宫里声色犬马、极尽荒淫。他规定宫中所有女人都穿开裆裤，里面什么不穿，方便他宽衣解带。他卖官鬻爵，他宠信的臭名昭著的"十常侍"，闹翻了天。这是东汉最黑暗时期，终于引发了烈火干柴似的黄巾起义。

中国帝王中，可与奥勒留思辨理性相媲美的，我意识中，也许是唐太宗李世民。唐太宗晚这位古罗马皇帝出生478年。唐人吴兢写的《贞观政要》——如果它是李世民思想实录的话，是绝对无愧于"伟大"两字的。李氏治国理论，有些仍不失为今天公共行政的根本之道。奥勒留是人文哲思，李世民是治政之道，前者治心，后者治世。

今天，沉思还有力量和光芒吗？

沉思的魅力和力量，永远存在。

酒痕在衣，魂迹在文

弘一法师的文字心灵，沉寂苍朴，有一种"远峰苍苍，若现若隐"的感觉，意味玄远。

比如游记于人，大多湖光山色，色彩明丽。如柳宗元写于谪居中的"永州八记"，虽嫌岑寂，但仍散落出一派清莹妩媚。

至于苏轼、欧阳修等人的游记，文字雄放恣肆，灿烂而幽雅。如苏轼写于霜露既降、木叶尽脱时节的《后赤壁赋》，有山高月小，水落石出，山鸣谷应，风起云涌的内在清远闲放。但李叔同的游记，大不一样，透出的是一种骨子里寥然幽峭的感觉。如他写于1912年8月的《西湖夜游记》，引在这里：

> 壬子七月，余重来杭州，客师范学舍。残暑未歇，庭树肇秋，高楼当风，竟夕寂坐。越六日，偕姜夏二先生游西湖，于时晚晖落红，暮山披紫，游众星散，流萤出林。湖岸风来，轻裾致爽。乃入湖上某亭，命治茗具。又有菱芰，陈粲盈几。短童侍坐，狂言披襟，申眉高谈，乐说旧事，庄谐杂作，继以长啸，林鸟惊飞，残灯不华，起视明湖，莹然一碧；远峰苍苍，若现若隐，颇涉遐想。因忆旧游，曩岁来

杭，故旧交集，文子耀齐，田子毅侯，时相过从，辄饮湖上。岁月如流，倏逾九稔。生者流离，逝者不作，坠欢莫拾，酒痕在衣。刘孝标云："魂魄一去，将同秋草。"吾生渺茫，可唏然感矣。漏下三箭，秉烛言归。星辰在天，万籁俱寂，野火暗暗，疑似青磷，垂杨沈沈，有如酣睡。归来篝灯，斗室无寐，秋声如雨，我劳如何？目暝意倦，濡笔记之。

1912 年，李叔同大约三十三四岁吧。这段时间，他受聘在杭州浙江师范做过音乐、图画教师。无论年龄，还是职业，人生当属"春夏"风光，但透出的"社会年龄"，却相当空灵奇幻。

写傍晚时光："于时晚晖落红，暮山披紫，游众星散，流萤出林。"

写湖上景色："起视明湖，莹然一碧；远峰苍苍，若现若隐。"

写夜色："星辰在天，万籁俱寂，野火暗暗，疑似青磷。"

写人生："岁月如流，倏逾九稔。生者流离，逝者不作，坠欢莫拾，酒痕在衣……"

即使是叙说他与姜、夏两先生的湖上欢聚，欢悦的背后，也隐隐有一种悲怆在流动："短童侍坐，狂言披襟，申眉高谈，乐说旧事，庄谐杂作，继以长啸，林鸟惊飞，残灯不华……"

不光游记，其实李叔同的种种文字，都寥然简幽，直透骨梢。

原来彻悟之人，在早年的举手投足之间，已有灵魂色彩的不同。

147

张爱玲曾说:"在弘一法师寺院围墙外面,我是如此的谦卑。"

我想说的是,在弘一法师文字围墙外面,不唯谦卑,更是好奇,里面的风景超越了四季,是一面面有意识—无意识、具象—抽象、自我—无我拼成的复杂图面。

"衣上征尘杂酒痕,远游远处不销魂。"一个人的文字,散发着一个人的心灵温度,闪耀着生命和灵魂的光色。

酒痕在衣,魂迹在文。每次读李叔同,都是这种感觉。

诗是魔鬼的药酒

　　曾有读者对王蒙作品中未能正确使用"阑珊"一词，提出过批评，王蒙随即写了《一个值得探讨的问题——谈我国作家的学者化》一文。近来又有一些这方面的文章，是因刘心武先生坦言自己不具备"学者水平"而引出的。刘心武先生表示，自己出错的原因，是"缺少正规的学术训练"。

　　虽然古今中外，集作家、诗人、学者于一身者不少，并且这是一个"理想境界"，但我以为，作家未必一定得成为学者和大学者。作家也不要轻易把自己当作学者。做学问，得循规蹈矩，思维是线型的。作家的思维发散，却可以是不规则的，更多可以是一种"天马行空"式的灵气萌发过程。马利坦（Jacques Maritain）曾说："最完美的诗人是利用无穷无尽的理智的疯子"。作家可以是鬼才，但做学问，则是一个比较规矩的技术过程。

　　"诗是魔鬼的药酒"。诗歌、小说、散文之类，都是心智的露水。思维过于规矩的作家，是玩不出好作品来的。这正如康德在《判断力批判》中说的："美"与科学知识无关，艺术创作不同于科学是一种特殊的创造才能，即"天才"。由此康德认为，"天才就是：一个主体在他认识诸机能的自由运用里表现着他的天赋才能的典范式的独创性"。

学者是一辈子的事。一般逻辑是，年事越高，学问愈应精深（当然并不尽然）。但作家不一样，年轻时写出的作品，年事高未必写得出。作品之产生，有时是一个"魔术化"的过程。东晋王羲之写《兰亭集序》，其时其境，其艺其情，犹如灵光闪现，一生只能一次，不再会有重现。王羲之自己曾感慨说，再也不可能写出这样的书法作品。

作家写东西与做学问不同，做学问必须严谨，是逐年累进的，创作不一定是线型的。心灵的颤动与时空的某种契合，捣鼓出一两部大作品，这是才智与运气的合作。这正如柏拉图在《伊安篇》中说的："凡是高明的诗人，无论在史诗或抒情诗方面，都不是凭技艺来做成他们的优美的诗歌，而是因为他们得到灵感，有神力凭附着。"

至于作家作品中常有的错误，如王蒙错用"阑珊"；余秋雨诸多所谓"硬伤"，如把"版图"当"地图"、以"朔北"指东北、不谙"后学"等用法；刘心武和其他许多作家的词语差错，在我看来，都属于"技术化"的事情，完全可以通过编辑的技术处理，得到订正和完善。

鲁迅先生曾谈到："五四运动的时候，提倡白话的人们，写错几个字，用错几个古典，是不以为奇的。"（《准风月谈·"感旧以后"（下）》）今天其实也一样。此类错误，并不真正影响作品之大格局。从阅读的眼光看，无伤大雅。如果是一部真正的好作品，怎么会因一二词语之误，而黯化了它应有的光亮呢！

诗的含蓄与隐讳

尽管我们读过很多直白晓畅的好诗，但古往今来，凡为好诗，多讲究含蓄蕴藉，温润淡蒙，云隐鸟影，使人在其言外，领悟到诸多意趣。读此类诗，如橄榄在口，醇厚绵长，口有余香。直露无遗、清水见底的诗，读来味同嚼蜡，有何情趣？

"文贵远，远必含蓄"，但是含蓄蕴藉作为一种艺术手法，作为一种艺术口味，也有个适度的问题。过了度，艰深晦涩，对读者而言，与其说是赏诗，莫如说是猜诗谜了。

唐人李商隐有许多"无题"诗，素以含蓄著称。或言失恋幽情，或述情爱坚贞，读来清丽雅致，颇多言外机趣。但不少诗崎岖晦涩，让人一头雾水。有意思的是，看到不少网友都以"锦瑟"为雅号，这里就以李商隐的《锦瑟》为例吧：

> 锦瑟无端五十弦，一弦一柱思华年。
> 庄生晓梦迷蝴蝶，望帝春心托杜鹃。
> 沧海月明珠有泪，蓝田日暖玉生烟。
> 此情可待成追忆，只是当时已惘然。

诗中所蕴者何？历来众说纷纭，至今莫衷一是。有人甚至说，李商隐自己也"不解其意"，后人苦心索解，不过是大上其当罢了。

有一段时间，随着朦胧诗的兴起，有不少人把艰深佶屈、晦涩兀突，作为一种诗的时髦美学来追求。一些人故弄玄虚，醉心于构筑谁也读不懂的诗。一时间，翻开书刊，"读不懂"的文字越来越多。一直以为自己领悟能力大大地欠缺，后把这些读不懂的诗，拿去请教几位专门搞新诗研究的先生，他们也都摇头称晕而已。

引录一首早些的朦胧诗：

> 一个城市有一个人 / 两个城市有一个向度 / 寂寞的外套无声地等待 / 陌生的旅行 / 羞怯而无端端的前进 / 去报答一种气候 / 克制正在杀害时间 / 夜里别上阁楼 / 一个地址有一次死亡 / 那依稀的白颈项 / 将转过头来 / 忍耐变得莫测 / 过度的谜语 / 无法解开貂蝉的耳朵 / 意志无缘无故地离开 / 器官突然枯萎 / 李贺痛苦 / 唐代的再不回来

诗的题目叫《悬崖》，发表在1999年3月的一份诗刊上。这真是"过度的谜语"了，其中的"谜底"，你能猜着么？

鲁迅曾评论"朦胧"说："做得朦胧，这便是所谓'好'么？答曰：也不尽然，其实是不过掩了丑。……摩登女郎披下头发，中年妇人罩上面纱，就都是朦胧术。"(《准风月谈·作文秘诀》)鲁迅还讥讽说："人们不懂，所以雅，也就是所以好，现在也还是一个做文豪的秘诀呀。"(《准风月谈·新秋杂识》)

司马光在《迂叟诗话》中说："古人的诗，贵于意在言外，使人思而得之，近世诗人惟杜子美最得诗人之体。如《春望》，'国破山河在，城春草木深。感时花溅泪，恨别鸟惊心。''山河在'明无余物矣。'草木深'，明无人矣。花鸟，平时可娱之物，见之而泣，闻之而恐，则时可知矣。"司马光这话道出了"含蓄"之义，很好地说明了"含蓄"的分寸。

诗的"含蓄"如山色，山色空蒙雨亦奇。有时，也像一脉蜿蜒曲折的溪流，泂清倒影，曲尽其妙，不是笔直如渠、一览无余。但不能"因为对事物的观察的忸怩与退缩的缘故"（艾青语）而玩佶屈晦涩的时髦。

做人要清水见底，做诗不能清水见底，但也决非一泓浑水。水至清，则无鱼；水至浑，则可养鳝鱼了。艺术的含蓄蕴藉，追求言外之意，韵外之致，象外之象，味外之旨，但它须以能为人领悟为前提，是可以"思而得之"的。当然，如果本来就无内在东西可言，只是以玩词藻、玩古怪艰涩为时髦，那就更不好玩了。

"议论"可以有好诗

中国传统诗论主张"诗忌议论"。认为诗一发议论，就像夏日变了味的菜，诗也不成其为诗了。如清代方东树所著《昭昧詹言》中说："作诗切忌议论，此最易近腐、近絮、近学究。"又说："以议论起，易入陈腐散漫轻滑。"而别林斯基的"哲学家用三段论法，诗人用形象和图画说话"的经世之语，客观上似乎又支撑了这种观点。

"诗忌议论"作为一种诗论，影响很大。今天，它仍是品评诗优劣高下的准则，一直统治着诗歌艺术的评判。问题在于，当一种观念成为一种定论、成为一种人云亦云的绝对化的教条时，它的漏洞、它的弊端，就一定会显现出来。

所谓诗，是心声的旋律，是情感激流的奔涌，"诗在本质上是一种精神的自由创造力的释放和驱动"（马利坦语）。只要不是"为赋新诗强说愁"，情动于衷，发而为诗，不论"议论"与否，都可以成为诗，且可以成为好诗。况且凡为诗，皆需抒情，所谓"诗言志、歌咏言"，"议论"本身为"言志"，亦为抒情方式之一种，焉能拒"议论"于诗门外？

问题还在于，这种绵延至今、看似很有力的诗论，却不太经得起诗歌事实的考量。古今中外，"议论"为诗的好诗俯拾即是。就中国诗歌来说，一个简单的事实是，自《诗经》以来，无论哪个时期，都有大量"议论"的好诗。如《诗经》：

> 岂曰无衣？与子同袍。王于兴师，修我戈矛；与子同仇。（《无衣》）
> 硕鼠硕鼠，无食我黍！三岁贯汝，莫我肯顾。逝将去女，适彼乐土……（《硕鼠》）

如汉乐府：

> 上邪！我欲与君相知，长命无绝衰。山无陵，江水为竭；冬雷震震，夏雨雪。天地合，乃敢与君绝！（无名氏《上邪》）

如魏诗：

> 对酒当歌，人生几何？譬如朝露，去日苦多。慨当以慷，忧思难忘……（曹操《短歌行》）

如唐诗：

> 岱宗夫如何，齐鲁青未了。造化钟神秀，阴阳割昏晓。荡胸生层云，决眦入归鸟。会当凌绝顶，一览众山小。（杜甫《望岳》）

155

人间四月芳菲尽，山寺桃花始盛开。长恨春归无觅处，不知转入此中来。（白居易《大林寺桃花》）

如晋诗：

郁郁涧底松，离离山上苗。以彼径寸茎，荫此百尺条。世胄蹑高位，英俊沉下僚……（左思《咏史之二》）

结庐在人境，而无车马喧。问君何能尔，心远地自偏。采菊东篱下，悠然见南山……（陶渊明《饮酒五》）

如宋诗：

生当作人杰，死亦为鬼雄，至今思项羽，不肯过江东。（李清照《绝句》）

死去原知万事空，但悲不见九州同。王师北定中原日，家祭毋忘告乃翁。（陆游《示儿》）

再如新诗：

轻轻的我走了，正如我轻轻的来；我轻轻的招手，作别西天的云彩……（徐志摩《再别康桥》）

大堰河，是我的保姆。/ 她的名字就是生她的村庄的名字，/ 她是童养媳，/……（艾青《大堰河——我的保姆》）

我如果爱你——/ 决不像攀缘的凌霄花，/ 借你的高枝炫耀自己；/ 我如果爱你……（舒婷《致橡树》）

黑夜给了我黑色的眼睛／我却用它来寻找光明（顾城
《一代人》）

还可以举出更多，简直是挂一漏万。它们都是议论为诗的，
都是好诗。外国诗中，议论的名篇也是不胜枚举。如匈牙利诗人
裴多菲的《自由》："生命诚可贵，爱情价更高，若为自由故。两
者皆可抛。"通篇是议论，却是名篇。

至于诗"以议论起，易入陈腐散漫轻滑"，也没多少站得住
的事实依据。不妨再引几首人们耳熟能详的"以议论起"的诗：

噫吁嚱，危乎高哉，蜀道之难难于上青天……（李白
《蜀道难》）
人事有代谢，往来成古今。江山留胜迹，我辈复登
临……（孟浩然《与诸子登岘山》）
昔人已乘黄鹤去，此地空余黄鹤楼。黄鹤一去不复返，
白云千载空悠悠……（崔颢《黄鹤楼》）

它们都"以议论起"，但并不见"陈腐散漫轻滑"。又如杜甫
诗《咏怀古迹》中名篇："诸葛大名垂宇宙，宗臣遗像肃清高。
三分割据纡筹策，万古云霄一羽毛。伯仲之间见伊吕，指挥若定
失萧曹。运移汉祚终难复，志决身歼军务劳。"诗由夔州武侯祠
而追怀诸葛亮。全诗只"遗像"两字带古迹，通篇都是议论。卢
世㴉云："杜诗《诸将》五首，《咏怀古迹》五首，此乃七言律命
脉根柢。"沈德潜云："此议论之最高者，后人谓诗不必着议论，
非通言也。"再如，鲁迅《自嘲》："运交华盖欲何求，未敢翻身

157

已碰头……"毛泽东《长征》："红军不怕远征难，万水千山只等闲……"亦都"以议论起"，同样是世之传诵的名作。

毋须赘例，事情很明白：诗不在于能不能发"议论"，而在于是否有艺术形象，是否有真情实感。如果"情动而言形，理发而文见"，心精独运，自出心裁，照样可以做出韵味隽永甚至伟大的诗来。正如文无定格一样，"诗无定格"也是一种客观的诗歌历程的事实。英国 17 世纪玄学派诗歌（Metaphysical poetry）将理性溶合于感性之中，他们所使用的语象，就是一种哲理性。这种语象，被称为"理趣语象"（Wit image）。

进一步，诗甚至与理性、逻辑也不是完全绝缘的。正如马利坦说过的，所有伟大的数学家的著作中都蕴含着诗。在赫拉克利特和柏拉图，亚里士多德和阿奎那，普罗提诺、斯宾诺莎和黑格尔最初的哲学见解中，都有神奇的诗性直觉在起作用。没有诗的帮助，亚里士多德不可能凭经验完成他的关于菱形基本定义的推断；在霍布斯整个思想的狂热背景中，有些东西是诗教给他的。

有朋友谈到诗的议论问题，联想到"诗忌议论"的传统诗论，写此小文参与交流。个人浅见，"诗忌议论"虽有一定"真理的粒子"，但基本上是不真之论。不必拘囿于这种陋见。至于宋诗，之所以历受世之讥评，这是个比较复杂的问题。也许诗在唐代经历极盛、出现巍峨高峰之后，必须有一个黯然的峡谷。从技术上看，真正的原因，并不在于它"议论"多了，而是宋诗中理学精神过于强健，理学思维渗入太多之故，"言理而不言情"，总体上缺乏圆润的艺术形象。

人类的精神文化，不排斥任何形式的艺术创造。当然，无病呻吟、空泛乏味、标语口号式的"议论"，是应力"忌"的。因为缺乏诗情、诗魂的东西，即使诗行排列得再漂亮、词语再花哨，终究也是算不得诗的。

说话亦有道

　　《朱镕基答记者问》出版后,《决策》杂志约写谈朱镕基"语言艺术"的稿子。为了这"命题作文",去图书馆借了书,读完了这本457页的书。

　　《朱镕基答记者问》是面世的第一部署名朱镕基的书。书中收录了朱镕基任总理、副总理期间,回答中外记者提问和在境外的部分演讲。据披露,书封面设计定稿后,出版社拿去让朱镕基过目,朱镕基提出封面上他的名字太醒目。说"'朱镕基答记者问'的主角应该是记者,而非朱镕基"。要求把他的名字改得小于旁边"记者"两个字。

　　书中各篇,可谓"志深而喻切,因事以陈辞",直切胸臆,绝无空洞套话。我在《决策》杂志那篇小文中,除了谈这种"语言艺术"外,主要想说,说话重"术"是要的,但更得重"道"。一个人说话,不过是做人做事的一部分。这也是这本书给我们的一个启示。

　　我们这个社会重"术"轻"道",什么事情好从"术"上考量,把"术"视为立足社会第一要义。于是,"说话"也正在被"技术"化。林林总总的所谓"攻略"、"策略"、"技巧"的泛滥,便是明证。这只是一种小"术"而非大"道"。

在这种社会心理下，公务场上说话，自然被视为是一种"应对技巧"了。人们热衷于探寻所谓"应对"之策，铺天盖地的资讯，多探讨如何"应对"媒体，如何"应对"公众，如何"提高技巧"，我多次被邀请参与这方面的活动。这方面书，洋洋大观。似乎只要提高了"应对"技术，就能"高屋建瓴"，就能应付裕如，就能"感动"民众，就能玩转"语言艺术"，其大谬欤！

"准备好100口棺材，99口装贪官，还有一口装我自己。"这是朱镕基的话，典型的"朱式语言"。曾盛传一时，显示了"抬棺决战"的治贪决心。这种话，岂是"技巧"两字能涵盖的？如果没有坦荡襟怀，说得出这般掷地有声的话吗？

一个人"语言艺术"的根基在哪里？在内养，在胸襟，在学识，在诚心。胸有丘壑，说话才能在高的界面上审时度势，收放自如，犹如庖丁解牛，"恢恢乎其于游刃必有余地矣"。

所以，时常在被邀请去讲领导者公共形象时，我总是鼓吹"重道轻术"或"先道后术"。官场话语，决不只是一种什么"术"——无论它是艺"术"还是技"术"，是战"术"还是心"术"，它首先是一种"道"；决不只是一种工具理性和技术理性，它首先是一种价值理性和公共理性。说话不在于玩那点小聪明，而在于有没有胸襟、格局、学识、诚心这些东西。

必要的"语言艺术"是有的。但它与胸襟境界的关系，是一种"道—术"关系。道为本，术为末；道为体，术为用。胸中气象万千，说话自然渊源有自，云蒸霞蔚。

《论语》说："巧言令色，鲜矣仁。"如果没有一种赤子之心，一种民本之情，公以表、私以里，弊案丛生，品性很糟，再好的

"语言艺术"又如何？再华丽的"应对技巧"，恐怕也只是一种扯谈、一种令人厌恶的"巧言令色"甚至欺世盗名罢了。

　　"大道之行也，天下为公"。所谓"语言艺术"，不也是这样吗？

红树青山皆有诗

以前人做公务员之余，比如张九龄、白居易、韩愈、韦应物、王安石、欧阳修、司马光、寇准……要么徜徉山水，要么吟诗作文。一字一句，那个用心，那个认真。"为人性僻耽佳句，语不惊人死不休"，僧推月下门，还是僧敲月下门，那是要推敲半天的。

当年韦应物在滁州，把酒遥寄全椒山中道士，附了诗说："今朝郡斋冷，忽念山中客。涧底束荆薪，归来煮白石。欲持一樽酒，远慰风雨夕。落叶满空山，何处寻行迹！"诗高妙绝伦，后两句尤好。苏东坡在惠州，见贤思齐，依照韦诗的韵律，写诗寄给罗浮山的邓道士："一杯罗浮春，远饷采薇客。遥知独酌罢，醉卧松下石。幽人不可见，清啸闻月夕。聊戏庵中人，空飞本无迹。"

看得出，这写诗的活儿，平时是留着心的。

泱泱唐诗宋词，都是这么来的，清风明月没有价，红树青山皆是诗。文明的一部分、文化的大部分，也是这么来的。

现在有的公务员，玩什么？玩诗那是天方夜谭了。盘算着如何玩钱、玩权、玩人……偶有几个歪瓜裂枣官出了所谓"诗集"

163

之类，皆奇葩之作，读来笑死人。透出的污俗之气，是要熏出人命的。

如今凡倒台者都是"亿元贪官"——贪腐都以"亿"为单位计。不弄个亿，那不叫有权、不叫大手笔。上亿的进账，是要用心力的。起码存哪个银行，藏哪个地窖，你得寻思盘算吧？

心力都用这上了，有精神思寻其他？所以贪官们念诗写诗出诗集之类，真是大笑话一件，闪烁古今，空前绝后。

第七章

文必秦汉，诗必盛唐

"半部论语治天下"

    中午饭桌上闲聊，天南地北，扯到时局。一位朋友说："半部论语治天下，是儒学为世界作贡献的时候了！"

    时下"半部论语治天下"说法有点俏，大概与"儒学复兴"有关。大体意思，是说《论语》很牛，"半部"即可治天下，一部《论语》还不把世界整得好好的？世相纷乱，咱家有法宝，接下来就看咱中国的了。

    我对这种豪情，抱有敬意。只是这种说法，跑题似乎远了点。

    "半部论语治天下"，不是说《论语》多牛（尽管它是一部很牛、很伟大的经典），不是说它有如何了得的"救世"功能，它说的是宋朝宰相赵普从不读书到读书，且读了半本《论语》的事儿。

    当年，宋朝宰相赵普有一个大书匣，人们见他总是从中取出一本书来读，却不知道是啥书。赵普死后，有人好奇打开书匣，发现里面的"秘笈"是《论语》，不过只有《论语》前半部。此后，赵普"半部论语治天下"的故事，开始流传开来。

    赵普读《论语》，其实是被逼出来的。公元 967 年，是赵匡胤"乾德"五年，宋朝平息了蜀中之乱，朝中颇有些喜庆气氛。一天，君臣几个聊起年号来。赵匡胤对"乾德"这年号相当得意，吹这是个古来无有的好年号。赵普跟着大拍马屁，列举几年来朝中好事，把它们归功于这年号带来的"吉祥"。

一名叫卢多逊的翰林学士，冷眼看着这一幕，故意要出出大宰相的洋相。等赵普眉飞色舞说完后，他不紧不慢地说："可惜，'乾德'是前蜀用过的年号。"

赵匡胤听了大吃一惊。派人一查，果然如此，而且是前蜀亡国年号！赵匡胤大怒，赵普不读书不看报，这点事都弄不清，这宰相是咋当的？

他大骂赵普不学无术，用毛笔蘸了墨，在赵脸上大涂大抹，极尽羞辱。赵普几天都不敢洗掉。雷霆震怒中，赵皇帝说了句后来的传世名言——"宰相要用读书人"。此后，赵普开始"发愤"读书，成了"学习型宰相"。当然，大体只是读了"半部论语"而已。

赵普出身草莽，没什么文化，开始是稀里糊涂"治"天下，事情倒也没弄得太糟。这似乎从另一方面引证了"治大国若烹小鲜"的道理。也有一种说法，赵普每每有什么大事要决策，总会先搁置一下，不像今天的人，小脑袋一拍，大决策出台。他是今天事，明日决，回到家后，就拿出一本书来读。他左右十分好奇，有一次偷偷取出来看，原来是半部《论语》，他是从《论语》中"找感觉"。

但这个说法，多少有些臆传成分，因为《论语》上虽有些为政的道理，但多是些做人做事的大原则，并没有多少可"直接"运用的东西。

但不管哪种说法，都绝无"一部"或"半部"《论语》包打天下的意思。

要说有什么"启示"的话，那倒是应向赵宰相学习。赵普能读书，人人都可以好好读书——当然，《论语》还是读全一部的好。"半部论语治天下"或许还表明：公共治理是素朴的，不需要太花哨，毋须搞"文牍主义"、"繁琐哲学"之类。理念太多，思路太盛，容易眼花缭乱，乱花渐欲迷人眼，浅草才能没马蹄。

与朋友笑言，既然我们有如此"半部情结"，何不先学学《论语》的简约精神？学学《论语》的求实之风？世界被我们折腾得够复杂的了。凡事能简单的就简单一点，不必搞得太复杂。

容斋随笔

有些书本身，就是一种传奇，如宋人洪迈的《容斋随笔》。《容斋随笔》七十四卷，前后历 40 余年写成。书初笔于淳熙年间（1174—1189）传入宫中，宋孝宗读后，称"煞有好议论"。毛泽东对《容斋随笔》喜爱至深。当年战事倥偬，一直带着此书，经年研读。据说临终前 13 天，还让身边工作人员给他读此书。

笔记文体，始于南北朝而盛于唐宋。南北朝时有"文"、"笔"之分，有韵藻、能动人情感的，称为"文"，其余为"笔"。宋代以"笔记"为名的共有七种，如苏轼《仇池笔记》、谢采伯《密斋笔记》、陆游《老学庵笔记》、李隐《漱石轩笔记》等。最早以"笔记"为书名，是北宋刘祁的《笔记》。以"随笔"为名，则洪迈《容斋随笔》为最早。

洪迈在地方和朝廷做过一些职位不太高的官员，《容斋随笔》是他在官场忙碌之余写成的（写作约始于宋高宗绍兴三十一年，即 1161 年，此时洪迈做进士已 16 年）。开始的十六卷，就写了 18 年。晚年主要写《夷坚志》，后面几笔"徒取速成"，质量有所下降。

历朝历代，人们喜读《容斋随笔》的主要原因，我想，可能首先是它内容广博。书中品事、品人、品文、品诗，博洽经史，捃拾掌故，乃至街谈巷议，时政针砭，极鬼神事物之变，无所不及。是一部"百科全书"，有"补《资治通鉴》不足"之誉。《四库全书总目》评论《容斋随笔》说："其中自经史诸子百家，以及医卜星算之属，凡意有所得，即随手记，辩证考据，颇为精确。"又说"南宋说部，终当以此为首焉"。

其次，是它天马行空的行文方式。《容斋随笔》是真正的"随笔"——随意之"随"。除了"信息量"大，纵横驰骋、思及八荒外，它体式最为随意。每篇体量都不大，可长可短，最宜人们"间歇性阅读"——我就是在床头间歇读完的。全书为随笔、续笔、三笔、四笔、五笔——每"笔"十六卷（五笔未写完）。每卷内容，并不归类；篇什之间，亦无逻辑性，写哪是哪。正如作者自己在序中说的："意之所之，随即纪录，因其后先，无复诠次。"这种结构方式有缺点，但也使人有阅读上的"随意"感。

其三，有见解、有看法，即孝宗说的"煞有好议论"。书中政议艺说，多中肯确当。如他考迹汉唐诸相："前汉宰相四十五人，自萧、曹、魏、丙之外，如陈平、王陵、周勃、灌婴、张苍、申屠嘉以高帝故臣……""唯王陵、申屠嘉及周亚夫、王商、王嘉有刚直之节，薛宣、翟方进有材，其余皆容身保位，无所建明。""若唐宰相三百余人，自房、杜、姚、宋之外，如魏徵、王珪、褚遂良……皆为一时名宰，考其行事，非汉诸人可比也。"（《容斋续笔》卷十《汉唐辅相》）两相比较，说得极有见地。

其四，读来有趣味，也是它吸引人的地方。如书中"人生五计"，写出"皆恶老而讳死"之世态："人生天地间，寿夭不齐，姑以七十为率：十岁为童儿，父母膝下，视寒暖燥湿之节……名曰生计；二十为丈夫，骨强志健，问津名利之场……名曰身计；三十至四十，日夜注思，择利而行……名曰家计；五十之年，心怠力疲，俯仰世间……名曰老计；六十以往，甲子一周，夕阳衔山……名曰死计。"朱公每以语人以身计则喜，以家计则大喜，以老计则不答，以死计则大笑，且曰："子之计拙也。"（《容斋五笔》卷三）

又如"真假皆妄"一文，写一种古今中外普遍的美学现象："江山登临之美，泉石赏玩之胜，世间佳境也，观者必曰如画。故有'江山如画'、'天开图画即江山'、'身在画图中'之语。至于丹青之妙，好事君子嗟叹之不足者，则又以逼真目之……以真为假，以假为真，均之为妄境耳。"（《容斋随笔》卷十六）这种"真假相拟"，其实不"妄"。读于此，我尝戏批注曰："假可比真，是为'逼真'；真无可比，只可曰'如画'耳。"

但书中见解，亦陈腐与新锐、低拙与高明参差互见。试举一例：《容斋随笔》卷八"诸葛公"一则说："诸葛孔明……躬耕垄亩，使无徐庶之一言，玄德之三顾，则苟全性命，不求闻达必矣。"此论颇中肯。但他又说："魏延每随公出，辄欲请兵万人，与公异道会于潼关，公制而不许，又欲请兵五千，循秦岭而东直取长安，以为一举而咸阳以西可定。史臣谓公以为危计不用，是不然。公真所谓义兵不用诈谋奇计……岂复翼行窃步，事一旦之谲以规咸阳哉！"

此书生论政乃耳。"义兵不用诈谋奇计"，这不是"宋襄公之仁"第二么？

诸葛亮"危计不用"，不是为"义"——"兵者，诡道也"，这与他"一生惟谨慎"用兵性格有关。而最根本的原由，是其时西蜀气势已失，诸葛亮玩的是"以攻为守"的战略底牌——其时他虽数度引军北伐，但战术上是攻势、战略上为守势，已没有底气玩有风险的"诈谋奇计"。故魏延"直取长安"奇计再佳，孔明虽心知肚明，亦不得不"置若罔闻"而摒之。文敏公何曲解乃若是欤！

173

森林中迷了路

　　挪威的森林很美丽，但日本作家村上春树并没有走入挪威森林野炊或晒太阳，而是心中流淌着"挪威的森林"那首乐曲，写了《挪威的森林》这本小说。在小说里，我们一直可以听到那首"挪威的森林"旋律在飘忽。

　　书中的直子，对这首曲子有个经典的说法："一听这曲子，我就时常悲哀得不行……我总是觉得似乎自己在茂密的森林中迷了路。"仔细读完小说，你能感觉到："森林中迷了路"，是村上春树《挪威的森林》的关键词，是这本小说蛰伏的潜意识。

　　《挪威的森林》是村上春树的代表作。主要写主人公渡边（即"我"）与木月、直子、绿子、永泽、初美、玲子、敢死队的交往与情爱等情感缠绵。像其他村上的作品一样，《挪威的森林》情节简单，心路历程则跌宕起伏、开阖张歙，所以我宁愿把这本小说看作是一部"散文式小说"。

　　主人公与直子的情爱，是全书的主线。美丽的直子，是一个娴静腼腆，纯如清泉的女孩，但她美丽晶莹的眸子里，不时掠过一丝难以捕捉的荫翳。主人公渡边与直子一直在落叶飘零的东京街头，漫无目标地行走。直子20岁生日晚上，两人有了性关系。

174

那一幕，极尽绚烂，第二天直子便不知去向。后来写信来告诉，她住进了一家深山里的精神疗养院。渡边去探望，发现直子开始有了成熟女性的丰腴与娇美。以后，眼看病情似乎在好起来时，直子自杀了。事先，她把一切都安排得停停当当。在书中很多人那里，死是一个平静的计划。

对生活中的庄严、权势、价值和煞有介事的嘲弄，对生命之无意义、生活之无趣味过于清醒的洞察，对人生孤独和无奈的揭底，是小说的基调。在主人公渡边看来，人的孤独和无奈是无人可理解的，也是不可解构的。人只能孤独地自我把玩。

小说的笔调是叙说式的，调侃、嘲弄、幽默而茫然。你看他写书中"我"与最喜爱的直子一段情爱的笔调："这天夜里，我同直子睡了。我不知道这样做是否正确，即使在二十年后的今天仍不知道。大概永远不会知道。不过那时候却只能这样做。"写"我"与绿子的吻："那是一个温柔而安稳的吻，一个不知其归属的吻……"而"无厘头"场景，书中随处可见，如"我和绿子在街上东摇西晃逛了一会。绿子说想爬树，不巧新宿没有可爬的树，御苑已经关门了……"

顺便说一句：今天我们网上"神马都是浮云"式的调侃和灰色，不过是在步村上春树等人后尘罢了。在村上这本 20 世纪 80 年代的书里，这方面表现得淋漓尽致。小说字里行间透出的，都是这种"轻松"灰色的调侃味。这本小说当时能火，我想这是个重要的原由。在步履匆匆、工作链条高速运转的日本，有这样一种嘲弄和调侃的幽默，无疑是在过于秩序、严谨的生活里，吹入了一脉让人轻松的初夏的风。但村上的幽默，不是我们常理解的那种，是不着痕迹的，不注意体会，几乎看不出来。他不是故意要"幽默",他只是在表达对生活灰色的或杂色的感觉。

《挪威的森林》几乎囊括了日本所有的文学奖项,在日本销售1500多万册,并译成多种文字在世界流行。小说自1987年在日本出版后,到1996年已售出760余万册,这在只有一亿多人口的日本是个奇迹,平均每15人就有一册。

虽然村上春树说自己是以"一种不妨说是调节精神那样的轻松心情",写这部小说的,但书中隐约流动的是忧郁、茫然和失重感。书中有一段关键的台词:"时光都随着我的步调而流淌得十分吃力。身边的人早已遥遥领先,唯独我和我的时间在泥沼中艰难地往来爬行。"这是一种若隐若现的懈怠和焦灼感。作者借书中玲子之口说:"假如你不想进精神病院,就要心胸豁达地委身于生活的河流。"

书结尾处的一段话,在我看来,当是全书之"眼":"我现在哪里?我不知道这里是哪里,全然摸不着头脑。这里究竟在哪里?目力所及,无不是不知走去哪里的无数男男女女。"让人想起鲁迅笔下"向野地里踉踉跄跄地闯进去,夜色跟在他后面"的那名"过客"。"过客"对于荒诞、孤独没有逃避,明知前面是旷野、是坟,但他拒绝一切尘世的和解方式,义无反顾地向存在的深处前行,《挪威的森林》中的人们,也是无奈、倦怠,却义无返顾地走着生活的流程。

四月初,倚着床头读完这本书的时候,脑中飘过的是与这本书无关似又有关的"意识",随手把它写在这本小说扉页上了——

我们不可能做生活的先知,把一切交给时间。

孙中山读书

领袖人物中，真正能读书，读得多、读得深入、对中西方文化都用心体悟而又能经世致用者，孙中山先生是其中最突出之一。

当年，有人给孙中山起了个绰号"孙大炮"，谓只会吹牛之意。比如胡适，一直认为孙中山能说会道，但肚里未必真有学问。有一次，胡适去拜访孙中山，两人茶叙座谈，胡适见屋里满架的书，心中疑惑孙中山是否翻过。一会儿孙中山有事走开，胡适随手从书架上抽出一本，打开一看，书里圈圈点点，几乎每一页上，孙中山都有重点划线和各种批注。又抽了好几本看，居然没一本不是这样。胡适很惭愧，后来对人说起这件事，他说："孙先生可是一门不可轻视的实炮。"

一名收藏过孙中山书籍的人说，他有一册中山先生读过的《大学》，书里有很多批注，在"明德亲民"、"格物致知"等处，孙中山批注尤多。1922年底一天，孙中山见报上一则美籍律师佑尼干在沪逝世，由美籍领署代为拍卖其藏书的消息，便要全部收购。这批书送到他寓所后，不到三个月，孙中山即去广州，很多书上都已落下批注。《瑞士政府》就是其中一本。

孙中山燕居之暇或办公之余，总是能静下心读书，每每手不释卷。不论政治、经济、历史、地理、自然科学、文学和哲学各种书刊，都能潜心阅读。在指挥作战的时候也带着书。旅行时行囊里最多的，是新出版的各种书籍。他对各种社会思潮了解很早，也很深。

当年孙中山流亡英国伦敦，生活相当困难，受人资助才能延续生活，但他时常把仅有的一些钱用来买书，如卢梭的《社会契约论》（当时称《民约论》）、富兰克林的自传、《拜伦诗选》，还有许多关于英国资产阶级革命、法国资产阶级革命的书籍。他对人说："生活苦点没关系，两个小面包，可以当一顿饭，一两顿不吃也没关系，可不看书就受不了了。"

他特别喜欢研究各种海陆地图，因著作需要，常请人代为购买。孙中山对世界地理特别是中国地理极为熟悉，所以在他写《建国方略》时，提出了全国修建铁路二十万里、公路百万里的伟大构想以及疏导黄河，治理淮河的水利工程和如何建设各大港口等一整套实业计划。今天来看，他的这些构想，仍相当切合中国实际，是相当高明的。

有一次，有人问孙中山，"每次我们看见你，说不到三句话，你就是讲革命，究竟你在革命之外，还有没有别的嗜好呢？"孙中山回答："我一生的嗜好，除了革命外，只有好读书，我一天不读书，就不能够生活……"

1956 年，毛泽东在《纪念孙中山先生》的文中说：我听过他多次讲演，感到他有一种宏伟的气魄。从他注意研究中国历史情况和当前社会情况方面，又从他注意研究包括苏联在内的外国情况方面，知道他是很虚心的。

孙中山为研究平均地权学说，曾仔细研究德国人在青岛实行的土地公有办法。他认为私人可以租赁使用不好，又请了两名日本顾问协助研究，也无成果。于是他致函一些党员，说自己研究如何解决中国土地问题，没找到有效办法，要求大家一起来研究这个问题。

孙中山读书的最大特点，是勤以思考，学以贯用，不拘泥、不僵化，既不盲从迷信，也不轻视前人的思想成果。他的"五权宪法"和民权思想等，都与他读书广泛且深入思考有关。比如他的"五权宪法"理论，既批判吸纳了洛克、孟德斯鸠等人的思想，又吸纳了中国传统文化中优秀的东西（监察制、考试制等）。孙中山在许多场合的讲演中多次表示：他提出的"民族"、"民权"、"民生"这三个主义，"和美国大总统林肯所说的'民有'、'民治'、'民享'三层意思，完全是相通的"。孙中山有非常广阔的世界眼光和博大胸怀，无论对西方文化，还是中国传统文化，他都能既不意气用事、毫无道理地横加排斥，又不迷信和妄从。

孙中山的书法气势雄浑。他书体源出颜真卿《东方先生象赞》，浑朴沉着，柔中寓刚。他给人题字，总是酣畅淋漓，一气呵成，气魄恢宏。如"天下为公"条幅，神凝骨重，人谓"既无馆阁甜熟之习，又无江湖悍犷气味"。

我这里不是品评孙先生的书法，想说的是，一个人的书法中透出的，不光是胸襟器局，更透出一个人的内养。一个不读书的人，书法可以有娴熟技巧，但很难有浑厚壮阔的气度和灵逸千里的书卷气。

毛泽东的"补课式读书"

在中共党内,毛泽东堪为读书最多的人之一,且能反对"本本主义""教条主义"而将书本知识为我所用。毛泽东读书涉猎极广,各种书都读,而在各个时期,毛泽东喜欢读的书类别也不太一样。比如延安时期,他最喜欢读的书要数列宁著作。原因可能是:那时所译的列宁著作要比马恩的多,而且列宁著作革命性强,很多内容对中国革命有直接的指导性。还有一点可能是,列宁的语言比较生动犀利。毛泽东曾说过:"列宁说理透彻,把心交给人,讲真话,不吞吞吐吐,即使同敌人斗争也是如此……"

如果要说毛泽东读书特点的话,有一个特点是非常突出的,那就是他经常搞"补课式"读书。比如解放后,他曾在中央刮起过好几波"读书旋风",把读书搞成集体行动,让大家跟着一起补课读书。1958年11月,毛泽东倡导在中央和全党干部中"开展一次读书活动"。他自己身体力行,在两个多月里,读完了苏联《政治经济学教科书》(第三版下册),大部分是在杭州、上海和广州进行的,很多时候是在火车上读的。

1958年11月9日,毛泽东在"郑州会议"上,写了《致中央、省市自治区、地、县四级党委委员》的信,信中说:"向同志们建议读两本书。一本，斯大林著《苏联社会主义经济问题》；一本，《马恩列斯论共产主义社会》。每人每本用心读三遍，随读随想，加以分析。""读时，三五个人为一组，逐章逐节加以讨论，有两至三个月，也就可能读通了。"他要求大家，联系中国社会主义经济革命和经济建设去读这两本书，使自己获得一个清醒的头脑，同时建议："将来有时间，可以再读一本，就是苏联同志们编的那本《政治经济学教科书》。"

遵照毛泽东的建议，当时在刘少奇、周恩来和邓小平的主持下，在京的政治局和书记处成员进行了多次学习和讨论。

毛泽东曾说："有了学问好比站在山上，可以看到很多东西，没有学问如站在暗沟中走路，摸索不着，那会苦煞人。"毛泽东对身边人常说的一句话是"人的知识面要宽些"。他曾同他的卫士周福旺说："一个人的知识面一定要宽一些，这样看问题就不会停留在一个层面，能够从多角度、多侧面观察问题。"1958年，应毛泽东之约，张治中陪同他视察大江南北。一天在火车上，张治中偶见毛泽东在读一本冶金技术的书，很是诧异，"您也研究科技的书？"张治中问。毛泽东又回答了那句话："是啊，人的知识面要宽些。"

而那次外出，他随身带的书有标点本《史记》、大字本"二十四史"、《老子》《荀子》《韩非子》、司马光《资治通鉴》、王充《论衡》、张载《张氏全书》、清人赵翼《廿二史札记》、范文澜《中国通史简编》、吕振羽《中国政治思想史》等。

那时毛泽东倡导"补课式"读书，是在发现"大跃进"问题后，有针对性地开展的读书活动。在这一时期，毛泽东明显地感到，社会主义条件下的"经济规律""商品""货币""计划"和

181

"矛盾"这些东西，都得弄明白，"需要有明确的界说和观点"。1959年庐山会议前，毛泽东拟定了18个问题，提供会上讨论，第一个就是高级干部读的《政治经济学教科书》(第三版下册)，可见当时他对通过读书，来思考中国社会主义建设问题的重视。

毛泽东本人在1959年，曾3次阅读斯大林的《苏联社会主义经济问题》一书，并作了许多批注。毛泽东在整个读书过程中的谈话，经整理，形成了一个近10万字的谈话记录。内容涉及哲学、经济学、科学社会主义以及相关的国内政策等问题，还有一些是对历史事件和历史人物，提出自己的看法。

在毛泽东倡导下，刘少奇利用到海南岛疗养的机会，读《政治经济学教科书》(第三版下册)。刘少奇从北京请了两名经济学家王学文、薛暮桥加入他的学习小组。周恩来在广东从化组织了一个读书小组，读书小组里，有中央部门和一些省的负责人，也包括几名理论家。

在中央领导层开展读书活动期间，毛泽东进一步在1960年1月的政治局扩大会议上提出建议："中央各部党组，各省、市、自治区党委，都去组织读《政治经济学教科书》(第三版下册)。以第一书记挂帅，组织个读书小组，把它读一遍。国庆节以前，把苏联《政治经济学教科书》读完。"读书也搞"书记挂帅"，厉害吧?

1959年底，在读书活动开始时，毛泽东曾讲过一段很"理论创新"的话："我们党里有人说，学哲学只要读《反杜林论》《唯物主义和经验批判主义》就够了，其他的书可以不必读。这种观点是错的。""任何国家的共产党，任何国家的思想界，都要创造新的理论，写出新的著作，产生自己的理论家，来为当前的政治服务。"毛泽东还说："我在第二次国内战争末期和抗战初期写了《实践论》《矛盾论》，这些都是适应于当时的需要而不能不写的。现在，我们已经进入社会主义时代，出现了一系列的新问题，如果单有《实践论》《矛盾论》，不适应新的需要，写出新的著作，形成新的理论，也是不行的。"

毛泽东倡导领导干部多读书，特别是这种"补课式"读书，有明确的针对性，就是通过强化"知识理性"，来解决中国社会实践中出现的许多新问题。当然，读书固然能在思想方法和知识上给人诸多教益启迪，但毕竟不是一朝一夕、立竿见影的事儿。读书的功效是积累的、缓慢的、渐进的。很难通过一两次补课式读书活动，就能很有效地解决众多的现实问题。

《毛泽东文集》第8卷中有记载，毛泽东说："去年郑州会议提出读三本书，问读了没有，说是读了一点，读得不多，有的自己也没有读。"这表明，他当时对党内读书的实际情况是不太满意的。但实事求是地说，那时的读书风气，还是要比今天浓厚得多了。

书犹药也，可以医愚

刘向是西汉经学家，也是个大学问家。他对于诸子百家精义，有比较精到的看法。这里不说这个。

关于读书，他有句挺著名的话："书犹药也，善读之可以医愚。"

读书能医人"愚病"，比如民粹主义的愚，狭隘主义的愚（常打着"爱国"旗号），阿Q式"革命"的愚，王胡子、小D互揪辫子和激愤的愚……

一个不读书的民族，时常充满了各种离奇风景。一定说不清楚哪怕最简白的道理。一定动不动风起云涌。一定会把各种戾气顽劣、流氓习性、暴民主义、无赖行径等无知无良，当作伟大的至宝。自然，一定会被赵太爷骂"你也配姓赵？"一定被朱和尚、刘亭长等辈用作"家天下"的工具。也一定被鲁迅等人"怒其不争，哀其不幸"。

一个民族，幸耶不幸，很多是体制造成的，很多也是不读书造成的。

读书有用吗？

"治愚"就是一大用。读书可治愚：一是因为知识的本质是求真。读书多了，求真的判断力自然会提升。读书多了，被瞒骗、被忽悠、被精神奴役的可能性，越小。这正如法国人法格说的："书籍是提高我们思维能力的精巧工具"。二是书籍是人类的良知。读书能拨正人的心弦。读书越多，良知越多。当然，这是一般情况下。

书犹药也，可医愚病。为了身心健康，我们应当少说话，多读书。

文必秦汉，诗必盛唐

关于读书，自己一直有着"文必秦汉，诗必盛唐"的倾向，觉得师法秦汉，多读以前的书更好。现在的东西，假太多，真太少。虚浮多，垃圾多，泡沫盛，不看也罢。

有些书，浪得几分虚名，但你细细读时，发现其中一两页，至多两三页或许有点小价值，余者不是拾人牙慧，便是陋见陈言，了无可看。而有些所谓"书"，所谓"作品"，品性低劣、文字粗鄙不堪，就是标准的垃圾。

文艺复兴时期，法国大思想家蒙田就说："我很少阅读现代人的作品，因为我觉得古代人的作品更丰富更严峻"。有个有趣的现象是，几乎所有时代的人，都有这样一种倾向，即把阅读的目光，投向更为久远的岁月。这是为什么？

我想这是因为，越是苍茫古远的时候，生活越本真一些，文明色彩会越质朴一些，花哨东西少。我们读先秦两汉的东西，读汉魏的东西，读古希腊古罗马的东西，读《诗经》，读《古诗十九首》，读司马迁，读"建安风骨"，读东晋陶渊明，能体会到有一种恢宏深沉、慷慨苍茫的力量，有一种流动的"元生活"的精神。他们没时间作秀，所以你很难遇上花哨和虚华的东西。

"闲坐小窗读《周易》，不知春去几多时"。

但即使如此，南北朝颜之推还是认为，即使是古文，好的可读的，也不过寥寥无几几十篇而已。他在《颜氏家训》中说："自古执笔为文者，何可胜言。然至于宏丽精华，不过数十篇耳。"意思是，自古以来执笔写文的，多得数不清，但文字思想真正能做到宏丽精华的，不过寥寥几十篇而已。

今天"执笔为文者"更是前无古人，更是"何可胜言"。我们这个时代，文字汗牛充栋。可是，为什么人们能读的东西，反而越来越少了呢？

书海茫茫，其实不外乎是这样三类罢了。

第一类：不可不读的东西；第二类，可读可不读的东西；第三类：不可读的东西。我们要读的，是第一类，即那些"不可不读的东西"，因为这些东西，是文明和历史的遗存和精华，辞约而旨达。你不读，就有点浪费人生遭际了。犹如到了一个风景秀丽的地方，拒绝进行游览一样。那些"可读可不读"的，有时间可参观一下，就可以了。至于那些垃圾型的东西，即"不可读"的东西，尽管它包装得红红绿绿，炒作得很热闹，则坚决不必去浪费自己的生命和时间。

第八章

城市，物理与人文

"田园城市"的梦想

哪一天，我们生活的城市，都真正成了美丽田园，身边有山野旷趣，举目有"舟船如野渡，篱落似江村"的自然风光，那就好了。所以一提田园城市，我们就会有绿原碧溪、鸟语花香的浮想；所以当 1902 年，英国社会活动家埃比尼泽·霍华德（Ebenezer Howard，1850—1928）的《明日的田园城市》一问世，人们就把它解读成一本规划"城市田园"的书。

霍华德《明日的田园城市》（*Garden City of To-morrow*）是一本有世界影响力的著作，知名度很高。在这本书影响下，英国在 1899 年建立了"田园城市协会"（Garden City Association），后改名为"田园城市和城市规划协会"（Garden City and Town Planning Association）。受这本书的影响，除了英国建了两个"田园城市"外，奥地利、澳大利亚、比利时、荷兰、波兰、西班牙、法、德、俄、美等国，都建了"田园城市"和类似的示范城市。后来谈到城市规划，这本书也是必提的。

把书名"Garden City of To-morrow"译成"明日的田园城市"，强化了人们对这本书"田园"的偏重。按书中作者的表达，"Garden"只是表达和平、平缓之义的一种词语包装。译成"未来的花园城市"可能更准确，或译成"未来的绿色城市"亦无不可。

很多人望文生义，以为霍华德倡导了城市的田园梦想而大加赞许，霍华德本人也被誉为"花园城市之父"、英国"田园城市"运动创始人，但其实这本书，骨子里并不是在谈城市的田园风光，而谈的是社会的重大改革。它第一版（1898）的书名是《明日：一条通向真正改革的和平道路》，后在 1902 年、1922 年、1946 年、1965 年、1985 年，分别出了第二、第三、第四、第五、第六版，每一版都有很大变动。

《明日的田园城市》针对当时英国大城市出现的问题，提出用逐步实现土地社区所有制，来逐步消灭土地私有制，逐步消灭大城市，建立城乡一体化的新社会。霍华德在书中认为："城市应该作为一个整体来规划，不能像英国别的城市以及其他国家某些城市那样无秩序地发展。一个城市就像一株花、一棵树或一个动物，它应该在成长的每一个阶段保持统一、和谐、完整。"

霍华德认为"城市和乡村都各有其优点和相应缺点，而城市—乡村则避免了两者的缺点……这种该诅咒的社会和自然畸形分离再也不能继续下去了"。在霍华德看来，澳大利亚一些城市的情况，在某些方面吻合了他主张的原则。

正如芒福德在 1946 年评论的那样："霍华德把乡村和城市的改进工作作为一个统一的问题来处理，大大走在了时代的前列；他是一位比我们许多同代人更高明的社会衰退问题诊断者。"

那么，霍华德为什么要用"Garden City"来包装他的城市社会改革主张呢？我想，这主要与英国的保守主义传统有关。在英国这样有着保守主义政治文化占主导地位的国家，任何剧烈的、惊天动地的社会改革主张，都会受到公众的质疑和警惕。

这使人联想到 17 世纪英国思想家詹姆士·哈林顿的著作《大洋国》。《大洋国》其实是一部为英国设计的宪法草案，但他以小说的方式作了外包装。一个国家的社会政治文化，甚至对一名作家的表达方式会产生重大影响，这是一种有趣的更是值得关注的现象。

说起来，霍华德的《明日的田园城市》与哈林顿的《大洋国》还有一个共同点，那就是他们都把土地改革问题看作社会改革的核心，他们的书中，土地问题都占很大权重。哈林顿给《大洋国》确立的基本制度就是土地法和选举，认为"如果你不把土地法确定下来，其余的问题只能流血解决……"

好的城市，当有好的规划，正是在此意义上，城市规划（Urban Planning）是一门学问。比如坐落于帕拉诺阿湖半岛上的巴西首都巴西利亚，是一个纯粹"规划"出来的城市——但我以为，真正好的城市，不是规划出来的，不是图纸设计的产物（世界范围内真正靠规划成功的城市寥寥无几），而是在历史的风雨中雕刻洗练出来的，是在岁月的滋养中成长起来的。

西谚曰："人类创造了城市，上帝创造了乡村。"但城市作为一种文明形态，是人与大自然共同创作的作品。那种把城市当作"打造"之物，把城市规划理解为制图能力，是肤浅的，更是对人类生存有害的。

古希腊：一个文明范型

有一次，苏格拉底在谈到广袤地球时说：我们仅占据了从地中海西岸延至黑海东岸的一小部分，就像"大海边上围绕着池塘的蚂蚁或青蛙"。苏格拉底是公元前 5 世纪人，他这种信手拈来的比拟，颇让后来的历史学家惊异，因为它表明当时的希腊人，对自己在整个世界中所处的空间和周边环境等，已经有了相当清晰的意识。

古希腊历史始于 4 万年前，考古学家称为 Paleolithic 时代或"旧石器时代"。这对我们来说似乎远了点，烟尘渺渺，还是瞧瞧稍近些的。古希腊史学家通常将希腊历史分为新石器时代、青铜时代、铁器时代、古风时期、古典时期和希腊化时期。在公元前 700 年开始的"古风时期"（Archaic perior，到公元前 480 年止），古希腊人最杰出的成就，是建立了城邦。作为一种文明范型的古希腊文明，一个核心语汇是"城邦"。这时候，大体相当于中国的东周时期（前 770—前 256 年），孔子曾说："郁郁乎文哉！吾从周"，也表明了那个时代的重要。

希腊人把城邦叫"polis"。罗马时代以前，"城邦"一直是古希腊特有的社会、政治组织。后世各个民族和国家，都将"城邦"看成典范。城邦指一个独立自主的实体而非某个大国的一部分。城邦的布局，包括一个城市即政府的中心，以及外延地区。

希腊社会在经历了狭隘寡头、僭主统治后，形成了一种具有广泛群众基础的政治体制，其中大部分成员可以参与国家管理。由于对城邦事务具有发言权的不仅仅只有贵族阶层，还包括了平民百姓，因此百姓深深地忠实于被亚里士多德称为"公民团体"的城邦，并愿意为之赴汤蹈火。正是城邦与其公民之间的这种纽带，使古希腊城邦不同于古代世界的任何国家形式。

一般认为，城邦极有可能体现了社会体制的最初形式。世界上最早的文明，美索不达米亚（Mesopotamia）的苏美尔（Sumer）文明，公元前第四千年末出现时，就是以数个独立的城邦形式存在。在定义上，所谓"城邦"，指一个城市及其毗邻地区构成的共同体，是自治、自主的政治团体。

英国历史学家汤因比在谈到历史研究的"单位"时说："作为历史研究对象的可以说明问题的单位，不是民族（国家），也不是时代，而应该是一个社会，其中包括好几个同样类型的东西。"古希腊是一个典型的、可作为研究单位的"社会"，城邦的基本要素，在古希腊"铁器时代"（Iron Age，前 1200—前 700年）晚期，已成形了。城邦有两个重要机构，在荷马时代的氏族社会已牢固地建立起来：一是由达到作战年龄的男子构成的"公民大会"（the assembly）；二是"议事会"（the council of elders）。

让人亮眼的是，古希腊城邦的公共生活，很多是通过"广场"来进行的。这时候，大体是公元前 6 世纪。广场位于城邦中心，有树有风有阳光，很合乎"最好的政治是在阳光下"这一历史逻辑——后来，人类政治在许多方面似乎反而倒退了，如各个时代"密室政治"盛行不衰。在"铁器时代",广场仅用于公民大会,到了"古风时代"广场更生活化了,它集市场和会议于一体,成为城邦公共生活所在地。人们聚集于此交换货物、发布消息或处理公共事务。

到公元前 500 年,广场上开始出现开放式柱廊。广场周围的建筑——如议事大厅等公共建筑,使广场显得既重要又颇具尊严。神庙、泉水房以及公共雕塑散发优雅庄严的气息。除了公共广场外,那时在希腊的主要城市里,已出现大量设计精巧的建筑和一些具有特殊功能的公共空间,如锻炼用的"健身房"和训练用的"摔跤场"等。

公元前 4 世纪,古希腊在许多领域都经历了创造力的大释放。哲学、生物学、政治理论、数学、军事科学都取得了意义重大的进步。与德国思想家雅斯贝尔斯说的那个"轴心时期"相一致。

古希腊文明对后世影响巨大,但正如历史学家们说的:"希腊政治理论的伟大文本沿用至今",然而它们所提供的远见卓识似乎并没有实际应用于它们那个时代。柏拉图的学生从未执掌过雅典政府,亚里士多德对马其顿国王亚历山大大帝的影响似乎也可以忽略不计。

一叶落知天下秋。古希腊文明,已是夹入我们生活书本的一片落叶。虽然它早已泛黄,但它的经脉,显露着古代文明的印记。

古希腊是人类文明溪流重要的一脉。在清夏里,在文明溪脉里濯足扬波,是件挺闲适快意的事儿。最近读波默罗伊等人的《古希腊政治、社会和文化史》,这是一部体量宏大、视野辽阔的巨著，四名作者学术背景不同，意趣相异，共同讲述了古希腊从"青铜时代"到"希腊化时代"的故事，你读的时候，能感到有一幅幅纷繁的古代希腊画卷在眼前飘过。

书中除了政治、军事、社会、文化和经济史，还有许多关于城邦演变、社群风俗、农村生活、公共文化、家庭生活、宗教、体育、妇女、同性恋和奴隶制等辽阔的记述，描写了考古学、比较人类学、社会史等领域最新的发现。读来兴味盎然。

古罗马，一个书香社会

　　读书是一种生活方式，也是一种社会时尚，古罗马一定是人类这方面的源头之一。

　　公元1世纪，人类纪元开始。古罗马人在很认真地读书，书香飘溢，书声琅琅，作家们学者们在公共场所很给力地朗读自己的作品。听众们全神贯注，不亚于今天人痴迷歌星、看"中国达人秀"那样。

　　公元1世纪，中国是东汉时期。这个朝代学术气氛浓，在科技史和文化史上有重要地位。而此时的古罗马，也是一个学术和书香斐然的时代。书籍，是罗马人重要的生活消费品。1世纪初，古罗马有7座公共图书馆。而4世纪的时候，古罗马有了28座或29座公共图书馆。

　　公元1世纪，公共图书馆建设已成为古罗马市政建设的重要内容，比我们今天有些城市更有文化眼量。古罗马公共图书馆具有城市生活的特点，它不是一个封闭场所，尽管是专为知识分子和学者设立的，但对所有人开放，全民"共享"。

　　古罗马第一座公共图书馆，可追溯到公元前39年。那时，阿西纽斯·波里翁在伊利里获得了战争胜利，他缴获了一批图书，在罗马建了第一家公共图书馆。图书馆分为希腊语和拉丁语两部分，有绘画和雕塑做装饰，是希腊艺术的典型代表。

古罗马公共图书馆和私人图书馆里的各类图书以及文献学、史学、神话传说方面的大量藏品，大大促进了当时编纂作品、摘要作品和文选作品的盛行。

当时罗马公共图书馆里有多少藏书？似乎没有确切的数字。

人们估计，亚历山大图书馆有藏书 70 万册，佩尔加姆图书馆有 20 万册，埃菲斯的馆藏数为 1.2 万册，雅典图书馆为 2.9 万册，根据坦加德图书馆大小估计，它藏书量约 2.3 万册。尼禄统治时期，语法学家埃帕罗迪特家中有藏书 3 万卷。从这些数字推算，古罗马公共图书馆的藏书量，约在 1 万到 3 万册之间。

说起来，当时罗马人的文化生活，最有特色的就是"强烈的藏书癖"。许多人家里有大堆的书，有的一直堆到天花板。人们把知名作家的作品连同他们的肖像一起买回家，有的只是用来炫耀和装饰家里墙壁。但不管怎样，"好书"总比好财、好色、好权、好战要好，是吧。

当时，有文化的罗马人和没文化的罗马人都成了写作狂，犹如今天我们好写微博、发微信。他们不限体裁，几乎囊括了从散文到诗歌的各类形式。时常出现在罗马人笔下的主题，一是"对金钱和世纪疾瘤的抨击"——他们认为贪婪是最具毁灭性的欲望之一。二是宴席。宴席，充当了小说、讽刺诗和思辨哲学的大背景。

公元 105 年，蔡伦在前人基础上改造了纸张制造术，中国结束了"竹帛时代"。此时罗马，虽未掌握成批翻印技术，尽管纸莎草纸不结实，易腐烂，但它已是古罗马书籍印刷最常用的纸张。

当时许多作家，都非常喜欢罗马浓郁的文化氛围。当时出生在西班牙的马提雅尔曾表示："细腻的欣赏品位、精妙的主题、图书馆、剧场、会场"等，使他在罗马"感到愉悦"。

罗马人并不满足在图书馆里读读书，他们喜欢三五朋友相聚研习学术、讨论文学，并在公共场所大声朗读自己的作品。这成了当时文化生活基本方式之一。贺拉斯曾在他《书杞》里描写说："在广场的正中央甚至公共浴池里，朗读自己作品的人非常多"。

贺拉斯多次提到罗马人对"公众朗读"的迷恋。不过，他本人拒绝这种做法。他说："在人山人海的剧场里朗读我的文章，为这种无聊的事浪费精力，让我感到羞耻。"

在贺拉斯看来，在公众场所朗读自己的作品有点"做"。但它总比玩声色犬马好啊！"公众朗读"一出现，便在古罗马风行一时，人们迷恋不已。它完全取代了其他传播形式，成为上流社会和社会性的消遣娱乐方式，成为当时社会的一种习俗。

古罗马贵族作家和有钱作家，听众多、气场大。穷作家则差很多，他们要通过租场地（要付长椅、讲台、座位等的租金）、印制宣传册、编辑和分发阅读纲要或文章节录等，费心费力才能组织起一场像样的朗读活动。

热情的听众，是"公众朗读"的基石。当时的皇帝，也以"忠实的听众"为荣，并不觉得自己当一名听众有失身份。皇帝把认真参加朗诵会，看作是自己的义务。有时，他们会在一个朗诵会即将结束时忽然到场。

《后汉书·西域传》记载："和帝永元九年，都护班超遣甘英使大秦。"和帝永元九年，是公元97年，班超派遣甘英出使罗马，这是古代中国人最远的一次西行，可惜甘英一行未能到达罗马，否则也能听听那儿火爆热闹的"公众朗读"了。

我相信，无论哪个地方，无论哪个城市，图书馆和公众阅读是一个人文指标，它是一个地方、一个城市品质的反映。一个没有好的图书馆、公众阅读程度低的城市，是没有历史生命力的，也是无趣的。

古罗马一般指公元前9世纪初在意大利半岛中部兴起的文明。历罗马王政时代、罗马共和国时代。公元1世纪前后，古罗马扩张为横跨欧亚非、称霸地中海的庞大帝国。然而无论怎样，公元1世纪的罗马，是一个书香社会，一个"学习型"社会。

古罗马的品质，很大一部分来自罗马人的好书习惯和勤勉好学。

在接下来的一个世纪里，马可·奥勒留皇帝写了著名的《沉思录》——温家宝在谈到这本书时说："这本书天天放在我的床头，我可能读了有100遍，天天都在读。"

公元1世纪后，罗马人接受了希腊艺术、才学、思想和文化，把它们与民族传统结合在一起，为民族化带来了新的生机。

罗素的"中国印象"

说起伯兰特·罗素（Bertrand Arthur William Russell，1872—1970），几乎无人不晓。他是 20 世纪影响深远的英国思想家，1920 年 10 月来中国访问，待了大半年。学界名流无不以一睹罗素为荣。当时罗素和美国哲学家杜威在中国的讲学，是思想界的两大盛事。1920 年《新青年》曾推出罗素专辑，为罗素访华造势。《新青年》先后出过三个专辑：一是易卜生，二是马克思，三就是罗素了。

罗素被认为是西方世界对中国国民性观察最深入、最有话语权的学者之一。罗素到长沙访问演讲时，毛泽东担任记录员。凡读过罗素的人，对他敏锐的观察力和独特思辨力，都会留下印象。罗素在中国实地考察后发表的关于中国、中国人、中国文明、文化的诸多精辟见解，影响远播。孙中山先生曾认为：罗素是"唯一真正理解中国的西方人"。

罗素认为与其把中国视为政治实体，还不如把它视为文明实体——唯一从古代存留至今的文明。从孔子的时代以来，古埃及、巴比伦、马其顿、罗马帝国都先后灭亡，只有中国通过不断进化依然生存。这极有见地。

中国人的"国民性"问题，是思想界的时髦话题，也是把切"中国问题"之要津。中国人，究竟有着怎样一种社会性格呢？在这个问题上，罗素似乎有些跑题和不靠谱。

罗素在中国游历观察后第一个强烈的感受，是中国人有一种"冷静安详的尊严"，他认为这种"冷静安详的尊严"的品性"即使是受过欧洲教育的知识分子也不具有"。不知道当时的中国人，怎样营造了这样一种"罗素印象"？罗素分析说：中国人这种品性，是因为他们"在心底里自信中国是世界上最伟大的国家，拥有最完美的文明"。与欧洲人不同，"典型的中国人希望尽可能多地享受自然环境之美"，"这个差别，就是中国人和英语国家的人大相径庭的深层原因……"

今天看，罗素似乎在给中国人开着不大不小的玩笑——中国人"冷静安详"吗？这种"冷静安详的尊严"今天在哪里？急功浮躁、抗尘走俗都来不及，咱有时间"冷静安详"么？我们最缺的，就是"冷静安详"这四字了。至于"享受自然环境之美"这不假，中国人在节假日特别是"免收通行费"时，会驾着私家车到处跑，但哪里有拥挤的中国人，哪里一定有遭劫的自然生态。

罗素谈到中国人的另一个天性是"要面子"。与其他人不同——比如与19世纪末、20世纪在中国待了20年的阿瑟·史密斯不同，罗素是带着赞赏看这一性格的，认为中国人"要面子"虽可笑，"殊不知只有这样才能在社会上形成互相尊敬的风气。每个人都有面子，即使最卑贱的乞丐。如果你不想违反中国人的伦理准则，那就连乞丐也不能侮辱……"

罗素谈到的中国人性格的第三个特点，是"喜欢妥协和尊重舆论"。他说西方国家改制共和后，往往要割下被废黜君王的脑袋，至少流放国外。但中国人则保留皇帝称号和华丽皇宫，他引清朝末代皇帝做例子。这似显露了罗素对中国历史了解有限。正如罗素自己说的："总结中国人的性格，是不容易的。""妥协"时常只是政治技巧，"好斗"才是中国人真正的秉性。但罗素说的"在中国公众舆论一旦形成便是真正的力量"，"1920年夏安福系失败，就是由于舆论所不容"，大体是对的。在中国，舆论的权重的确很大，比如审案，"民愤"大的，量刑"从快从重"，民意"同情"的案子，量刑上则可能从轻发落。

罗素谈到中国人的另一特点，似触及中国人社会性格的内核了。他曾感慨：中国人的性格中最让欧洲人惊讶的，莫过于他们的忍耐了，"民族习惯的坚忍不拔，在于强大的消极抵制力以及无可比拟的民族凝聚力"。但在我看来，这种所谓"忍耐"其实不过是"无知无觉"、混沌愚鲁罢了。

与这种"忍耐力"相辅相成的，是中国人"易于激动而群情激愤"。罗素认为这一事实是"毋庸置疑的"，"义和团就是一例，对欧洲人影响尤大"。"正是性格中的这一因素，使他们变得让我们无法揣度，难以预测他们的将来。"罗素十分坚定地表达了这样的担忧："正是这一因素，使中国人尽管平日习惯于谨慎，但也是世界上最鲁莽的赌徒……"

这种警策，今天尤在。民族主义的偏激、极端，时常打着爱国主义的旗号，民众时常被糊弄、操弄。究竟是爱国主义，还是害国主义？

1921年，罗素离开中国之际，有人请他指出中国人主要的弱点，罗素表现得比较直率，指出中国人有三大弱点："贪婪、怯懦、冷漠"。"贪婪是中国人最大的缺点。生计艰难，挣钱不易……都会犯贪污罪"（今天"前腐后继"、群体性腐败不断，佐证罗氏之语），罗素以为他说了这些话，中国朋友会不高兴，但当时中国知识界"不但不生气，还认为评判恰当"，"进而探讨补救的方法"，这使罗素很感动，认为"正直是中国的最大优点"。

罗素在中西文化对照中观察中国国民性，具有某种文化对比意义，但罗素在中国的"身同感受"，特别是对中国人社会性格的观察评价，感情大于理性，未经沉淀而饱含"情感热度"。罗素说过一句大实话："中国人待我不薄，我不愿意揭他们的短处……"

中国的国民性是个谜，罗素只猜对了一小半。

有个小插曲：罗素待上海时，曾去杭州小住三天，徜徉于西湖的湖光山色，陶醉于中国风景和中国文化中，罗素写了情感充沛的西湖游记。鲁迅读后，挖苦说"至于罗素在西湖见轿夫含笑，便赞美中国人，则也许有别的意思罢。但是，轿夫如果能对坐轿的人不含笑，中国也早不是现在的中国了……"

再说罗素的"中国印象"

　　来中国前一年，罗素访问了苏联。这次旅行，可谓"乾坤颠倒"，彻底改变了他对苏联原先的看法。罗素以他独特的观察力，看出了斯大林体制的许多秘密。托克维尔走了趟美国，写了《论美国的民主》一书，罗素去了趟苏联，则写下《布尔什维克的实践与理论》一书，都显示了超凡的思辨力。书中，罗素对苏联体制内核和整个压抑的社会精神状况，提出了尖锐批评。罗素在中国没出现这样的情况。他的中国印象似乎春风化雨。那时的中国，与那时的苏联不可同日而语。

　　尽管罗素关于中国国民性的议论，稍有隔靴搔痒，他对中国人社会性格的分析有些不靠谱，但他对中国提出的许多意见极中肯。总体上，罗素提出的建议值得重视：

　　其一，中国应重视文化引导和文化养成。罗素认为，无论对于中国还是对于世界，文化问题"最为重要"。罗素认为，中国人对西方文明既不应过分崇拜，亦不应持有偏见，而应扬善弃恶。结合自身传统文化，吸纳其好的东西，必然取得辉煌成就。"但在这个过程中要避免两个极端的危险"：一是全盘西化，抛弃有别于他国的传统。"那样的话，徒增一个浮躁好斗、智力发达的工业化、军事化而已，而这些国家正折磨着这个不幸的星球"；二是在抵制外国侵略的过程中，形成拒绝任何西方文明的强烈排外的保守主义。

罗素看得准。事实上到今天为止，中国仍一直在"全盘西化"和"强烈排外的保守主义"这两极之间徘徊。今天知识界吵架，吵来吵去无非就是这两方面。

其二，中国的国民文化要面向世界。罗素主张中国应该吸纳西方文明中的积极因素。他指出："西欧和美国的精神生活"可以追溯到三个起源：希腊文化、犹太宗教与伦理和现代科学的产物现代工业主义，可以把柏拉图、《旧约》和伽利略，作为这三种元素的代表。除了希腊间接地对中国绘画、雕塑和音乐有影响之外，这三种元素对中国文化的发展看不出有任何作用。罗素认为"孔子已无法满足现代人的精神需要"，必须使传统文化注入新的元素。

其三，注重培育公共精神。罗素深感中国人公共精神孱弱，"具有公共精神的中国人"太少。写了《中国人的性格》一书的美国人阿瑟·史密斯也认为，缺乏公共精神"是中国社会的通病"。直到今天，社会公德、公共精神还是非常稀缺。

最后，就是要倡导"公民教育"，特别是落后地区的教育了。罗素指出：中国要真正实行民主，必须普及大众教育。如果大多数国民不能看书阅报，就无法真正地实行民主。虽说教育有其自身的价值，但也是培养政治意识所必须的，而中国农村现在几乎没有什么政治意识。"没有文化的大众无法拥有任何行之有效的政治见解"。

请注意"政治见解"四字，未经公民教育的人是未开化的，精神和意志都是蒙昧的；统治自然容易，但统治出名堂不容易。同时，没有良好的普及性国民教育，特别是地域辽阔的原始季风浩荡的乡村地区，"德先生"、"赛先生"只是天边的云彩，不可能成为我们生活的一部分。罗素的话切中要害，可以说，普及公民教育和大众教育才是现代民主真正的逻辑起点。

城市，物理与人文

春天了，天很蓝，天很寒，但似乎还难觅春的踪影。

都市香迷耀眼，只是少了些春纯的绿意。所以今天大都市里，极少有真正的初春和春光明媚。"城中未省有春光，城外榆槐已半黄"，春只有到郊外去找了。

纯真、梦境和春意，是空灵之物，现在都市填满了一切，连同人们的心灵。春天只好在郊外驻足，望一望那密密匝匝的街市。

春姑娘在郊野盘桓，我们还是坐在暖暖的屋子里，说些街市的事儿。读古罗马史，人们发现，罗马人在神庙建筑的设计上，对著名的"希腊模式"作了改动。希腊长方形神庙，四面环以柱廊（环柱式），四面的基座都比较低平，人们可以登临。罗马神庙则用了高高的基座，"高高的门面带有强烈的垂直线赫然耸立，突出了对它前面的空间的支配，就像威严的帝王雕像那样用其强有力的抬起的手臂支配他面前的空间"。强化了罗马神庙"威临于前"的效果。

经罗马人的发挥，原来"适合于民主城邦的希腊神庙"，变成了"适合帝国统治需要的罗马神庙"。这表明，建筑式样乃至

209

城市空间，可以用来表达不同的政治意向。

城市的物理空间，可以通过"营造感觉"，来对公民性格施加影响。什么样的城市空间，形塑什么样的城市人。人说上海人"精明不聪明"，为什么？因为上海的城市文化是一种精细文化，也是商业文化。它和北京的大大咧咧大不一样。精明两字，是在精精当当的街市和齐齐崭崭的弄堂门户里，炼制出来的。

如果说一个城市有它的品质，它体现在哪？它体现的，不是现代和超现代的摩天大楼之类，也不是五光十色的商圈，而是体现在它能否有助于发展公民性格，能否孕育人们的公民品质。

20世纪60年代后，国际上出现了一种新的社会学理论，认为"不道德的社会制造了不道德的个人"，这种理论强调社会空间、社会环境对人行为的影响。这种理论某些方面是值得我们想一想的。我引录过英国人类学家弗思的话："任何一种环境，在一定程度上总要迫使生活在其中的人们接受一种物质生活方式"，这话就是这个意思。

构成城市空间的另一面，是人们的群体分布。是"杂居"，还是"类聚"？效果是不一样的。人类最佳的居住形态是"杂居"。但今天，中国的各大城市里，一个饶有兴味的现象是，通过不同小区，对群体作出了划分。"高档"小区、"中档"小区、"动迁"小区、"经济适用房"小区……界别分明。

读到"德国之声"网站的一篇报道：德国艺术家克莱门斯·冯·魏德迈和他的法国同伴马娅·施魏策尔来到中国，想在中国拔地而起的大城市里，找到1927年流行世界的德国科幻电影《大都会》（Metropolis）中所反映的城市化的历史对照。但他们发现，"大城市如北京、上海或广州……均超过1 000万，而城市居民根据腰包，被分割得越来越清晰，界线也越来越不可逾越"。

德国的艺术家们和德国研究中国问题的专家感觉非常一致：中国城市因其居民的收入被分割，"以钱划界，形成富裕的中产阶级社区、富人社区……以钱划界，而后竖立高墙，画地为牢"，他们说："无论在哪里，就算是在西方，我们也不认为这是积极正面的发展。"

是的，大片大片的"廉租房"、"经济适用房"社区，正出现在中国城市边缘的地平线上，它为"低收入"人群提供了某种购房的"便利"，但它杯水车薪，只解决了很小一部分人，根本的还是要解决房价的离奇飞涨——在另一面，这种"类聚"方式把居住形态单质化，为今后形成"贫民窟"和"准贫民窟"，提供了物理基础。本质上，这种"类聚"是"以钱划界"对城市群体作出分割，这不利于公民文化和市民社会的形成，世界很多国家提供了这方面的佐证。

此外，公民文化的基础是"文化"。缺少"文化"的城市，离"公民文化"更远。如果一个都市里，只有很小的群体有机会欣赏贝多芬、巴赫、柴可夫斯基，只有很少的群体能读莎士比亚、托尔斯泰、鲁迅，只有很少的人走进图书馆、博物馆、美术馆——且如果这些场所的活跃着的主体不是市民，而只是各种各样的官方活动等，那么那里很难荡漾起公民文化的和煦春风。

城市，不是砖瓦水泥的组合。城市的营建应尽可能适宜人的生活、生存和人的全面发展，为完善人性和公民品质提供"器"（物理空间）与"道"（精神空间）的条件。有好的人文形塑的都市里，每天都有春风化雨。

211

第九章

国民文化的底色

话说"范型"

"范型"这个词，英语比较接近的是"paradigm"。任何一项研究，都得有理论范型和学术渊源的支持。小著《中国公民文化：道与器》中关于公民文化、公民社会的理论阐释，行舟于人类有史以来两种影响最大的公民理论范型"共和主义公民社会"和"自由主义公民社会"风光秀丽的两岸。就稍近学术渊源来说，主要有三个方面。

一是英国社会学家托马斯·H.马歇尔的公民身份理论。这一理论，被称为关于公民权利与义务的第一个社会学理论。虽然马克斯·韦伯在他的《城市》（*The City*）一书中，清晰地论述了"公民身份"概念并成为这一理论的源头，但公民身份理论集大成者，无疑是马歇尔。

公民身份是马歇尔理论描述的核心概念。公民身份主要指通过各种实践如司法、政治、经济和文化方式，人们获得了成为社会成员的能力，并相应形塑了资源如何合理在个人与社会群体之间流动。虽然马歇尔谈的对象是英国，但他的理论分析有相当的适用性。

二是托克维尔和社会学重要奠基人埃米尔·涂尔干关于社会

团结与总体交换理论。涂尔干认为，公民身份能够取代作为传统社会特点的集体情感的宗教基础。这一理论学派中公民道德除了体现法律批准的公民身份外，在公共领域还表现为文明社会中非营利群体和私人群体的志愿活动。从 19 世纪初的托克维尔，到 20 世纪末的社区主义评论家，都把志愿活动和公民道德视为文明社会的组成部分。

三是马克思主义和安东尼奥·葛兰西的文明社会理论。这一理论框架内，文明社会问题由黑格尔和马克思先后提出来，但葛兰西在 20 世纪 20 年代对它作了相当"给力"的补正。葛兰西在狱中，写下 33 本《狱中札记》和 450 多封《狱中书信》，深刻阐发了马克思主义的当代价值。后来许多马克思主义理论家对葛兰西的文明社会理论作过引发。这一理论框架，介乎马歇尔以国家为核心的公民理论和涂尔干学派以社会为核心的公民理论这两者之间。

在公民文化和市民社会理论的阐释上，《中国公民文化：道与器》对两种交相辉映的思想范式共和主义市民思想范式和自由主义公民思想范式，作了考察、梳理和扬弃。

可以认为，共和主义市民思想范式主导了人类 18 世纪以前的历史，自由主义市民思想范式主导了人类 18 世纪以后的历史。如果说，共和主义公民文化范式建构了以往时代的公民典型，那么，自由主义公民思想范式的解释形塑了今天时代的公民典型。

如溯源而上，公民共和主义（Civic Republican）发轫于 2500 年前的欧洲。时间约在公元前 6—前 4 世纪时期的斯巴达和雅典以及罗马共和国的黄金时期，亚里士多德和西塞罗是这个时期的代表。亚里士多德开创了公民共和主义的"古典范式"。这一范式后经斯多葛学派的创立者芝诺（Zeno），在西塞罗那里发扬光大。在西塞罗那里，美德、参与、奉献是公民身份的核心要素。"美德"理念，后来在罗伯斯庇尔那里变成了恐怖的暴政。再往后，在汉娜·阿伦特（Hannah Arendt）、迈克尔·桑德尔（Michael Sandel）等人以及社群主义、新共和主义等思潮中得到了体现。

公民自由主义（Civic Liberalism）大体起源于古典自由主义公民身份理论，同时建立在近代自然法学说的基础上。洛克的自然法学说奠定了自由主义公民身份的基调。它强调个人权利的至上性以及国家对于权利的保护责任。在洛克自然法学说的基础上，美国革命的先贤们，将公民身份兑现成了"生命权、自由权和追求幸福的权利"；后来法国革命的"公民"将它们形塑为"自由、财产、安全和反抗压迫"的权利。在自由主义公民身份理论历史变革中，英国扮演了自由主义公民身份的助产婆角色。

这两种思想范式，是《中国公民文化：道与器》的理论坐标，是公民文化研究的学理基础。公民共和主义把共同体或国家置于公民的核心，置于个人之上，强调公民对国家的奉献和美德。它把公民在政治共同体中的活动看作是公民自由的表现。公民自由主义则把权利作为公民身份的核心，国家的基本职责是保护个人自由和财产，认为它是实现个人自由的保证。公民自由主义强调私人领域优先于公共领域，个人权利优先于公共的善。公民身份即个人权利，权利为了个人提供了自主空间，使之能够免于他人或共同体的干预。

中国公民文化建设有自己的特点。我们强调公民美德，强调集体主义，强调公民对社会和国家的奉献。在权利与义务上，是义务为先；在个人与社会上，是社会本位。总体上这是比较典型的公民共和主义的取向。

今天我们要强健的公民文化，是一种吸纳了人类文明成果、体现着时代精神的公民文化，它应当吸纳公民自由主义有益思想成果，才更趋合理、完善和理性。我们养成公民文化，既要扬弃公民共和主义思想范型的优点，又要采纳公民自由主义思想范型的长处。

臣民文化的内质

　　"臣民文化"是中国现代化面临的巨大困境之一。中国的"臣民文化"，潜质兼有阿尔蒙德—维巴分析的三种政治文化中"村民政治文化"和"臣民政治文化"中某些消极内容，又有中国文化环境中形成的自身特色。

　　与强健的国家责任意识不同，臣民文化仰息消极，迷信权威，主体精神严重匮乏。可以从各种物质的、精神的客观存在中，找到臣民文化历史的、文化的传统深厚土壤。千年传递的"皇权"观念、无处不在的"官本位"、单位体制中的行政文化，都与臣民文化有千丝万缕的联系。

　　学贯中西的辜鸿铭先生认为，在旧式的典型的中国人身上，没有丝毫的蛮横、粗野或残暴。借用一个动物学术语来说，或许可以将真正的中国人称为被驯化了的动物。他说这种特性，就是"温良"（gentle）。辜鸿铭认为这种"温良"，不是"懦弱或是软弱的服从"。的确，旧式的典型的中国人"被驯化了的动物"特性或许太明显了，只是它恰恰有着臣民式的"懦弱或是软弱的服从"。

　　1917 年，陈独秀在《新青年》第三卷第三号发表《旧思想

第九章　国民文化的底色

与国体问题》指出，袁世凯复辟帝制，是有社会大众的"民意"为基础的："袁世凯要作皇帝，也不是妄想；他实在见得多数民意相信帝制，不相信共和，就是反对帝制的人，大半是反对袁世凯做皇帝，不是真心从根本上反对帝制。"正是这种"多数民意相信帝制"的臣民文化，成为袁世凯复辟帝制的社会心理基础。

臣民文化的强度，在不同的民族特性上差异很大。比如法兰西这个民族，喜欢独立思考，从不盲从政治权威。举例来说，当年"欧洲宪法"之争，欧盟东扩风头正健，《欧洲宪法条约》在法国公决，法国民众不顾政府大力推销，坚决投下反对票，让国际社会十分惊诧。而法国正是欧洲联合的发动机之一、法国前总统德斯坦还是"欧洲宪法"之父。

热核实验反应堆计划被认为是"人类科技进步"的梦想，人称"人造太阳"。当年，法国总统希拉克对热核项目情有独钟。法国在与西班牙、加拿大、日本等经过五年多的激烈竞争后，才终于夺得这一项目，定址法国卡达拉什。它将给法国带来大型建设项目、科研成果，并提供10 000多个就业岗位的巨大利益，但法国人并没被"美好科学前景"蒙住眼，坚决说"不"，硬是将这一项目拉下马。法国人时常以这种"公民精神"来表达对国家和民族的责任。

这是一种民族品性的差异。臣民文化特别看重权势。凡"臣民"，都对权势顶礼膜拜，权势既是人生遵从的对象，也是人生汲汲追寻的目标。在公民精神充沛的地方，权势的社会热度很难发起高烧。

严格说，这里"臣民"和"臣民文化"不是贬义语，而是中性的国民文化描述概念。

如果进一步，当我们把臣民文化与管理模式放在一起考察的时候，就会有个有趣发现：在"强政府"模式下，一个社会的臣民文化便会春风化雨。政府愈"强"，民之愈"臣"，公民参与减弱和依赖性愈加剧——凡连喝杯咖啡都能感到政府意志的地方，公民主体性一定比较弱，"被管"的需求一定很旺。它们之间内在逻辑关系是：行政力越"强"，公民主体性越弱，臣民文化越普世；反过来，臣民文化越普世，公民主体性越弱，行政力越"强"。

臣民文化浸润中的"公民"，不懂得履行公民责任和义务，缺乏强健的国家责任意识。他们就如顽皮不堪的孩子，需要家长时时地呵护和严格的管教。

简单看，似乎民众对行政力的依赖性强，更便于管理（至少表面看是这样），但其实正如"超稳定社会"孕育着最大的不稳定一样，在一个公共精神孱弱的社会，在公民文化不易生长的地方，社会管理绩效最低，它的行政代价也必然极为高昂。它一方面造成行政成本急剧上升，另一方面，行政力对社会和市场的渗透和干预必然且多且滥。本应由社会或由社会组织承担的事务，终由行政力来操办，使行政意志无处不在。于是，行政力量在公共生活的各个方面都担当着主体，成为一切社会事务的主角。成为无所不管、无所不能的"无限政府"。

而"无限政府"的本质是"无宪政府"。"无限政府"必然超越权力的边界而使行政权力不断膨胀，导致国民与公共事务和公共管理之间产生隔膜。政府在公共舞台上奔跑和表演，国民则是舞台下打着哈欠或瞌睡的观众。

林语堂先生认为：消极避世是我们文化有意识的产物，是在

221

特殊环境下我们古老智能的有意识熏陶的结果。"消极避世是一种在没有法律保护下的不可忽视的处世态度。它是自卫的一种方式。"孙中山先生认为：一个民族的特性，常为其生存竞争经验的结果，亦为其生命所寄托。

还应当看到，这种臣民文化不仅是文化境遇熏陶的产物，它也是现今行政文化不断强化的结果。公民教育在国民教育中长期缺位，公民主体性缺失。媒体时常爆出官员"雷人"话语，便是缺乏起码的公民意识的佐证。

毫无疑问，在中国现代化进程中，培育公民文化，应当对臣民文化和相应社会运行模式进行革故鼎新，而不是让它无限蔓延。

贪官与歪诗

和珅的才华与诗

王刚在《宰相刘罗锅》和《铁齿铜牙纪晓岚》中扮演的和珅，是一个笨头笨脑的家伙，总是被纪晓岚奚落戏弄，弄得十分狼狈和可笑。

可是，和珅如果没点小聪明，怎能在号称"风雅皇帝"的乾隆那里混，几十年混得如鱼得水？和珅虽是大贪官，倒真不是不学无术，也不是像有的人那样"不学而有术"，他是有点悟性、有点才学的。大体上，和珅是靠才学和勤勉起家的。

为讨好乾隆，和珅苦学诗文。在乾隆面前很装，时以"骚人"自居。写诗向着乾隆的口味靠，以讨乾隆喜欢。与和珅同时代的钱泳说：和珅偶有佳句，很通诗律。有一点是肯定的：比起今天那些禀性很差、却喜附庸风雅的贪官们，和珅的水平要高很多。

和珅不仅写诗很有造诣（他的《嘉乐堂诗集》中有很多是奉乾隆之令写的），书法也不错，今天北京故宫崇敬殿的御制诗匾，据考证，是由和珅代笔的。和珅懂汉、满、藏、蒙好几种语言，比起今天稍通英语、国学极差、却急着翻译外国大著的人，他亦似乎更沉静得多。

乾隆欣赏和珅的才学和灵通，不断拔擢和珅。公元 1775 年，和珅擢御前侍卫，几年后升任军机大臣，不久成为一品大员。

人性中恶的东西，在一定条件下就会释放出来。《清史稿》记载："和珅柄政久，善伺高宗意，因以弄窃作威福，不附己者，伺隙激上怒陷之；纳贿者则为周旋，或故缓其事，以俟上怒之霁……"和珅擅政二十多年，先后升迁四十多次，任官职六十多个。他耀武扬威，权倾一时，朝中百官争相诣附。他在长期官吏生涯中勒索纳贿，贪腐成性，又排斥异己，成为中国历史上最重量级的大贪官、大奸臣之一。

公元 1799 年，太上皇乾隆一死，嘉庆就收拾和珅了。

收监第七日，时值元宵，月光如水。和珅自知侥幸全无，感怀岁月，吟出几句诗来："夜色明如许，嗟令困不伸。百年原是梦，廿载枉劳神。室暗难挨晓，墙高不见春。星辰环冷月，缧绁泣孤臣。对景伤前事，怀才误此身。余生料无几，空负九重仁。"

嘉庆本要对其施以极刑凌迟，有人建议，和珅虽罪大恶极，但毕竟是先朝大臣，还是温和些，建议狱中自尽。后嘉庆赐和珅白绫在家中自尽。和珅死前，口占一绝："五十来年梦幻真，今朝撒手谢红尘。他时唯口安澜日，记取香魂是后身。"

虽是歪诗，亦可称诗。后两句语焉不详，后人猜测多多。到底表达了什么意思，无以得知。

蔡京的诗与"陈番体"

北宋权相蔡京，以贪渎闻名，时称"六贼之首"。后来宋钦宗当政，蔡京被贬岭南。百姓憎恶贪官，贬徙路上，蔡京虽携金带银，却到处买不到吃的。老蔡一路风尘，身上除了钱和饥饿，只剩下感慨了。

《大宋宣和遗事》载有蔡京感叹悲凉的词：

八十一年往事，三千里外无家。孤身骨肉各天涯，遥望神州泪下！金殿五曾拜相，玉堂十度宣麻。追思往日漫繁华，到次翻成梦话。

据说这是蔡京在长沙的一座破庙里发出的感慨。蔡京最后因无人卖给他饮食而饿死潭州。这事儿太具有"民意"的历史意味了。王明清《挥麈后录》说："道中市食饮之物，皆不肯售，至于辱骂，无所不至。"一碗面、一块饼、一壶茶也不卖。如果老蔡"穿越"到今天，会咋样？可能想买什么来吃都行，因为毋庸讳言，今天我们只认钱。

说来好笑，古今一些贪官污吏在东窗事发、身陷囹圄后，都会生出些声泪俱下的"诗情"。比如唐朝宿州太守陈番，贪赃枉法被处死。刑前口占一绝："积玉堆金官又崇，祸来倏忽变成空。五年荣贵今何在？不异南柯一梦中。"

悔恨之情，倒也"入木三分"。只是这种表悔恨的"陈番体"，人们一再见到，"好诗"也不耐读了。凡贪官，大约狱中闲来无事，窗外清风明月，都会澎湃诗兴，涂一二"诗作"，诉悔恨、表沉痛、说哲理。1999 年，贪腐 1 600 多万元、素不读书看报的广西玉林市委原书记李乘龙，狱中也来了首诗："钱遮眼睛头发昏，官迷心窍人沉沦。功名利禄如粪土，富贵荣华似浮云。如君能出赍赦手，脱胎换骨重卧薪。"

陈番、蔡京、和珅等人的诗，至少还有几分真切，但李乘龙这"诗"除了矫情，只剩下套话大话。至于其中说的"道理"，5

岁小孩都懂，难道还要狱中"三省吾身"后才懂得？

2009 年 8 月，湖北汉江中级人民法院审理黄冈市委原常委、原统战部部长操尚银受贿案。操尚银当庭吟诵他的所谓"悔恨诗"："忘其宗旨，触其法律，悔其自己，伤其亲人，苦其心志，劳其筋骨，做其新人。"

文辞鄙陋，狗屁不通，干瘪难读。歪诗两字也挨不上。作秀居然作到了法庭上。当然，也有大贪官狱中不写诗，而写大文章的。当年"河北第一贪"李真，狱中铺下笔墨，洋洋洒洒，写下万言书，"给反腐败支招"，提了许多"精辟"的反腐败"建议"。一个人在大腐败后，能自觉为反腐败作"大贡献"，算不算也是一种"思想觉悟"？

有人说，"罪犯站到绞刑架下时，都会成为劝善者"。看来是真的。不过，贪官们是不是真的"悔过自新"了呢？

难说。贪官之悔，大多是事情弄砸了，东窗事发而追悔莫及。你让他回到原来的权力中，又会怎样？他大体还得大贪，还会一样肆无忌惮。为什么？江山易改，禀性难移，一个人骨子里的东西，是极难改的。

贪官歪诗，姑妄言之姑听之，豆棚瓜架雨如丝。

社会文化，春风风人

20世纪德国著名社会学家诺贝特·埃利亚斯说过："个体与社会的关系，是某种很独特的东西。它在存在的其他领域里没有一个类比可寻。"（诺贝特·埃利亚斯：《个体的社会》）梁漱溟先生在论及这一点时也认为，"在人的形成过程中起决定作用的是其社会。社会是人（指个体）和自然界之间真实的中介者。"每个人都是社会中人或社会中的个人（individual in the society），他影响社会，更影响于社会。

公民文化本身就是一种社会文化。在一定的主导性的社会文化中，杂糅着不同的文化要素和类别，可以出现主导性文化与其他亚文化并存并相互影响的局面。社会文化常常通过社会风气、社会现象、社会心理表现出来。

社会文化怎样形塑一个社会公民的性格？

1. 社会文化孕育社会人格。社会人格（social personality）是同一种社会群体中多数成员共同具有的心理特质和性格特点。人格（Personality）心理学用来指人的个性心理特征和不同于他人的精神面貌。社会人格一方面建筑在个人的人格基础上，同时又具有多数人的人格特点。它作为一种共性特质隐藏在个人的人格深蕴处，成为对个人人格起作用的深层力量。正是由于这种在多数成员中起作用的深层力量，才把分散的个人人格聚集为一体，形成一种特有的、具有共同特质的社会。正因为如此，一个社会有一个社会的人格特征。

2. 社会文化确定社会认知。社会认知（Social Cognition）指人对人的认知或知觉，又称社会知觉。美国心理学家 J.S. 布鲁纳于 1947 年首次在知觉研究上提出这一概念，用以说明知觉的社会决定性，有的社会心理学家又把社会知觉称作人际知觉或对人知觉。社会认知是一种基本的社会心理活动，人的社会动机或社会态度的形成、社会化过程的进展、社会行为的发生，都以社会认知为基础。

如当一个社会中大多数人习从于一种行为的时候，社会认知告诉人们，这种行为自己可以跟从。如很多外国人在国内从不乱穿马路，不闯红灯，可是他们到中国一段时间后，他们也开始乱穿马路和闯红灯了。一定的社会文化常形塑人们一定的从众心理和行为。英国社会学家弗思在《人文类型》一书中指出：这种在社会实际活动中对于个人生活和社会性质的影响，可以称为社会功能。

社会学理论认为，认知者的经验是影响社会认知的重要因素。个体经验不同，认知者对于相同的认知对象会得到不同的认知结果。20 世纪 50 年代后，由于信息加工的认知心理学的影响，有的社会心理学家用认知心理学的术语和模型说明这种影响作用，其中常用的一个术语是"图式"。所谓"图式"，就是人脑中已有的知识经验形成的网络。当个体进行社会认知时，它对于新输入的信息起着解释功能。如果头脑中没有适当的解释新信息的图式，则要形成另外的图式。

20世纪60年代以来有社会心理学家指出，个体整合认知信息的方法有平均法和加法两种。平均法指形成印象时使用所得各类信息的平均值；加法指形成印象把获得的各类信息相加而不是平均。

社会认知效应（Effect of Social Cognition）是个体在对社会的人（包括他人、自己、个体和群体）和事物的认知过程中表现出的对认知结果有明显影响的社会心理效应，表现为首因、近因、光环、价值等效应。

3. 社会文化养成公民自我意识。自我意识（self-consciousness）是个体对自己存在状态的认知。19世纪末，美国心理学家、哲学家W.詹姆斯在《心理学原理》中专门研讨这一问题。G.H.米德把自我分为"主我"（I）与"客我"（me），前者作为自我的审视者、观察者，后者作为自我的被审视者与被观察者。主体意识的发生与发展过程，是个体社会化的过程。一个人在社会中逐渐产生了对周围环境的认识，也产生了对自己的认识。随着与大量的周围人们的广泛交往，人们逐渐把他人的判断内化为自己的判断，并且成为自律的东西，从而发挥出主动性和独立性。G.W.奥尔波特指出：主体意识的形成大致分为三个阶段，即经历"生理自我"—"社会自我"—"心理自我"的流程。社会文化具有涵养公民主体意识的功能。

4. 社会文化决定公民社会心理。社会心理是公民文化的心智空间，是公民文化建设的基本条件。社会学中有所谓社会病态（social pathology）概念，用来指称社会中的群体或个人在社会心理上与社会活动中不能保持健康协调的一种状态。传统的功能主义者在考察社会问题时首先运用这一思路。例如，工业革命初期出现诸多社会问题，就是由于很多农民流入城市后不能与城市生活相协调而形成的。早期社会病态论者常把社会问题的发生归因于某些所谓的"闹事者"，并强调社会病态主要是一种道德问题，是少数人与社会道德、信仰相违背造成的。

20世纪60年代以来，国际上出现了一种新的社会病态论，它比传统的观点更激进一些，认为某些人处于病态是因为社会本身就处于病态，其口号是"不道德的社会制造了不道德的个人"。在解决社会问题的途径上，新的"社会病态"论更为重视和强调社会公共空间、社会环境对人的制约作用。在公民文化建设的视角上，这种理论是可予借鉴的。

从社会文化来说，一个社会一个历史时期，杰出人物的出现，与社会环境和条件有着深刻的内在关联。好的环境、文化、机制，出好的人物；不好的环境、文化、机制，抑制好的人物。普列汉诺夫曾研究过社会条件、社会环境与杰出人物产生之间的关系。他指出："个人的作用是由社会的组织来决定"的，杰出人物"都是社会关系的产物"，因为杰出人物"他们自己只是由于这种趋势才出现的；没有这种趋势，他们永远也跨不过有可能进入现实的门槛"。（普列汉诺夫：《论个人在历史上的作用问题》）

春风风人，文化是一种历史性的力量，是一种深沉的伟力。当一个社会形成了主导性的社会文化时，就有了强劲的形塑力和穿透力。要更多地重视文化的功能和力量，形成一种春风化雨，构筑面向新时代的公民品质和性格，塑造文明进步。

国民文化的底色

　　有朋友说到梁实秋和林语堂。我回"林语堂这人极可爱，是一个极洒脱之人，至于学问，学贯中西。梁先生虽为大家，但行文做事，还似稍欠恢宏。比如他的《雅舍小品》只是'小品'，透出来的胸襟格局多拘囿于家短里长，林语堂偶尔为文，则绝对彩虹霁雨，有一种大气派"。

　　林语堂是影响卓著的哲学家、思想家和幽默大师。"两脚踏东西文化，一心评宇宙文章"，能写行云流水的散文、随笔、思想小品，也能写严肃的但不沉闷的皇皇学术著作。如他的英文名著 *My Country and My People*（《中国人》，也译成《吾国与吾民》），一出手，便是名著。

　　书是应美国纽约庄台（John Day）公司约稿而写。1935 年出版后引起轰动，被译成多种文字，传播世界各地。

　　作为"长期痛苦思索、阅读和反省的结果"，林语堂对"中国人的性格"和中国社会、文化、历史、传统等，作了影响力甚大的解析。这本书成为西方世界了解中国、中国人、中国文化最早和最权威的材料之一。今天，中国已发生很大变化，但林语堂对国民文化底色的判断，仍有很大的学术说服力。

林语堂把中国人的性格特质，归纳为"老成温厚"、"遇事忍耐"、"消极避世"、"超脱老猾"、"和平主义"、"知足常乐"、"幽默滑稽"、"因循守旧"八个方面。每一方面，都透视出中国人的特点。如说到中国人"遇事忍耐"时，林语堂认为："中国人容忍了许多西方人从来不能容忍的暴政、动荡不安和腐败的统治。他们似乎认为这些也是自然法则的组成部分"。这一点，与鲁迅的看法颇为相通。

　　在说到"超脱老猾"时，他说这是"中国最突出的品质"，它击碎人们任何改革的欲望，嘲笑人类的一切努力。"假设在一个九月的早晨，有位年轻人试图拖他的爷爷一道去洗海水浴，他往往会遭到老人的拒绝……但老人却仅仅是置之一笑，这是超脱老猾者的一笑。"

　　中国人成功时是儒家，失败时是道家；本性上是道家，文化上是儒家。"中国人随年龄的增长，会发展一种低飞的才能。……一个人年过40而未变成无赖，那么他不是思想软弱者便是天才，后者是'大孩子'"。他说"知足常乐"："这种精神可见于欢快饶舌的北京黄包车夫身上……也可见于那些气喘吁吁、汗流浃背地用山轿把你抬上牯岭山顶的苦力身上。人们觉得，无忧无虑地吃一顿简单而满意的饭菜，已是莫大荣幸。"

　　假如，我们把其中的"北京黄包车夫"，换成今天的北京出租车司机，也相当切合妥帖。林语堂淋漓尽致地揭示出中国人文化品性上的诸多特点。尽管人们对他存在不少误读——如认为林语堂把中国落后的根源，归之于中国人的民族特性是偏见云云，事实上，林语堂富有睿智的解析，是非常实事求是的。他揭示的中国人某些"性格"，正是今天社会中还无处不在的，也是需要认真面对和解决的。

除了林语堂，近现代史上梁启超、辜鸿铭、孙本文、梁漱溟以及冯友兰、鲁迅，外国人史密斯、罗素等，都对中国国民文化的特征、特性，作过深刻分析。如梁任公先生对国民品性和民族文化性格的分析，贯穿两个关键词，一是"国性"，二是"民德"，强调"国性可助长而不可创造也，可改良而不可蔑弃也。盖国性之为物，必涵濡数百年"。

而与梁启超的"批判性分析"不同，近代著名的"文化怪杰"辜鸿铭，则赞赏性地从"中国人最美妙的特质"来分析国民文化品性，指出中华民族总体上具有"沈潜"、"远见"、"淳朴"三大特征。"中国人最美妙的特质"，是既有成年人的智慧，又能够过着孩子般的生活——"一种心灵的生活"。辜鸿铭认为，可以用一个词，把典型的中国人的特性归纳出来，这就是"温良"（gentle）；这种"温良"，是与同情和智能（intelligence）这两样东西相结合的产物。

辜鸿铭对中国国民性的认识和解析，虽未必十分浑融妥切，但新颖奇特。更值得玩味的，是辜鸿铭以"毛笔"，来象征中国人的精神和文化智慧："中国的毛笔或许可以被视为中国人精神的象征。用毛笔书写绘画非常困难……但一旦掌握了它，你就能得心应手，创造出美妙优雅的书画来，而用西方坚硬钢笔是无法获得这种效果的……"

"毛笔"作为一种物象，深得"中国人精神的象征"之三昧。这种比拟，奇妙而富于趣味——这也可以看到，在一些方家手里，所谓学术，不是板着面孔的，是灵动而有趣的。

再如梁漱溟，对中国国民文化性格也有着极为深切的洞察。

233

梁漱溟一生主要研究两大问题：一是人生问题，一是社会问题。在这一学术框架中，他综合各家所见，"约得其要"，描述出中国"民族品性"为十个方面，指出中国人"最显著的短处"，"一是短于集团生活而散漫无力"；"一是短于对自然界的分析认识"。"集团生活"就是公共生活，公共生活须有相应的政治责任感、公德和充沛的公民精神才能维系。

亚里士多德在谈到古希腊城邦生活时，也谈到过公共性品质。梁漱溟认为："公共观念、纪律习惯、组织能力、法治精神"这四点，可总括以"公德"一词称之（是不是比今天我们的"公德"概念，要健全完整多了？）。而这种"公德"，恰为中国人所缺乏。这种洞见，真是一针见血。

人类学家A.L.克罗伯把文化中那些"稳定的关系和结构"，看成是一种模式；另一位著名人类学家本尼迪克特（Ruth Benedict），则把"文化范型"（culture pattern）视为相对于个体行为的群体行为方式。国民文化作为一种文化完形和文化模式，有着巨大的历史性制约力量；它通过文化性强制，使国民行为的选择和取向"会得到加强"。

是的，文化本身，是约制个人行为变异的一个主要因素。今天我们见到的许许多多、林林总总的社会怪象，难道不是深层次的国民品性、国民文化的映照么？

国民品性和民族文化性格，作为人类各异的性格特征及其公共行动记忆，作为一种文化模式，它塑造着人们不同的行为类型。今天的中国社会治理，应把准国民文化底色，注重从"文化心"、文化特性这些深层次上入手，才能真正见效。

这一点，林语堂及各位文化大擘巨匠，老早就看到了。

第十章

精英与精英意识

不平庸，是例外

在人类历史中，真正的不平庸乃凤毛麟角。英雄辈出、精英遍地，遍地英雄下夕烟，那是个假象，不真实，也不可能。

在任何社会群体中，平庸者居大多数，这是个社会真相。可是很多人看不到这一点。有时把自己当英雄，有时把平庸者当英雄。膜拜英雄，屈从权威，是人类长期的普遍现象。

人根本上说，人的生命物性，决定了人的平庸性是"常态"，不平庸性为"例外"。一个人的平庸不奇怪，也无可指责，它与努力不努力、上进不上进也是两回事。但是如果是一种体制的平庸，就大有可究了。任何组织体制的平庸、昏庸，那是一种可怕的行为，对一个社会、一个地域文明是极大的破坏。

记得读过日本政治家《组织的罪恶》一文，说的就是组织体系对人的压抑、逆淘汰、劣币驱逐良币的现象。人的生命本质决定了平庸性，人组成社会，构成形形色色的体制、规制、组织，就是为了扬长避短，抑制人的短处，放大人的优点。

故此人类组织体制的一个原始命题，便是如何褒扬优秀、抑制平庸，把优秀的人遴选出来放到发挥作用的位置上。一个组织体系如果遴选平庸、逆向淘汰、劣币驱逐良币，形成"低能化"

的逻辑，那是违背人类组织应有价值的。你说它反人类、反文明，亦不为过。

任何组织体制的平庸、昏庸，都是一个组织的结构性之果，须从结构上改进。

任何社会组织体系都应按择优法则来行事，而不是相反。

也就是说，人的平庸不可怕，体制的平庸才可怕。

人类的文明用良知说话，人类的野蛮则用拳头说话。

野蛮的法则，是用拳头、长矛、大炮、武力决定社会尊卑和秩序。文明的法则则以人的德行、才干、智慧，一个人对生活的创造来界定他的价值和尊严。

这一文明的法则，遭遇挑战，就是一个人的尊严和价值，可以不是来自这些，而来自权力。权力就是一切，权力是人的第一尊严。我们对权力的遵从，也超过了一切。

权力成为诠释人生、社会、意义和价值等一切的密码。权力的重量，压倒一切，超过了以往任何时代。权力意志放大到极致。

我们把权力放在生命的天平上，它使一切都失去了重量。

于是，权力成为社会关系的第一要义。于是，如何拼命攫取权力，成为常见的风景。热衷依附权力，倾心媚俗权力，正成为不知不觉的"习俗"。

苏轼的笑容

苏轼这人，其实是个非常悲怆的人物，但他给了后人一个极豁达粗豪的形象和感觉。在很多人心目中，苏轼就是一个整天乐呵呵的邻家大叔。

这当然不能说错。可是，苏轼真是这样潇洒得不行吗？

苏轼之所有一种放达通脱的外相，主要源于他那些被称作"豪放派"的词作。"大江东去，浪淘尽千古风流人物"，"……回首向来萧瑟处，归去，也无风雨也无晴"，这些话语一扫萎靡之气。但苏轼的悲苦，比起他的诗情和豪放，其实更沛然杂陈。

苏轼在《送沈逵赴广南》中说："我谪黄冈四五年，孤舟出没烟波里。故人不复通问讯，疾病饥寒疑死矣"，大有不堪往事之悲。他在困顿谪居中，尝作《洗儿诗》："人皆养子望聪明，我被聪明误一生。惟愿孩儿愚且鲁，无灾无难到公卿。"激愤之情，溢于言表。不平之志，可见一斑。

那么，苏轼心灵上那样一种超俗的"乐观"，源自哪儿呢？

源于他对生命过程真正意义上的洞穿。所以，"一点浩然气，千里快哉风"，是他精神健康的主旋律。

苏轼的前后赤壁赋，特别是《前赤壁赋》，是一部人生哲学，也是一部社会政治哲学，是他对自然、人生、社会、生命的深刻看法和诗性思考。人类社会，人的命运，其实都在"白露横江，水光接天"中，"纵一苇之所如，凌万顷之茫然"，飘荡所以，不知所终。人通常因为对生活有了切实的感佩，笔下的自然况物，笔下的社会情怀，才会有那样一种旷达空灵的意味，可谓"返景入深林，复照青苔上"。苏轼的前后赤壁赋，就是这样一种状况。

苏轼很多文字，不是写出来的，而是"流"出来的。如果让我给那些文字贴上一个标签的话，那就是"生命的洞穿"，或者可以叫"诗化哲学"。

苏轼有着大彻大悟的生命意识。他说："逝者如斯，而未尝往也；盈虚者如彼，而卒莫消长也。"他认为，时间的流逝如奔腾之水，其实并未消逝；物事的圆缺像皓皓明月，终究又何尝盈亏损益。这很有点现代物理学上"时间相对论"的智慧。

"盖将自其变者而观之，而天地曾不能一瞬"，他认为，如果从变化的一面看，天地间任何事物，没有一瞬间不在发生变化。这与古希腊哲学家赫拉克利特说的"人不能两次踏进同一条河流"，可谓异曲同工，所不同的，赫拉克利特是用理性的线条说话，苏轼是用感性的山水画面说话。

在《后赤壁赋》中，苏轼说"山高月小，水落石出。曾日月之几何，而江山不可复识矣！"表达的是同一种心怀，即变化决定一切。大自然也好，社会、人事、生活也罢，一切没有什么可以停滞不变。但他在《前赤壁赋》中又说："自其不变者而观之，则物于我皆无尽也。而又何羡乎？"——如果从不变的一面来看，万物与我们的生命一样无穷尽。又有什么可羡慕的？这是一种生命的豪迈。他把自然哲学、社会政治哲学中的两面，都说透了，颇有"辩证法"之妙。

这种人脸上，除了微微的淡然笑容，怎么会有其他表情？

顺便一说，我们把历史上许多东西，当纯粹的"文学作品"来读，实在是一种莫名其妙的"想当然耳"，这犹如把重要的历史遗迹，纯粹当作旅游景点来开发一样。

本质上，苏轼是一个有着悲苦意识的生命哲学家。同时他又是一个有着理想主义情结的人，或者说是一个有着沛然诗性的人。苏轼为官，在性情上，是一种"遭际的误会"。"官场逻辑"与他身上的诗性、理想主义的品质，是难以相融的。官场贯穿的是技术理性和权力意识，而理想主义和诗性，本质是真善美的雨露风华，两者难免有些南辕北辙。最要命的是，苏轼没有任何以官场逻辑来改造，或者哪怕是稍稍"修正"一下自己性情的意思。

好在唐宋之际的中国官场，尚有几丝文气存在，文官制度还保持了几分本色，有点才学的士子还是官僚的主角。冷冰冰的官场上，还有几片温暖的云彩可以飘荡。尽管如此，苏轼在官场上还是磕磕碰碰，一生事情不断。

上帝把一些人放到俗世中间，就是让他们来受折磨的。

但是这不要紧。这不过是使苏轼对古往今来的一切，看得更加明白通达，更有一分对天道、人道的清醒罢了。

所以，一个真正洞穿生命的人，用微笑来作为心灵代言。

看卢梭发呆

卢梭，18世纪法国大革命的思想先驱，写有《论科学与艺术》《论人类不平等的起源和基础》《新爱洛漪丝》《社会契约论》《爱弥儿》《山中书简》《忏悔录》等皇皇巨著，但比起思想家的卢梭，有时我们更喜欢在大自然里看风景发呆的卢梭。

卢梭从年少时起，就喜爱亲近大自然。在后来的人生中，他听从华伦夫人劝告，经历了一次漫长的游历。无论远山近岭还是流云飞瀑；无论一湖岑寂静水，或是"鲜艳的花碧绿的草枝叶繁茂的森林，流水潺潺的小溪，幽静的树丛和牧场"，都使他迷醉。

大自然不仅洗涤了他的灵魂，净化了他的气质，更丰润了他笔底烟霞。对于自然的酷爱，引发他许多沉思，丝丝脉脉流入了他的著述中。卢梭的《一个孤独的散步者的梦》，是他在生命的最后岁月里写就的，是卢梭的"绝笔"之作。

十次散步，卢梭写下十篇散文，徜徉于大自然湖光山色中游牧思绪，抚慰心灵，山淡淡的，水绿绿的，风暖暖的，心静静的。在这些散文里，你能听得见他与大自然的身心对话。

卢梭说："我要把我一生最后的时光用来研究我自己……现在让我们全身心地投入与我的心灵进行亲切的对话。"在这些散文里，重要的不是读一名思想者的思想，倒是更应该观摩一名静默者的情感流淌，可以有怎样的云蒸霞蔚。在大自然里，卢梭是个赤子，透闪着诚恳、痴迷和人性本真的泽光。

在这段游历生活里，如果遇上好天气，卢梭不等吃完午饭就"独自溜出屋去"，跳上小船，划到湖中心。"湖上波平浪静，我躺在船上仰望天空，听任小船随风飘荡，爱漂到哪里，就漂到哪里……"，在湖上他度过一下午，有时在稚柳、泻鼠李、春蓼和各种各样的灌木丛中漫步，或者躺在长满细草、欧百里香、野花还有岩黄芪和苜蓿的沙丘上休息。

他时常在船上一躺便是好几个小时。"我沉思默想，千奇百怪的景象想得很多，乱是乱一点，但都挺有趣"，他说。"我不是把船划到湖中心，而是沿着绿茵茵的岛岸一桨一桨地向前划去。这儿的湖水清澈见底，岸边的树荫又浓密得使我禁不住自己跳入水中游泳……"

卢梭喜欢人迹罕至、野趣横生的地方。"我放慢脚步，在林中找一块野草丛生之地，或者找一块从未被人使用过或有占有过的荒凉的地方，或者找一个僻静幽深之处，而且此处的地形地貌必须使我能自信是第一个置身于其中的人……只有在这样的地方，大自然才能向我展现它永远清新美妙的景色。"

这时的卢梭，从一名人类命运的思考者，真正变成了一名"孤云独去闲"的山水精灵者。

卢梭没有小长假，但有更多的心灵假日。他说："坐在一个僻静的湖滩上。在那里，波涛声和汹涌的水声集中了我的思想，驱走了翻腾在我心中的烦恼，使我的心能够长时间地沉醉在美妙的梦境里"，"波涛起伏，水声不停，时不时夹杂着一声轰鸣……

时时唤醒我在沉思中停息了的内心的激动，使我无需思考，就能充分感到我的存在。我有时又短暂地和淡淡地思考时事的沧桑，变化无常，宛如这湖面的涟漪"。

中国明代思想家王阳明说自己"平生山水已成癖""只把山水作课程"，卢梭则说"田野是我的工作间"，"我只有在散步的时候才能写作"。卢梭的精神导师不是别的，正是大自然。

卢梭说，人要在自然中修正内心的状态、完善人格和激荡精神的自由。而与之形成对比的是，社会在文明的幌子下进行的关押和奴役。回归自然，是使人恢复这种自然过程的力量，脱离外界社会的各种压迫以及文明的偏见。就是说，人在社会中的压力只有在自然界可得释放。急风逸雨，春树秋叶，水声潺潺，虫鸣唧唧，无不能使卢梭获得灵感和暗示，获得种种精神上的超越、安宁和静默。

不知上帝在独处时，是在喝咖啡还是看风景发呆。有时，思考的极致便是发呆，是心迹的流浪。它是朱自清的"什么都可以想，什么都可以不想"，也是李太白的"相看两不厌，只有敬亭山"。发呆的真谛是发傻发愣，守护孤独，闲云散雨，修禅身心。

发呆，难道不是哲学方式的另一种表现么？

在第七次散步中卢梭写道："我躲避世人，寻求孤独，不再漫无边际地遐思，尤其不再深入考虑什么问题"。在写给他朋友马尔泽尔布的信中，卢梭把沉思、发呆和心灵漫步，幻化为一个精神整体：

"我把我的心立刻从地面的景象延伸到大自然中一切有生命的东西，……这时候，我的心在广袤的宇宙中漫游；我不再动脑筋思考，不再分析，不再推究哲理。我感觉到了一种得处

244

宇宙的快乐，我尽情享受万物纷呈的美，陶醉在茫茫的幻想之中。……"

一松一竹真朋友，山鸟山花好弟兄。一个欣欣然于大自然的人，一个静心参悟大自然、能与大自然心灵对话的人，生命本质一定还没被异化，一定还保持着自然、原真的一面。

身心灵魂能与大自然如此融合的人，在群星璀璨的近现代思想家中是少见的。

245

病夫治国

　　尽管人格的健全、生理和心理的健康极为重要，但"病夫治国"是人类长久的历史现象。世界舞台上，一些首脑人物为了保持良好的舞台效果，让公众对其保持信心，竭力掩饰其病体形象。

　　如法国前总统蓬皮杜，一直向他的国民掩盖他的严重病情。1969 年 6 月，蓬皮杜当选法国总统。法国金融寡头、蓬皮杜的密友居伊·罗特希尔德在回忆录中透露，当时蓬皮杜已重病沉疴。1970 年 2 月，蓬皮杜访美，中央情报局窃取他的尿样，检测到他的病情。1972 年 7 月，蓬皮杜确诊患有多发性骨髓瘤。直到 1974 年 3 月 27 日，蓬皮杜才不得不谈及自己的病情；同年 4 月 2 日，蓬皮杜咽下最后一口气，没能干满 7 年任期。

　　法国另一名前总统密特朗，身患绝症，隐瞒 11 年。1981 年 5 月，密特朗当选法国历史上首名左翼总统，当时关于他身患不治之症的传闻，广泛流散。密特朗亲自出面"辟谣"，他公布"最新体检结果"以证明自己健康状况良好。"谣言"销声匿迹。

　　然而 1992 年 9 月，密特朗紧急住院，做前列腺癌手术。密特朗告诫医生：这属于"国家机密"，不可外泄。但后来病情还是大白于天下。密特朗抱病坚持到第二任期届满，但终因前列腺癌扩散，于 1996 年 1 月 8 日离世。

中国人更熟悉一些的另一名法国前总统希拉克，素以强壮和精神饱满闻名。他烟瘾很大，但身体状况在长期的政治生涯中总算不错。他的健康形象事实上成为法国国家政治形象的构成部分。当时有法国媒体称："人们很难想象希拉克会躺在病床上，他是法国活力的象征，他看上去是铁打的。"

但希拉克不是"铁打"的。2005 年 9 月，72 岁的希拉克因血管疾病入院。当然，法国官方告知法国民众：希拉克"治疗状况非常令人满意……"

培根说过："健康的身体乃是灵魂的客厅，有病的身体则是灵魂的禁闭室。"美前法官西蒙娜·罗泽斯夫人说："政治家的职业约束，要求他具有良好的健康状况"。

可是领袖也是人，也食五谷杂粮，也喝牛奶咖啡，不可能不患一点儿病。生病很正常，不正常的是谎话连天，糊弄国民。

美国好几名前总统，如克利夫、威尔逊、罗斯福等，他们的病状都被精心掩盖起来。肯尼迪曾命令白宫幕僚，禁止提及他阿狄森病即青铜色皮病（这种病迫使他大量使用可的松）；约翰逊总统则为掩盖摘除声带上已癌变的息肉，小心翼翼地展示他胆囊切除留下的伤痕。

只有一名总统没这样做，在健康问题上，保持了足够的坦诚磊落，他就是艾森豪威尔。1955 年，艾森豪威尔总统在患病后，要求他的医生把真相如实告诉美国人民，医生按他要求去做了。

"患病会破坏我们的判断力和辨别力，所以人们应该关心，应该探索那个主宰国家命运的人究竟患有何病……"的确，政治人物的病痛，与一个国家、一个社会，一个民族的某段命运，某段风云际会，有着很大关联，甚至产生因果关系。

政治人物的病痛，不仅是生理的、心理的，更是社会的、政治的。

问题不在于病夫治国，也不在于病夫之"病"，鲜为世人所知，更在于，"病夫治国"是人类历史中长久的现象；更在于一个人的心理疾病，比起其生理疾病来，对于治国的影响通常更大，更不可估量。

弗洛伊德曾说过："在人类历史上的某些时候，疯子，能见到幻象的人，预言者，神经官能症患者和精神错乱者，曾经起过重大作用，而且不仅仅是在偶然的机会使他们生而为王的时候。……尽管历史上充斥着神经官能症患者，偏执狂和精神病患者的名字，他们迅速爬上权力的顶峰，但通常他们也同样迅速地垮台。"

而日内瓦医学院精神病学教授安德烈·海纳尔说："我们的时代不幸为许多病夫，许多病入膏肓的病夫所统治，奇怪的是，群众对他们还随声附和。"

人类的这种历史现象，太警策了，太意味深长了。

法国作家与记者、《快报》医学专栏编辑阿考斯和瑞士医学会内科专家朗契尼克博士合著的《病夫治国——20世纪领袖性格的精神病理分析》一书，讲述了20世纪48名"病夫"纵横捭阖、在20世纪历史舞台上的表现和行为印记。

阿考斯和朗契尼克在《病夫治国》书中说：前苏联领导人病倒后，医学界不透露任何消息，这一点已被从列宁到契尔年科的历史所证明。即使他们死期已近，官方的消息仍然说他们身体健

248

康，工作勤奋，有效地治理着国家。

"为什么一个患者甚至已经病得很重的统治者，没有勇气离开权力岗位？"

这是另一个令人沉思的问题。两名作者在书中分析认为：权力欲可以主宰其他感情，它如同一种诱人的毒药，一种毒品，甚至一种自我疗法。在行使权力过程中，他们会获得快感和幸福，产生一种如同魔力般的东西，"让人无法放弃"。

作者进一步以病理学分析指出：当人们研究这些政治领袖的童年时，发现他们曾为被剥夺了许多东西而痛苦，这使他们后来具有了一种向他们眼中的非正义社会复仇的动力。他们因此想努力使社会进步，彻底改造社会，他们要做新社会的缔造者——某些领导人的类妄想狂倾向，或许可以从中得到解释。

这可能是我读到的关于人之所以具有强烈的改天换地狂想情结的最发人深省的病理学、生理学的解释了。

精神病学教授安德烈·海纳尔建议，精神病理学家应与政治学家加强合作，把精神病理学基本概念纳入政治学的范围之内，"它或许能帮助我们回答这个问题：为什么在社会制度如此脆弱的国家里，政权会不断地落入危险的具有毁灭性的人物之手？"

这是一个中肯而有价值的建议。

魅力、团队与规则

马克斯·韦伯，现代社会学、行政学的奠基人。"历来登上学术舞台的角色中最有影响的一个"，创新理论学者、经济学家熊彼特这样评论他。而德国大哲学家雅斯贝尔斯认为：韦伯是集政治家、科学家、哲学家于一身的人物，"尽管由于命运和环境的作弄，他没有在政治方面享有显赫的地位，但却毫不减损他杰出政治家的本色"。

在短暂一生中，韦伯提出了影响深远的官僚制理论。而在组织管理方面，他被誉为"组织理论之父"。比起他的其他许多理论来，韦伯关于人类权威三种"理想类型"的分析，似更闻名遐迩一些，也为我们分析各类权威现象和领导力，提供了某种工具理性。

在韦伯那里，权威要比权力更真实一些，权威才是人们发自内心的服从。

第一种是所谓超凡魅力型权威，即"卡里斯玛"（Christma）型权威。超凡魅力型领袖有着超越性神奇力量，人们为其所致力的使命感动。人们成为其忠实信徒，人们的服从与奉献，只需情感，毋需理由。超凡魅力型领袖通过追随者或亲信的支持进行有效统治。在这类权威运作中，无需行政僚属，无需组织架构。

第二种是传统型权威。这种统治形式普遍存在于前现代社会，表现为统治的合法性是来自自称的，并也为他人承认的历代相传的神圣规则。比较典型的是家长制和世袭制。统治的权力来源于继承或一个更高统治者的授予。其行政管理班子组成人员首先不是官员，而是统治者个人的"仆从"。

第三种类型是法理型权威。具有现代性的品质。这种统治类型建立在制度和法律的合法性基础上，统治者根据法律进行统治。人们所服从的，不是领导者个人而是"非人格化系统"（Impersonal System）的规制。在身份上，服从者是社会公职人员，他们所服从的是由制度赋予统治者的、有明确界限的"理性合法权威"（Rational-Legal Authority）。

韦伯对于三种权威形态的描述，不仅与国家权力关联，还可以用以分析各种权力运行中的"命令—服从"关系。但在今天急遽变化的当代社会，传统型领袖正加速消亡；魅力型领袖在大幅度减少；而真正意义的法理型领袖，严格意义上还是一种理想。

今天，我们把上述三种"理想类型"简化为"魅力—团队"对应模式来分析领袖风格，可能更切合今天的社会实际，也更可以看到其中的行政绩效。虽然行政结构中"魅力型领袖"—"团队型领袖"各有特点，也都有着不可替代的价值——并且当社会或组织具有巨大变革需求时，对新的魅力型领袖的召唤会更大，但在和平发展时期和人类的"平庸时期"，人类公共生活需要的不是那种一呼百应、风起云涌的超凡魅力型领袖，而是那种依靠职业团队、非人格化规制进行审慎决策的领袖。

在韦伯的权威分析模式中，像甘地、富兰克林·罗斯福、苏加诺、凯末尔、纳赛尔、庇隆、萨达姆、卡扎菲等，都属于典型的"魅力型"领袖，具有"人格化行政"（Personal Administration）特征。他们不仅有着巨大号召力、神圣性，有着传奇胆识和魄力，更有着足够的神秘性。

然而超凡魅力型领袖面临的一个巨大挑战是，在权力交替时期将经受危机的严峻考验——危机之结局，要么是改朝换代，要么"山随平野尽，江入大荒流"，产生魅力平凡化，亦即"祛魅"。

美国前任总统小布什有着拿捏大决策的"举重若轻"的风格（当然这与美国体制有关），另一方面，小布什也是比较典型的"团队型"领袖。如果把他与贝拉克·侯赛因·奥巴马以及理查德·M.尼克松、罗纳德·里根等人相比，就很清楚了。小布什几乎所有重大的决策如阿富汗战争、伊拉克战争、朝核问题、伊朗核危机、亚洲和对华政策、美欧战略关系等，都主要是靠他的团队作出的。小布什对这个团队的依赖性很大。与其说他领导着白宫这个团队，不如说这个团队影响着他。

在美国总统序列中，像富兰克林·D.罗斯福、理查德·M.尼克松、罗纳德·里根以及今天的贝拉克·侯赛因·奥巴马等，都属于"魅力型"（或"准魅力型"）领袖。他们的大决策，一般不依赖他们身后的团队或参谋系统，甚至对他们严格保密。

无疑，高质量的公共决策，应当建立在集体智能和经受反复诘难的基础上。就经济领域而言，魅力型个人决策模式是有效的，但在经济全球化背景和日益成熟的市场竞争环境中，领导行为模式从个人英雄主义走向依靠职业团队（包括外在专家系统）的转型，实施权力结构的平衡，强化决策机制与程序上强制性，是无可规避的选择。

团队就是力量。规则才是硬道理。

权势和神话

马克思的妻子燕妮，曾问当时德国著名历史学家维特克，能否将古往今来的历史，缩写成一本简明的、能启迪人的小册子？维特克回答她说："不必写成小册子。只需四句谚语，就足以概括古今的历史"。维特克说的四句谚语是：

1. 当上帝要某人灭亡的时候，往往先令其有炙手可热的权势。

2. 时间是筛子，最终会淘去一切历史陈渣。

3. 蜜蜂盗花，结果会使花更繁盛。

4. 暗透了，便可望得见星光。

想起这几句话，是因为最近读樊树志先生的《国史十六讲》，看到明代魏忠贤权倾朝野时那场轰轰烈烈的个人崇拜的闹剧。个人崇拜并不稀奇，稀奇的是崇拜对象不是皇帝，而是一名品性顽劣的太监。历史上，"千岁""九千岁"皆有闻，"九千九百岁"，你听说过么？

晚明那段岁月中，炙手可热的魏忠贤在一帮人哄抬下，光离奇的"无上名号"就一大箩：如厂臣、元臣、上公、尚公、殿爷、祖爷、老祖爷、千岁、九千岁……但魏老人家对"九千岁"，似乎并不满意。于是有人又给他加岁，称"九千九百岁"，成了准万岁爷。吕毖《明朝小史》说："太监魏忠贤，举朝阿谀顺指但拜为干父，行五拜三叩头礼，口呼九千九百岁爷爷。"

那场太监造神运动，最为亮眼和搞笑的地方，是为活着的"九千九百岁"魏忠贤建造祠堂，叫"生祠"。这是一大发明。始作俑者是浙江巡抚潘汝桢。他在天启六年向明熹宗提出议案，为魏忠贤建立生祠。他在奏疏中，为魏忠贤涂脂抹粉无所不用其极。明熹宗准奏，还御笔为生祠题了一块"普德"的匾额。

此后短短一年中，全国共建了40多处魏忠贤生祠。建到了京城，甚至建到了南京的孝陵（明太祖坟墓）和凤阳的皇陵（明太祖父母坟墓）。生祠中，悬挂了这样的对联："至圣至神，中乾坤而立极；乃文乃武，同日月以长明。"

这是夸饰、阿谀的最高级。这种伟大的夸饰和风靡全国的生祠建造运动，为无赖小儿披上了"至圣至神"的绚丽外衣。这件事中，意味深长的，是参与吹捧的官僚们其实都知道，这位"一万岁差一百岁"，原属吃喝嫖赌的地痞流氓之流，倾家荡产后自阉入宫，作了打杂的小混混。可这并不妨碍他们挥汗如雨地歌功颂德。在众人的捧眼中，魏忠贤比肩夏禹、周公，成了至上圣贤。樊先生在《国史十六讲》中称"如同乾坤日月一般"。

那些内阁、六部大臣乃至封疆大吏奴颜媚骨，个个以争当魏忠贤的干儿子为荣。有一名国子监生，唯恐献媚落后，极有创意地向皇帝提议，把魏忠贤引进孔庙，配祀孔子。一名尊奉孔子的读书人，竟以文盲阉竖配祀孔子，恬不知耻、斯文扫地到了极点。这也使我们看到，人性中的弱点和阴暗面，可使一个人滑稽可笑到何种地步。

凡世之小人，一旦行权，一定是那种不可一世、跋扈乖张的模样，这似乎是条铁律。前两天翻阅唐人笔记苏鹗的《杜阳杂编》，中有"鱼朝恩专权"一节。鱼朝恩是唐代权倾朝野的大宦官。《杜阳杂编》中写："鱼朝恩专权使气，公卿不敢仰视。宰臣或决政事不预谋者，则睚眦曰：'天下之事，岂不由我乎！'"这是经典的小人"专权使气"的历史画面。无论是唐代、明代和任何时代，无论是鱼朝恩还是魏忠贤，这一点，都一样。

　　远古的神话，是原始生命田野上飘来的歌。历朝历代的伟大神话，则是权势沟渠中长出的奇葩。权势愈炽，神话愈神。然而再绚丽的神话，终为时间和阳光所击穿。

　　天启七年，明熹宗死。继位的明思宗（崇祯皇帝）以迅雷不及掩耳之势，严惩魏忠贤与"阉党"，伟大的神话就此破灭。魏忠贤还其本来面目。这场个人崇拜的闹剧，犹如一场纷纷扬扬大雪堆积的雪块，最终化溪而去，流入历史的沟壑而一去不返。

　　"当上帝要某人灭亡的时候，往往先令其有炙手可热的权势"，历史再一次作了这样冷峻而又诙谐的演绎。

256

人类良心马克思

　　有些人，是人类的智慧和心智，如亚里士多德如老子。有些人，是人类的圣哲，如耶稣如孔子。有些人，则是人类的良心，如马克思如恩格斯。

　　马克思，是体现了人类良心的知识分子的典范。一次在一个学术讲座上，当有人问及怎样"感受"马克思时，我说了这样的话。

　　65 岁，短暂一生，马克思与恩格斯留下了 49 卷《马克思恩格斯全集》。他写作的中心，简单说，就是为"弱势群体"呐喊和代言。正如恩格斯在马克思墓前的讲话中说的："他毕生的真正使命，就是以这种或那种方式参加推翻资本主义社会及其所建立的国家设施的事业，参加现代无产阶级的解放事业"。

　　1848 年 2 月，人类思想史上发生一件惊天动地的大事，这就是《共产党宣言》的问世。小本子，大风暴，它一下子掀动了整个世界。它成为公认的 15 种对人类社会影响最大的文献之一。在《宣言》中，马恩把人类关怀的深切目光，投向工人阶级苦难深重的命运，以"社会公正"的目光，丈量整个现实世界。读这本小册子，我们会为其中关注人类苦难、拯万民于水火的那种胸怀所打动。

写这本《宣言》的时候,马克思 29 岁,恩格斯 27 岁。这个年龄,我们在做什么?可能正忙碌于硕士论文答辩,或为写博士论文找资料、做提纲,也可能毕业后正在为找工作到处投简历、赶招聘会吧。

当民众陷于深重苦难的时候,如果有人拍案而起,仗义执言,那是一个时代的幸甚,马克思担当起了这样的使命。

马克思主义的伟大,不在于它具体的词句、论断在多大程度上能适用于当前和将来的社会,而在于它有着一种追寻人类正义和光明的普遍精神。

马克思一生,历遭当时政府的迫害,颠沛流离。他一生更没摆脱过贫困,靠恩格斯的帮助才减轻少许。他 4 个女儿童年夭折,一个女儿死后,甚至买不起一口棺材。马克思在研究货币理论时,在给恩格斯的一封信中说:"未必有人会在这样缺货币的情况下写关于货币的文章。"

《资本论》第一卷出版后,一次马克思对他二女婿保尔·拉法格说:"《资本论》甚至将不够偿付写作吸雪茄烟的钱。"马克思说:"我在为争取 8 小时工作制而斗争,可是我们自己的工作时间却往往两倍于此。"

他的《资本论》,是学问,也是良心。马克思 50 岁生日时曾感叹说:"苦干半个世纪了,可还是一个穷叫化子。"在《马克思恩格斯全集》第 13 卷第 10 页中,马克思有这样的自白:"使我能够支配时间特别受到限制的,是谋生的迫切需要。"这指的是当时他不得不暂停《政治经济学批判》一书的写作,而为美国进步报纸《纽约每日论坛报》撰稿,以获得一些稿费来支付日用开销。

恩格斯为资助马克思作出了长期的无私奉献。恩格斯自己也是一个十分关怀劳苦大众命运的人。当年他在英国工业中心曼彻斯特居住时，深入工人区，细心观察那里工人的生活状况。《英国工人阶级的状况》一书，就是他根据亲身观察写成的。恩格斯说："我抛弃了社交活动和宴会，抛弃了资产阶级的葡萄牙红葡萄酒和香槟酒，把自己的空闲时间几乎都用来和普通的工人交往；对此我感到高兴和骄傲。"

尽管生活窘迫，马克思却是一个充满生活光彩的人。他诙谐、幽默，性格坦诚直率，喜欢说俏皮话。当他丢开书本和稿件，星期天傍晚与朋友们聚会的时候，他会很俏皮，喜欢作"机敏的答辩"。他的黑眼睛在浓密的眉毛下"快活地嘲弄地闪动"。马克思也是慈祥宽厚的父亲。他常说"孩子们必须教育他们的父母"。对他女儿来说，他更像一个伙伴，她们不叫他"父亲"而叫他"摩尔"——由于马克思黑色的面孔和乌黑的头发、胡须，他子女给他取的绰号。

马克思的学问有多大？与马克思同时代的哲学家、政论家蒙塞·赫斯，一次在写给他的朋友奥艾尔巴赫的信中曾作过一个评价："请你想一下，即使把卢梭、伏尔泰、霍尔巴赫、莱辛、海涅和黑格尔结合成为一个人，我着重说一下，是结合，而不是混杂在一堆，那么，你面前就会出现马克思博士。"

马克思的学问横无际涯、恣肆汪洋。恩格斯曾这样评论马克思的思想和学问："马克思在他所研究的每一个领域，甚至在数学领域，都有独到的发现，这样的领域是很多的，而且其中任何一个领域他都不是浅尝辄止。"他还说："在我们这个模仿者的时代，有独创见解的思想家实在太少了；因此，如果有这样一个人，他不仅是有独创见解的思想家，而且在他自己的领域里具有无比渊博的学识，那他就应当加倍地受到赞许。"

而马克思不慕虚华、摒弃一切名利的生活哲学，更令人景仰和沉思。正如德国社会活动家李卜克内西说的："他讨厌声望，追求声望的行径更使他愤怒。"1877年11月10日马克思在写给威廉·布洛斯的信中说："我们两人都把声望看得一钱不值。举一个例子就可证明：由于厌恶一切个人迷信，在国际存在的时候，我从来都不让公布那许许多多来自各国的、使我厌烦的歌功颂德的东西；我甚至从来也不予答复，偶尔答复，也只是加以斥责。恩格斯和我最初参加共产主义秘密团体时的必要条件是：摒弃章程中一切助长迷信权威的东西。"

"旷古人间两巨贤，才如天海学无渊"，人们这样称颂马恩两人。马克思之伟大，不仅在于他有精湛广博的学问，也不仅在于他有深邃的思想，更在于他以如炬目光，给了这世界一袭光明，他以激扬人类正义的满腔热忱，给了这世界一份温暖——一句话，他是这个世界的良心。

大师如虹，不是如草

19世纪中叶的狄更斯，在他的《双城记》开头写了这样一段话："这是最好的时代，这是最坏的时代；这是智慧的时代，这是愚蠢的时代；这是信仰的时期，这是怀疑的时期；这是光明的季节，这是黑暗的季节；这是希望之春，这是失望之冬……"

套用狄更斯这语式，今天也许可以说：这是大师难觅的时代，这是大师辈出的时代；这是大师沉寂的时代，这是大师喊叫的时代——我们正处在这样十分有趣的情景当中：一方面，人们难以望见大师的背影；另一方面，马路上、媒体中、书籍里，却充斥着多多"大师"和有着"大师"作派的人。

前几日，同学相聚喝茶聊天，说起现在社会日益发烧的"大师病"。一些人很是热衷让人称自己为"大师"。对于社会上的滥词褒词劲风，急于当大师的人非常同意，不仅欣然接纳，还时常主动向公众和媒体提词。时间一长，"大师"作派上来了，口气大，浪头大，脾气更大。凡此种种，大家不仅相视而笑。

最近，有了这样一种关于"大师"的解释："比'大'字等级更高的是'老'字，一个人先成'大人'才能成为'老人'，那么，既然我已经做了大半辈子的'老师'，那就后退一步叫

'大师'也可以吧。"这种解释很经典，很让人长见识。以此来看，大象是老象的"后退一步"，大半辈子的"老鼠"，退一步可叫"大鼠"（《诗经》谓之"硕鼠"）。原来，所谓大师也者，是可以如此产生的！

当教授、博导、专家之类等已泛滥成泥时，"大师"就成了新一轮沽名钓誉的桂冠目标了。可真正的大师，它不是名号，不是职称，也不是什么"工作室"。大师是人们的一种估量，一种内心的认同。大师的地位，不是靠命名的，不是靠授予的。是不是大师，要靠社会和时间来说话。如果通过什么挂牌子的方式，让学生追捧的方式，媒体吹捧的方式或自我鼓吹的方式，来炮制什么"大师"，那一定是伪大师。

大师不仅是学术的标杆，更是社会的良心，是思想的灯塔。大师的心境，是光明磊落的，不能是龌龊的、小人品性的。这是大师的道德底线。

"后退一步"，且不说大师的道德文章、学术建树和大师对社会的贡献，就我们所知道的大师来说，他们包容性强，泱泱心胸，不以物喜，不以己悲，就高人几筹。大师之"大"，首先是心胸大、学问大，而不是脾气大、口气大、浪头大。反对自己的意见，即使是错误的、误解的，也听得进去，这叫虚怀若谷。

所以，凡为大师，他们是平心静气的，是潜心学问的。大师虽不能完全无关乎名利，但决不至于汲汲于名利场而难以自拔。还有一点是肯定的，那就是真正的大师，是从来不至于会自诩什么"大师"的。亚里士多德说过："一个人以自己为重大，但这种估价与实际不符，就是虚夸。"

今天，见到大师们穿梭于社会的忙碌身影，不由得想起《韩非子·五蠹》中"士民纵恣于内，言谈者为势于外"，人们"悦其辩而不求其当"的话。大师是一个社会的稀缺资源。在任何时候，江湖大师纵恣多了，对一个社会绝非好事。

总之，大师如虹，不是如草。

上帝微微一笑

托尔斯泰曾这样评价美国前总统林肯："他的地位，相当于音乐中的贝多芬，诗歌中的但丁，绘画中的拉斐尔和人生哲学中的基督。但如果他不当总统，他的伟大，恐怕只有上帝才知道。"

托尔斯泰认为林肯属于"第一层级"的人杰。意思是，正因为林肯当了总统，人们才了解了他的品性才华。如果他不当总统，那太可惜了，就鲜为人知了，只有上帝知道了。托尔斯泰的这个评价，是中肯的。

可是，如果林肯不当总统，太阳照常升起，地球自转公转都不受影响，肯德基还是肯德基，三明治还是三明治。无非美国的总统序列中换一个名字罢了。"只有上帝知道"，又怎样？

上帝虽然不会嫉妒林肯的伟大才干，但不会为他没当总统颁发慰问金。

所谓"何世无奇才，遗之在草泽"，芸芸众生中，很多大贤大才并没站到人类公共事务的前台，上帝是知道的。但上帝只是微微一笑。

这不，上帝又笑了。彩云是上帝的笑容。

精英和精英意识

　　精英是一种客观存在。精英包括社会上相对于最一般大众的具有影响力的阶层。大体上如阿伦说的：提到精英，我们指少数人，他们在每一活动领域里都获得了成功。这里说的精英主要是指知识精英。

　　人类的任何政治，都是精英政治；人类任何政府模式，都是精英治理。经典的精英民主理论的一个核心是，在一个社会中，由少数人作出最重要的决策。这种理论的源头，可上溯到古希腊的柏拉图，但这一理论的现代阐发，则是意大利的两位重要政治社会学家维尔弗雷多·帕累托和盖坦诺·莫斯卡。

　　帕累托强调"精英"与"非精英"之间的区别。一方面，一个精英阶层可以由另一个精英阶层所取代；另一方面，个人在高层精英和低层非精英两个层面对流。莫斯卡的精英思想与帕累托没太大区别，认为在一切社会——从很不发达的文明黎明时代的社会，到最先进、最强大的社会，都存在两个阶级——一个是统治阶级，一个是被统治阶级。莫斯卡不太喜欢用"精英"这个术语，他更喜欢用诸如政治阶级、统治阶级和管理阶级这些术语。

　　中国近代思想家梁启超说："历史者英雄之舞台也，舍英雄

265

几无历史"。他认为，大人物"心理之动进稍易其轨，而全部历史可以改观"。英国思想家 T. 卡莱尔认为：全世界的历史"实际上都是降生到这个世界上来的伟大人物的思想外在的、物质的灵魂"。这种观念，在德国哲学中有着深厚的思想基础。19 世纪德国青年黑格尔派中一些人，把具有"批判的头脑"的个人看作历史的创造者。如 B. 鲍威尔认为："批判"是绝对精神，改造社会的事业出于"批判的大脑活动"。

黑格尔虽然认为，历史不是个人随心所欲的结果，而是由某种客观精神决定的，但他同时强调：伟大人物是"世界精神"的代理人。他称拿破仑为"骑在马背上的世界精神"。

20 世纪人类政治理论舞台上，"参与民主论"与"精英民主论"一直在演着对手戏。参与民主理论认为，精英政治存在着一些自身难以克服的重大缺陷和危机。显然简单化的精英决定论，是不能客观描述历史发展的。这里不赘述。但问题的另一面是，精英的意识和理念，是历史前行的发动机，任何政治都由精英主导，这也是一个不争的基本历史事实。

人民创造历史，但是他们的力量和智慧总是集中在他们代表者的活动中，并在领袖人物的领导下从事历史创造活动。具有讽刺意味的是，为米歇尔斯提供"寡头铁律"素材的，正是欧洲社会民主党的组织结构。由于组织规模以及任务与目标的复杂程度，在这样的民主组织中，最终还是产生了精英统治。

正如对精英的历史作用过于放大是一种极端一样，对精英作用的漠视和否定，同样是极端的。事实上，任何关于精英的理论，都面临着两个相关问题：首先，它必须给出少数对多数运用支配权的正当理由，说明为什么这些少数更适合于从事治理和统治；其次，它必须设计出一种区分精英与民众的方法。需要某种将一些人包括进去和将另一些人排除在外的标准。由于标准不同，精英的类型也就不同。

无论怎样，精英是客观的，它是一种社会存在，是社会的要津。所以不管用什么"标准"，对于精英总体上的认知，人们大体是同构的、一致的。历史上有很多"知名的"精英，事实上都合乎两个以上的不同标准。

正视精英比漠视精英更合乎历史的逻辑，但更重要的，是要看到精英背后的精神特质。经验表明，各社会中的精英，总是以"精英文化"为其特征的。那么什么是"精英文化"的主要构成？有没有一些主导性的特质作为"精英文化"的主要构成呢？

"精英文化"的特质，大体可以归纳为：

其一，"忧患意识"。忧患是精英群体的天然品质，没有忧患的精英，不是真正的精英。所谓忧患意识，是对社会、对民众、对生存有一种深沉的忧虑之心和苦难意识。这种"忧患意识"，范仲淹在《岳阳楼记》中表达得比较清楚："居庙堂之高则忧其民；处江湖之远则忧其君。是进亦忧，退亦忧。然则何时而乐耶？其必曰'先天下之忧而忧，后天下之乐而乐'"。

其二，"标杆意识"。严格说来，精英是用来提供社会模仿的。精英总是走在社会的前面，是一个社会、一个民族的表率。如果精英弄虚作假、浮夸沉沦、贪污腐败，一个社会就没有希望。正如德国哲学家费希特说的："如果出类拔萃的人都腐化了，那还到哪里去寻找道德善良呢？"南怀瑾先生认为：一个受过教育的知识分子，"仁"就是他的责任。"要挑起这样重的担子，走这样远的路，就必须要养成伟大的胸襟、恢宏的气魄和真正的决

267

心、果敢的决断、深远的眼光，以及正确的见解"。

其三，"良心意识"。萨特说：一位原子能科学家在研究原子物理时不是个知识分子，但是，当他在反对核武器的抗议信上签名时就是个知识分子。精英是洞察社会幽微的先知，是维护社会公平正义的力量。精英是一个社会的心智。在民族存亡之际，精英会出来担当"国家兴亡、匹夫有责"的历史重任；在民众沉浮麻醉之际，精英会"我以我血荐轩辕"；在和平发展时期，精英是时代精神的养护者。所以，精英不在于有没有伟大的创造和成功，而在于有没有平衡社会、呼唤和维护社会正义的"正义心"。他们应当是一个社会的良心。

其四，"参与意识"。孔子在《论语》中说："士而怀居，不足为士矣！"一个人只为个人生活打算，求田问舍、为稻粱谋，为一官半职奔忙、为教授副教授院士抗尘走俗，就不是真正的"士"。知识也是一种权力、一种支配力量。精英由于掌握有知识，有着天然的参政议政、主导舆论和民众情志的力量。盛唐气象中，知识分子群体就是一个非常透亮、健康的形象，他们不仅是社会的心智，更是盛唐的"正义心"所在。在那样一个不愁吃喝的社会里，他们关注民生，不仅吟风咏月，更为民众呼风唤雨、表达疾苦。

第十一章

政治如溪流

"不齐"的精妙

袁采，宋孝宗隆兴元年（1163年）进士，为人处世清明雅正。著有《袁氏世范》一书，在家庭教育方面很有影响。他在书的"睦亲"中，说到人"所禀"的差异："人之性……所禀自是不同。父必欲子之性合于己，子之性未必然；兄必欲弟之性合于己，弟之性未必然……"

那么这样的"差异"，当如何呢？

袁采说："若互欲同于己，必致于争论。争论不胜，至于再三，至于十数，则不和之情自兹而启，或至于终身失欢。若悉悟之此理，为父兄者，通情于子弟，而不责子弟之同于己；为子弟者，仰承于父兄，而不望史惟己之听；则处事之际，必相和协，无乖争之患……"

袁采认为，无论父子兄弟，应允许他人有不同的思想和行为方式。世间许多矛盾，不是是非之争，是不懂"不齐"之争。人总喜欢以己律人，巴不得世界按自己意志来运行。

这是袁采的"和谐论"。尊重人禀性之"不齐"，才能"无乖争"、"相和协"。

亚里士多德在谈到"城邦"的多样性时曾说："一个城邦，

271

执意趋向划一而达到某种程度时，将不再成为一个城邦……实际上已经变为一个劣等而失去本来意义的城邦：这就像在音乐上和声夷落而成单调，节奏压平到只剩单拍了"。这是他针对柏拉图说的话。柏拉图主张凡事要搞"划一"——人类的"划一"情结，是有着非常悠久传统的。今天不是还有人什么事情特别喜欢搞"执意趋向划一"么？

《孟子·滕文公》说："物之不齐，物之情也。""不齐"，正是上帝创造万物的奥妙。路边的冬青，可以整齐划一；用来检阅的仪仗队，应该整齐划一。但是偌大世界，如果"执意趋向划一"，流水线标准作业一般，这个世界不完蛋才怪，至少很不好玩，就成了亚里士多德批评的"劣等而失去本来意义的城邦"了。

想到惠施任相

战国时政治家、思想家，名家代表人物惠施是很有名的人物，《庄子·天下》说"惠施多方，其书五车"。有一年，魏国宰相死了，魏王急召惠施。惠施日夜兼程，去魏都大梁接任宰相职务。途中一条大河挡住去路，惠施心急火燎过河，不小心掉入河中。一个船家赶来，将惠施从水中救起。他问惠施：为何这般急着过河？惠施说，时间紧迫，自己要赶去魏国做宰相。

那船家听了，觉得十分可笑。他很不屑地对惠施说："看你刚才落水的样子，可怜巴巴地直喊救命。如果不是我赶来命都不保。像你这样连凫水都不会的人，能做宰相吗？真是太可笑了！"

惠施对船家说："要说划船凫水，我确实比不上你。可是要论治理国家，谋划社会安康，你同我比起来大概只能算个连眼睛都没睁开的小狗"，惠施问那船家："凫水岂能同治国相提并论？"

这里，惠施提出了一个非常重要的问题，即如何看待治国理政。惠施说了一个既浅显又深切的道理：治国理政是需要专门学问的行当，划船再行，凫水再好，也并不等同于治国理政。

真正要治理好一个国家，是需要专门知识的。治国不是玩家家。古往今来，很多人都认识到这一点。列宁曾有个著名论断："政治是一种科学，是一种艺术"，思想家悉尼·胡克也强调治国是"一种科学和艺术"。17世纪近代自然法与社会契约论者霍布斯认为："大自然"是上帝用以创造和治理世界的艺术……国家这个"'利维坦'是用艺术造成的……"

事实上，"共商国是"涉及大量政治的、伦理的、法理的、程序的、民族、宗教的、地域政治等专门知识，哪能随心所欲"客串"？它不仅担当着重要的公共责任，更涉及众多领域特别是大量政治与行政的专门知识。

中国人大制度是一种代议制。代议制在不同国家有不同的政体方式，但不管哪种样式，它的运行质量，一定取决于代议者参与国是的素质和能力。

拿前面惠施与那船家的事来说，船家撑船技能再好，凫水本领再大，也并不代表有能力理政。即便是后来那船家因为以"勇救落水者"的"先进事迹"，当上了人大代表或政协委员什么的，也并不表明"天然"就有了参与国事的能力，必须有个实际能力上的转换和提高。一个人并不是从摄影棚卸了妆，从田头放下锄头，从球场换上了衣服，进了大会堂，就天然具备了"国是"能力。

新任政协委员莫言在两会上对记者说："我是新委员，政治素质一向比较低，我也为自己当政协委员捏了一把汗"，"我觉得世界上最痛苦的事是开会，现在头昏脑涨。冯骥才说他当了30年政协委员，开了30年会，对此我'深表痛心'。"他还说："哗众取宠的雷人提案，一天可以写好几个，真正有价值、有实际意义的，确实要下功夫……"

274

近年有不少"雷人提案"，成为公众茶余饭后的笑话。应当有专门的培训机制，来解决这一问题。而深层次的问题，是人大代表、政协委员如何从"荣誉制"走向"职能制"。

孔子的治政机理

闲读《史记》，到孔子世家第十七。"孔子之去鲁凡十四岁而反乎鲁"一节，有诸人向孔子"问政"等内容。那时的国君们似乎还比较虚心，动不动向士人贤达求教治政，态度诚恳得很，尽管采不采纳他们意见、照不照他们意见去做是另一回事。鲁定公十四年（公元前496年），孔子离开鲁国，周游列国，推行仁政。鲁哀公十一年（公元前484年），孔子返回鲁国，风风雨雨，前后流浪了约14个年头。这一段写：

鲁哀公问政，对曰："政在选臣。"季康子问政，曰："举直错诸枉，则枉者直。"康子患盗，孔子曰："苟子之不欲，虽赏之不窃。"然鲁终不能用孔子，孔子亦不求仕。

鲁哀公是定公之子，公元前494年到公元前476年在位。鲁哀公向孔子求教，孔子回答他"政在选臣"，意思是要选出好的人。季康子是当时鲁国的执政大臣，他问政孔子，孔子对他说："举直错诸枉，则枉者直"，意思是，将正直的人提拔在邪曲人之上，邪曲人也会正直起来。季康子苦于盗贼太多，孔子对他说："假如在上位的你们不贪求，即使你奖赏偷盗，人们也不会去搞偷盗。"

在《论语·为政》中，季康子问政的内容，是鲁哀公问政的内容，并且是从人民"服从不服从"的角度说的："哀公问曰：'何为则民服？'孔子对曰：'举直错诸枉，则民服；举枉错诸直，则民不服。'"说的意思，与《史记》记载稍近，即将正直的人提拔在邪曲人之上，人民就会服从；如果提拔邪曲人放在正直的人上面，人民就不会服从。

《史记·孔子世家》记载，这之前，孔子在鲁国，齐景公向孔子"问政"时，孔子回答他说："君君，臣臣，父父，子子。"这话记载在《论语·颜渊》中。后来景公又向孔子请教为政之道，孔子回答："政在节财。"

《史记》《论语》里"问政"内容，比较直接地反映了孔子对治政的基本看法。在公元前人类的"轴心时代"（Axial Age），很多思想家都提出过"理想政治"的假设，如柏拉图提出"理想的"国家治理模式是，"哲学家成为国王"或"国王成为哲学家"。这一思想的本质是倡导公权力与知识融合，倡导领导者群体知识化。现实世界太需要阳光了，故思想家们的理想主义，永远是我们头顶一束耀眼又温暖的光芒。

那么孔子对问政者给出的答案，是怎样的含义呢？

简单总结一下，孔子的治政机理，大体是这样几方面：

其一，"政在选臣"。为政最重要的是选好大臣。这个"选"字，今天不妨从两方面理解：一是"选任"，既以人或组织等为主导者来选人；二是"选举"，既民众作为主导者，以投票方式对谁来担当治理人作出选择——这一点虽不是孔子原意，但合乎以发展观点看待孔子言论，也合乎孔子对政治见解的本质精神。

其二，"举直错诸枉"。"举直错诸枉，则民服；举枉错诸直，则民不服"。即正直必须在邪曲之上，如果一个社会邪恶成了主导，那是极可怕的。孔子之所以这样说，是因为在实际生活中，在人类历史上，"举枉错诸直"、劣胜优汰从而"民不服"的故事太多了。"枉"者们把政治弄得很糟，但自我感觉还好得不行。

其三，"苟子不欲，虽赏不窃"。只有自身过硬，政治才清明，坏蛋也会变好。自身腐败不堪，嘴里还全是伟大说辞，只会导致伪善横行无阻，好人也会变成坏蛋。孔子认为，一个社会的风气与统治者的"欲"成正比，自己贪欲越多，社会风气越坏。事实上正是这样，一个社会好话多得不行，恶事多得不行——就像"绿色"、"环保"的农产品颜色好看得不行，硫磺含量高得不行，大米被抛光亮眼得不行，剧毒高得不行一样。这样的落差，是最有讽刺意味的。

其四，"君臣父子"。国君要像国君的模样，臣子要像臣子的模样，父亲要像父亲的模样，儿子要像儿子的模样即人应当按社会规范，扮演好各自的社会角色。社会角色（social role）是与人们某种社会地位、身份相一致的一套权利、义务的规范和行为模式，社会角色也是人们对社会中具有不同身份的人的行为期望，它是构成社会群体或组织的基础。美国社会学家、符号互动论者、"拟剧论"学者欧文·戈夫曼（Erving Goffman）把"角色"定义为"个体在一个特定地位中作出的典型反应"。美国人类学家R.林顿区分了"角色"与"地位"的不同，认为当地位所代表的权利与义务发生效果时，即为角色扮演。

"社会角色"是由社会文化塑造的，人们的"角色表演"是根据社会规范规定的"剧本"进行的。孔子的"君臣父子"理论，要解决的就是人们如何担当好各自的社会角色、各就其位，形成良好社会秩序的问题。在《中庸》中，这个道理阐发为："在上位，不陵下；在下位，不援上。正己而不求于人，则无怨。上不怨天，下不尤人。"即处在上面的，不欺凌下面的人；处在下面的人，不攀附上面的。只求端正自己而不去求取他人，就没什么怨恨。不抱怨命运，不责备他人。

其五，"政在节财"。为政不能滥用民力、滥施政力，要节约开支，杜绝浪费。不能大搞劳民伤财的政绩表演和华而不实的宏大叙事。在孔子眼中，好的政治，是节约型、低成本的政治。至于贪官污吏侵吞民脂民膏，更是"节财"的大敌。今天我们提出建设"节约型社会"，在苍茫古远的那个时代，孔子就提出"政在节财"这样重要的理念，看来，"政在节财"是一个贯通古今的历史性命题。孔子这一思想，也是今天倡导节约型社会、低成本政治和政府绩效评估理论的滥觞。

政治美学的三维空间

　　在文明进程中，人类对"美"的追寻和创造，不仅只在艺术领域，它已不断扩展到文化、社会与公共生活等各领域。列宁曾提出过一个著名的论断："政治是一种科学，是一种艺术"。政治思想家、哲学家胡克也指出：政治是"一种科学和艺术"。17世纪著名思想家霍布斯论述说：大自然的艺术为人类所模仿，国家这个"庞然大物'利维坦'是用艺术造成的"。

　　如果说，现代社会政治和行政过程的"公共理性"，是诉诸人们"理性世界"的话；那么，政治和行政过程的政治美学则诉诸人们的"情感世界"。遗憾的是，无论在政治科学、政治哲学还是在管理科学中，对政治美学、执政美学设计、行政美学设计等，目前都无深层面的涉及和研讨。它至今还是一个有待拓展的空白。而事实上，政治和行政过程中的政治美学，有这样三个基本的技术维度。

规则与秩序

　　政治审美是人的感觉与对象形式的适应性，是人与社会环境、人性与政治特性的统一，人与社会环境之间"这种关系的规定性造成了一种特殊的、现实的肯定方式"（马克思语）。在现代社会，良好的执政过程必然是"有序"过程。这种"有序"过程所表达的境界，不是粗糙的、杂乱的、非技术化的，而是规则的、秩序的，同时也是云淡风轻、春风拂面的。

密尔曾把"秩序"解说为"保持已经存在的一切种类和数量的好处"，同时指出："'秩序'的条件，在现在表明的意义上，和'进步'的条件，不是对立的而是同一的。"今天，政党执政所涉及的国家制度、行政体制、管理作业、管理结构、科程式样等，事实上都有着比例、协调、合理的内在要求。作为一种规则化的"有序"过程，政治系统必然要由一整套健全的政治规则来调节和控制；政党的制度化、法治化、规整化程度高。由此，政治规则在公共生活中，划分着"正义"与"非正义"、"道德"与"非道德"、"可行"与"不可行"的明确边界。

政治和行政过程的制度化、法治化、规整化程度高，其管理和运行不是杂乱无章的、随心所欲的、不可预见的，而是严格受既定政治规则的制约。也就是说，公共权威之"水"，始终只能在政治规则之"渠"中，才能潺潺流淌、长流不息。在执政层级，"理性化"的秩序和规则，使执政目标、执政结果与执政绩效，成为"可预期"的。

透明与简约

"透明度"不仅是现代民主政治的一种特征，也是现代政治美学的一种观照。在经验意识中，"透明"常常是"清明""开明""光明"的直观诠释。透明的公共政治，总是比人类以往所经历的浑浊的、有神密化倾向的政治形态，更具情感上的审美意蕴。

公共政治在本来意义上，具有"公共"的、"大众"的属性（只有个人事务才具有"私密性"），它与社会大众休戚相关，最具有公开性、透明度特征，而知晓公共事务，恰恰又是现代公民最基本的权利。列宁曾指出："没有公开性而谈民主制是很可笑的"；世界银行首席经济学家、2001 年诺贝尔经济学奖获得者约瑟夫·斯蒂格利茨更认为："'公开'是公共治理的核心问题"。处于现代化追赶目标压力下的发展中国家。其执政和行政过程比较容易出现的现象，是"政治芜杂"和"政治欠透明"。

"政治芜杂"是因为，"执政"与"行政"的界面不清，"政府"与"社会"的界面不清，政府"行政"有着越出政府职能权限的边界，而过多地干预社会和市场的偏好。"政治欠透明"是因为规则化程度低，"法治"程度低，"威权"指数高，政治心理和行政文化经不起"透明"的考验。今天，公共执政和国家公共事务作业过程的公开情况和公民政治参与率等，已成为检验政治和行政过程、检验公共管理"透明度"的主要指数。

与此相关的，是执政"简约化"目标。所谓"善政必简"，历史经验表明，无论是国家层面还是地方层面，政治过程和公共管理的芜杂，总是与紊乱、无序、非制度化状态，甚至各种腐败、各种病灶相关联，也常常与"掌舵"不力，却热衷于"划桨"的错位有关。其实，"文明生活只需几条总的法则，这些法则普遍适用"（潘恩语），良好的公共政治和公共管理，应该是这些"简单法则"的演绎。政党执政下的国家政治和行政管理，应该是一定目标下所必需的"规定"动作，没有"政府意志"的超强度张扬，没有不必要的庞杂、扩张和折腾。可简化的都简化了，可裁剪的都裁剪了，既锐意进取，又"无为而治"（non-activity, non-regulations），这必然使执政的政治外相，在整体上显现一种应有的素朴、简约之美。

艺术与圆融

政治审美是一个多元素、多层次的信息运行和反馈过程。对于一个政治系统的"输入—输出"而言，无论是执政层面还是行政层面，都不仅应该是一种"技术"过程，同时也应该是一种"艺术"过程。那种把国家政治定格为线型的、刚性的看法并以此予以操作的做法，都是十分简单化和机械的。

人类社会越是向前发展，对公共管理科学性、艺术性的要求和期待越高。正如17世纪另一名重要思想家哈林顿所指出的："根据法律或古代经纶之道来给政府下定义，它便是一种艺术。通过这种艺术，人类的世俗社会才能在共同的权利或共同利益的基础上组织起来，并且得到保存。"当然，这种"政治艺术"所涉及的，是比一般艺术品更为复杂的"社会艺术品"。

事实上，政党执政领域具有技术性和非技术性的双重性。技术性一面可以通过程序化、规范化的方式解决，而非技术性一面，则需通过"智慧"化的"艺术方式"解决。政治管理的运作、控制与调控，管理过程的领导、决策、输入与输出，执政设计与行政实施、政党政策的制定和推出，都应讲究圆融和技巧；讲究时机和强度；讲究协调和策略；讲究"均势"和"中庸"（在古希腊时代，亚里士多德就倡导"中庸"政治，通过"均势""中庸"来保持社会的和谐与稳定，避免政治偏激而导致社会不稳定）；讲究"民族性"和"社会心理"的控制与调适；讲究信息的对称性、结构的完整性、编程的严密性；讲究进程的节奏快慢、律动强弱和目标取向之轻重缓急。

马克思认为："按照美的规律来建造"是人类生产活动区别于动物生产的本质特点之一。这一原理，同样适合于"政治建筑"。提升执政的美学层次，让政治和行政过程在"正义"的基础上发散美感，增加亲和力、向心力，提升公民政治参与和对国家政治过程的情感因素，这对加快科学发展和进一步提高执政绩效，意义是不言而喻的。

良性的政治，可能吗？回答是，如果科学建筑，是可能的。

孙先生的伟大构想

100年前，辛亥革命风卷残云，掀翻延承几千年的封建帝制，100年后，我们在杭州西溪湿地旁的浙江社会主义学院新落成的楼宇里，回眸这场风起云涌的伟大革命。《易·革卦》说"汤武革命，顺乎天而应乎人"，辛亥革命有这样的气势，有这样的正义性。如果说辛亥革命是一座伟大里程碑，孙中山就是这一历史时刻的伟大镌刻者。

尽管"无数头颅无数血，可怜购得假共和"，但辛亥精神彪炳史册、景行行止。应邀参加浙江省"纪念辛亥革命100周年学术研讨会"，由浙江省政治学会、浙江省社会主义学院参政党建设研究中心、《浙江社会科学》编辑部、民革浙江省委孙中山研究学会主办，各路专家学者云集。行前草草弄了个发言提纲，题目是"治国理政的宪治逻辑：孙中山政治设计的几点启示"，管见发微，以纪念辛亥风云中的孙先生及革命先贤们。

孙中山是揭开中国现代历史的划时代巨人之一，是极有建树的思想家和理论家，列宁誉为"是真正伟大的人民的真正伟大的思想家"。孙先生的学说，博大而驳杂，在政治、经济、军事、文化、外交、教育、宗教、伦理、心理学、认识论、文学以及民族、自然观、认识论、辩证法、历史进化论等诸多方面，他都卓有建树。

鸦片战争后，林则徐、洪秀全、康有为、梁启超、谭嗣同等人愤然而起，投身于拯救民族危亡的斗争，孙中山是其中最杰出的一个。他倡言并推行宪政，为此纵横捭阖，擘画一生。毛泽东评价孙中山说："他全心全意地为了改造中国而耗费了毕生的精力，真是鞠躬尽瘁，死而后已。"

作为建设型政治家，孙中山着眼于从政制架构上确立民主政治，对中国如何建立符合时代发展潮流，又不失中华民族本土特色的民主政治作了长期探索。辛亥革命后，孙中山博采17—18世纪启蒙思想家的学说，又掺入中国历史文化，形成富有创见的政治学说和治国理政的思想路径，形成以"三民主义""民主程序""五权宪法""直接民权""权能理论"为核心的宪政图式。

一、实施民主政治程序的总体设计

1924年，孙中山拟定《国民政府建国大纲》，提出民主政治程序的总体构想。他提出，中国推行民主政治，须分三步走：第一步当先实行军法之治，为"军政"时期。其威权统治是实施民主政治必不可少的第一步骤，时间3年。

实施民主政治第二步，是训练人民使用民主权利，即为"训政"时期，"施行约法（非现行者），建设地方自治，促进民权发达"。"约法之治"以县为自治单位，中央与地方采用均权制划分权限，时间6年。凡完成了自治县条件的省，即可结束训政。

第三步，按国民大会制定的宪法实行统治时期，为"宪政"时期。"此时一县之自治团体，当实行直接民权。人民对于本县之政治，当有普通选举之权、创制之权、复决之权、罢官之权，而对于一国政治除选举权之外，其余之同等权则付托国民大会之代表以行之。此宪政时期，即建设告竣之时，而革命收功之日。"

二、"五权宪法"设计

这是孙中山政治设计的灵魂。孙先生在考察研究"各国政治得失源流"后得出结论说："兄弟历观各国的宪法，有文宪法是美国最好，无文宪法是英国最好。"但是"英是不能学的，美是不必学的……要创一种新主义，叫做'五权分立'"。

他认为一国政权分作五部分，而不是三部分的宪法，将是世界上最好的宪法。"五权宪法，分立法、司法、行政、弹劾、考试五权，各个独立。"孙中山认为：政治里有两个力量，一是自由的力量，即离心力；一是维持秩序的力量，即向心力。"自由太过，则成为无政府；秩序太过，则成为专制。数千年底政治变更，不外乎这两个力量的冲动。"五权宪法便是调节自由和"专制"，使其保持"两力平均"。

关于弹劾和考试制，孙中山指出：中国古代的监察和考试制度都"是很好的制度"。"考试本是中国一个很好的制度，亦是很严重底一件事，从前各省举行考试底时候，将门都关上，认真得很，关节通不来……但是到后来，也就有些不好起来了。说到弹劾，有专管弹劾底官，如台谏、御史之类，虽君主有过，亦可冒死直谏，风骨凛然"，值得借鉴和继承。

三、"直接民权"设计

孙中山广泛考察了各国政治制度，得出了民权政治在西方并

287

没得到充分实行的结论。孙中山认为西方的"代议政体"有很大的弊端，代议士一旦获得其所需要的任职资格后，"则悍然违背人民之意思以行事，而人民亦莫之如何"。"现在的代议士，都变成了'猪仔议员'……不过传到中国，流弊更是不堪问罢了"。

孙中山称他所主张的"民权"，与欧美不同。"直接民权"凡四种：一是选举权。这是"主权在民"关键一步，应将直接选举与间接选举结合起来，县以上官吏暂可间接选举产生。二是罢免权。"人民有了这个权，便有拉回来的力"。选举权和罢免权"这两个权是管理官吏的，人民有了这两个权，对于政府之中的一切官吏，一方面可以放出去，又一面可以调回来，来去都可以从人民的自由"。三是创制权。用人民直接立法的方式以弥补立法机构（由人民选举产生并代表人民立法）在立法上的不足。第四是复议权。"若是大家看到了从前的旧法律，以为很不利于人民的，便要有一种权，自己去修改，修改好了之后，便要政府去执行修改的新法律，废止从前的旧法律。关于这种权，叫做复决权。"

前两种权，是人民管理官吏的权力；后两种权，是人民直接管理法律和政府体制的权力。实际上是一种"纠偏"的补救措施。孙中山认为，"能够实行这四个权，才算是彻底的直接民权"。

四、"权能分立"设计

"五权宪法"确立了政府权力体制，"直接民权"确立了人民的四种直接权力。如何使这两种权力有良性运行？孙中山提出了著名的"权能分立"设计。

"权能分立"的阐述，发端于辛亥革命之后。在 1922 年发表

思想的郊外：知识、智慧与人性

的《中华民国建设之基础》一文中，孙中山阐释了这一设计的基本原则。晚年，孙中山在关于民权主义的演讲中，又有详尽阐述。

孙中山将国家权力分为"政权"、"治权"两部分。政权是驾驭政府的力量，此权属人民；治权即管理权，此权归政府。人民有"权"，政府有"能"。人民以手中之"权"操纵和管理政府，政府以"能"替人民办事。此为"权能分开"，即"政权"和"治权"分立。

这是从确保人民对国家绝对支配权这一根本理念出发的。一方面，人民必须拥有"四权"（选举、罢免、创制、复议权），以保持人民对国家权力的有效控制；另一方面，政府应拥有"五权"（司法、立法、行政、考试和监察权），以保持政府对国家事务运作。两者关系是，人民用四个"政权"去管政府的五个"治权"。

"像这样的分开，就是把政府当作机器，把人民当作工程师。人民对于政府的态度就好比是工程师对于机器一样。"孙中山这种政治设计的要旨在于，一是确保人民真正掌握对国家政权的支配权；二是在人民对国家权力完全控制的前提下，提高政府的工作效率，造就"高效率政府"。

几点评价和启示：

1. 在孙中山学说体系中，治国理论占有重要地位。其中关于"民主程序"的构想和安排、"五权宪法""权能分离"、《建国方略》等，是他治国思想的核心。在中共诞生前产生过许多进步思想家和理论家，然就思想和理论的深邃程度和触及领域范围，无人可与比肩。孙中山"在政治思想方面留给我们许多有益的东西"（毛泽东）。孙中山政治设计极有创造性，其政治图式的中心目标，是在中国推行宪政，政治设计属于经验主义范式。

2. "五权宪法"设计是孟德斯鸠"三权分立"宪政设计的延伸和中国化，要解决的是公共权力配置与平衡问题。孙中山是在民权主义的范围内谈分权的，与洛克、孟德斯鸠的分权学说有很大不同。"权能分立"设计，是他考察了瑞士与美国的实践经验而创制的，目的是为公民与政府的关系寻找合理张力和技术结构。这两种设计，解决了确保人民有权、提高政府效能这两个价值的统一。

3. 孙中山政治设计是对人类政治文化的改造性移植。它本身是一个完整的逻辑系统，是一种脚踏实地、技术性很强、战略点很高的"顶层设计"，具有很强的内在统一性和可操作性，虽然它某些方面带有理想主义的成分。

4. 孙中山政治图式的主流话语，是民权、宪政、全民政治。列宁曾对孙中山以宪政为核心的民主政治革命方略作过这样的评价：

"孙中山纲领的每一行都渗透着战斗的、真诚的民主主义。它充分认识到种族革命的不足，丝毫没有忽视政治自由或允许中国专制制度与中国社会改革、中国立宪改革等等并存的思想。这是带有共和制度的要求的完整的民主主义。"

5. 孙文学说，气象万千，辛亥革命，景行行止。对于孙先生治国理政的政治设计，我们要很好地学习、研究、借鉴。

290

所谓"周期率"

1945 年 7 月，黄炎培以国民参政会参政员身份访问延安。后来毛泽东在他的窑洞里，询问起黄炎培在延安所见所闻的感想。黄炎培说了一段后被广泛引说的话："我生六十多年，耳闻的不说，所亲眼看到的，真所谓'其兴也浡焉'，'其亡也忽焉'，一人，一家，一团体，一地方，乃至一国，不少不少单位都没有能跳出这周期率的支配力。……一部历史，'政怠宦成'的也有，'人亡政息'的也有，'求荣取辱'的也有。总之没有能跳出这周期率。中共诸君从过去到现在，我略略了解的了。就是希望找出一条新路，来跳出这周期率的支配。"

毛泽东对黄炎培说："我们已经找到新路，我们能跳出这周期率。这条新路，就是民主。只有让人民来监督政府，政府才不敢松懈。只有人民起来负责，才不会人亡政息。"

这里有一点不同，黄炎培认为中国历史中，尚无"能跳出这周期率"的例子，"总之没有能跳出这周期率"，所以"中共诸君……就是希望找出一条新路"，强调的是"希望找出"，毛泽东则表现得非常自信，强调"已经找到"。

根据黄炎培后来在《延安归来》中的记载，黄炎培听了毛泽

第十一章　政治如溪流

东的话后，又说："这话是对的。只有大政方针决之于公众，个人功业欲才不会发生。只有把每一地方的事，公之于每一地方的人，才能使地地得，使人人得。把民主来打破这周期率，怕是有效的……"

"把民主来打破这周期率，怕是有效的……"语气相当的不肯定。其实黄炎培的"不确定"是有道理的。人类历史业已证明，一个国家尤其是东方国家，要真正打破所谓"其兴也浡焉"，"其亡也忽焉"，光靠"民主"两字其实是不够的，所谓"大政方针决之于公众"的民主，并不能真正保证一个国家跳出"治—乱"之循环。

民主只是国家治理的一方面，重要的还有另一方面，那就是推行以宪法为最高原则的法治。民主的真谛，在于动员社会运用公共权力；而法治的精义，在于动员社会约制公共权力。只有民主与法治的良好结合而成的现代治政方式——宪政，才能真正确保公共生活运行不出现大的偏差，也才能抑制人性中的弱点，即黄炎培说的"个人功业欲"主导公共事务的可能性，才能真正打破治乱相环的"周期率"，乃使国家长期平稳健康发展。

人类公共生活文化法则

一、公共社会是人类赖以存在的生存形态

人是天生的社会动物（亚里士多德语）。社会是"人们结合、个人赖以存在的共同体"（马克思语），是人类最为本原的联结方式。人们从事物质生产活动，必然要与他人发生各种联系，于是人们"通过相互的同意"而成为"公民的集合体"，它"出自植于人的某种社会精神"（西塞罗语）。人组成社会的这种属性，是人区别于其他动物的本质特质之一。马克思说："人的本质并不是单个人所固有的抽象物。在其现实性上，它是一切社会关系的总和。""社会"是人类文明最原始，也是最伟大的创造之一。没有社会，人类的生存是不可想象的。社会有不同的规模、形态、文化、语言、制度、习俗、宗教，不同的组织形态和文明质地，但群居性、聚合性、公共性是"社会"之本质。鲁滨逊式的离群索居、卢梭假设的"在橡树下饱餐"式的"自然状态"今天已漫不可寻。"深秋帘幕千家雨，落日楼台一笛风"，不同社会是地球上不同的村落，是人类生生不息的物质和精神家园。

293

二、人类公共生活必须设立公共权力

人类由于结成了社会，一部分事务超出了个人范围而成为公共事务，或者说超越了个体所能承载的能力，就需要通过"契约"或"认同"方式，设立一定的公共权力。进入阶级社会后，政治权力是从"控制阶级对立的需要中产生的"（逻辑起点），"又是在这些阶级的冲突中产生的"（历史起点），它"把冲突控制在'秩序'的范围内"（恩格斯语）。因此，公共权力是在"集体行动"中产出的，是用来解决超越个体能力局限的。公共权力的原始命题，是为了保障私人权利。这就产生了"公共权力"（Power）与"公民权利"（Right）的关系问题。在渊源关系上，权利先于权力，公民权利是公共权力的来源和出发点；在价值关系上，公共权力的价值在于保护和服务于公民权利；在制衡关系上，公共权力受公民权利的制约和监督。由此，"国家是一种必要的罪恶"（波普尔语），人类的生存和发展不可能摆脱"国家"这种公共权力的政治形式。

三、公共权力有明确的边界、底线并受监督

公共权力一旦形成后，"便具有一种独立于人的、非人的意志所能驾驭的力量"（罗素语）。权力"总有着一种越出它自己的范围而发展的本能倾向"，"它喜欢自己是一个目的而不是一个手段"（马里旦语）。政府机构有自我膨胀的内在趋势，政治活动家们有一种"天然的"倾向，去扩展政府行动的范围与规模，去跨越任何可以观察到的"公共性边界"（布坎南语）。因此厘定权力性质，勘察权力边界，对公共权力的使用和限制"寻找一个适当

的比率"，一直是现代国家要解决的任务（罗素语）。关于权力性质，古希腊亚里士多德指出"一切政体都有三个要素"："议事机能"、"行政机能"和"审判（司法）机能"。

公元前历史学家波里比阿（Polibius）认为罗马实行执政官、元老院和公民大会三者并存的混合政体，可有效地防止一种权力过强而衰败。17世纪洛克把国家权力分为立法权、执行权和对外权，其中最高权力是立法权。18世纪康德指出应对国家权力作"立法权、执行权和司法权"的区分。18世纪孟德斯鸠不仅对国家权力作了立法、行政和司法权的区分，应分别由议会、政府和法院执掌并相互制约，同时揭示"一切有权力的人都容易滥用权力，这是万古不易的一条经验。从事物的性质来说，要防止滥用权力，就必须以权力制约权力"。中国革命先行者孙中山对国家权力作出"五权"区分，并制定了"五权宪法"。公共权力的构成表明其不同特性，而它的边界和底线在于不能越出"公共"性质，不能构成对社会生活的不当干预。

四、代议制和间接民主是人类公权运行的必然方式

"代议制政体就是，全体人民或一部分人民通过由他们定期选出的代表行使最后的控制权"（密尔语）。人类政治发展史表明，在日益复杂庞大的现代社会，以公民亲自参与决策为基础的直接民主，会产生决策质量低下、成本高昂、政治权威贬值和"政治肥大症"的后果。在规模有限的早期原始社会中，原始民主制得以进行，随着人类社会规模的扩大，直接民主愈益变得不可能。人们必须委托职业政治家来治国理政。以下三点，表明了代议制和"间接民主"运行的必然性：一是人类越发展，公

共事务越繁杂，而"人民是完全不适宜于讨论事情的。这是民主政治重大困难之一"（孟德斯鸠语）。由于信息、知识、判断力等方面的原因，民众人人参与决策是困难的。二是大型社会和超大型社会的形成，直接民主的物理空间（如会议场所）几乎不可想象。三是人人直接参与的决策，常常形成"非理性的洪水"，决策质量难以保证，"多数暴政"亦难规避。"民主"本质上是"一种竞争政治领导权的政治方法"（熊彼特语），"民主决策"是对民意的吸纳和遵从，从来不是也不可能是"人人参与"决策。

五、政党政治是现代国家政治的必然形态

政党政治是人类政治文明成熟的标志之一。尽管政党政治有着诸多弊端，但它有两个最为基本的优点：一是它使相同政治价值的人群聚合一处，为人们参与和表达政治意愿提供通道，并使人们砥砺激荡，增益其理念，裨补其主张；二是它使人民可以通过比较、鉴别，遴选其政治理念或代理人。世界历史进入近代后，政党政治在全球范围风靡开来。"党作为阶级的先锋队、教育和组织者，其作用有特殊意义"（列宁语）。政治发展中，"一个现代化中政治体系的安定，取决于其政党的力量。一个强大的政党能使群众的支持制度化……在没有强有力政党的政治体系中，更容易出现暴乱、骚动和其他形式的政治不安定"（亨廷顿语）。人类进入 20 世纪后，虽然有西方学者称，西方国家的"政党时代"已告结束，继之而来的是"利益集团的时代"，然而无论是今天还是今后，政党政治仍将是国家政治的主导，是人类政治的必然形态。

六、国家产生于社会，国家以社会为前提

国家是"从社会中产生但又自居于社会之上并且日益同社会脱离的力量"（恩格斯语）。无论时间上、逻辑上还是功能上，社会都先于国家。国家从社会中产生，以社会存在为前提。人类经历的是"无国家社会—国家社会—无国家社会"的过程。"政治国家没有家庭的天然基础和市民社会的人为基础便不可能存在，它们是国家的必要条件"，因此，"决不是国家制约和决定市民社会，而是市民制约和决定国家"（马克思语）。但是，由于国家作为社会的政治代表并保持着强势的角色，公权领域常常会越过边界而湮没社会领域。对于人类公共生活来说，对国家和社会不同角色的清晰区分意义重大。国家代表的"公权领域"（State Span）与非政府组织、公民地带组成的"公共领域"（Public Span）不可混淆。国家对社会应保持足够的尊重，国家应受社会的制约而不是相反。

七、公权代理者同样具有"理性人"特征

亚当·斯密认为："每个人为改善自己的境遇而不断进行的恒常努力"，这可以看作是"理性人"假设的起点。人类的经验事实是，由"人"组成的政府同样具有"理性人"特征。"如果是天使统治人，就不需要对政府有任何外来的或内在的控制了"（麦迪逊语）。在社会环境中，"政治家和官僚……的行为同经济学家研究的其他人的行为没有任何不同"（布坎南语），他们也遵从"为追求效用的极大化而行动"的理性原则，以在某种约束下（如法律、制度、道德等）寻求自身利益最大化作为准则。当

公权代理者具有"理性人"特征时，利己主义动机可能导致"寻租"（Rent-seeking）行为的产生。公共选择（Public Choice）理论描述了公共权力与经济财富交换的过程，揭示了公权腐败的现实经济根源。正因为如此，设置科学、刚性的外在控制，迫使公权代理者忠实履行公共职责，是人类这一"经验事实"的必然逻辑。

八、"有限政府"是人类公权的必然模式

作为公权代理人的组织形式，政府从它诞生的那一天起，就有了扩张理性和管事偏好。全能型的铁血金刚式的"利维坦"、好大喜功的"伟业偏好"，几乎是一切古今政府都有过的经历。人类的经验表明，政府过程很容易离开其本来意义而走向芜杂。"帕金森定律"（Parkinson' Law）一再上演；大包大揽被诠释成"勤政"、"有为"；政府体量持续膨胀。人类在经由无限政府和冗官繁政后，"有限政府"成为政府模式的必然。"有限政府"在本质上，一是"权力"有限，法理上不能超越宪法和法律规定的权限，亦即民众的授权；二是"角色"有限，只有当"社会自发秩序"（Spontaneous Order）和市场失灵的时候，才由政府出场；三是"行为"有限，行政过程在于目标与实现这个目标的两点之间，找到一条既短又好的直线；四是"体量"有限，政府规模应受严格控制。"有限政府"体现了人类政府的"正义"原则。

九、政府职能的本质是服务而不是管制

在人类早期，政府职能主要表现为统治（Rule）和管理（Management），今天，则主要表现为服务（Service）和治理

（Governance）。正如"全能型政府"日见消退一样，"管制型政府"也正在走下公共舞台。公共理性制约下的政府—社会、政府—民众、政府—市场的关系模式，发生了前所未有的深刻变化。尽管"管制"和"集权"嗜好始终是政府的内在冲动之一，但传统意义上的政府职能已是"旧时王谢堂前燕"，"服务"成为政府的第一要义。世界各国都在认真解决政府"缺位""越位""错位"问题。"我们再次思考关于政府的一些基本问题：它的作用应该是什么，它能做什么和不能做什么，以及如何做好这些事情"（世界银行发展报告）。"为人民服务"（毛泽东语）是当今世界一切政府存在、延续的核心价值和合法性基础，而"服务型政府"是现代政府的本质属性。

十、最安全可靠的国家治理方式是法治

虽然国家具体的治理方式（如政体形式）多种多样（如韦伯归纳过三种"理想类型"的统治类型），但总的来说，人类社会的治理方式大体是人治、法治两种，而法治是迄今人类最为安全的治理方式。人治的缺点在于人的行为受情感的干扰而且具有"兽性的成分"，而法治的特点在于它不凭感情办事（亚里士多德语）。法治是"一种法律的统治而非人的统治"（塞尔兹尼克语）。法治定义在于两方面：一是"已成立的法律获得普遍的服从"；二是"大家所服从的法律，又应该本身是制定得良好的法律"（亚里士多德语）。在短期效率上，人治有时优于法治，但在整体绩效和长远公共利益（包括安全性、可预见性）上，法治一定优于人治。法治的真正推行，是宪政与宪法的统一，是法治信仰与法规实体的统一。

十一、法治的精义在于"治权"而不是"治民"

法制（Rule by Law）的实质在于"治民"，法治（Rule of Law）的实质在于"治权"。法制关注的焦点在于秩序，而法治关注的焦点或者说法治的基本精神，在于有效地制约和合理地运用公共权力。人类"宪政"的本质，在于"限政"，即对公权的限制。因此"宪法并不是政府的法令，而是人民组成政府的法令"（潘恩语）；宪法的本质精神，一是人民享有最高权力；二是政府受命于法，亦即"保障民权，限制政府"。这是构成现代国家权力结构的基本原理。"法治"之底蕴，在于有效制约公共权力；而"民主"之底蕴，则在于促使社会参与公共权力。在"人民—政府"关系上，法治的主体是人民，客体是政府；在"社会—国家"关系上，法治的主体是社会，客体是国家。真正意义上的法治社会，是公共权力受到严格规范、制约而规范运行的社会。

十二、法律具有工具理性，同时具有价值理性

在"形而下"层面，法律是一种实体性社会工具；在"形而上"层面，法律则是一种精神性的社会信仰。一个社会中，法治真正有效地推行，必须深深根植于法治精神的普及，根植于公众对于法律的信仰。法律绩效取决于被信仰的程度。其信仰度越高，法律效力越大。公元前 21 世纪巴比伦乌尔第三王朝制定《乌尔纳姆法典》，公元前 20 世纪亚述王朝颁布《亚述法典》，公元前 18 世纪第六代国王汉穆拉比颁布迄今保存较为完整的《汉穆拉比法典》；古希腊古罗马时代，设计臻于"完善"的罗马法（Roman Law）使人类社会有了完整的"规则架构"。自雅典社会晚期以来，

法律一直是人类社会权力关系的结晶。但是法律不仅仅是一种工具，只有当它被信仰、被价值化时，"公民素养"才有保证。法律本身有"良法"、"恶法"之分，程序正当并不一定意味着结果的正义。人道必须契合"天道"，法律必须膺从"法理"。立法仅仅"程序正义"还不够，更要实现"实质正义"，经得起法理的考量。

十三、制度是维系人类社会生存发展的文化软件

制度是"具有规定和管理一切特殊物的、带有普遍意义的'特殊物'"（马克思语），制度功能在于"通过向人们提供一个日常生活的结构来减少不确定性"，是人们"相互关系的指南"（诺思语）。制度变迁是社会变迁的内生变量，是理解历史变迁的钥匙。随着人类社会的发展，社会无序与制度缺失的弊端逐渐显露出来，促使人们依据社会习俗和众人可以接受的方式，制定各种游戏规则，从一个领域扩展至另一个领域。从无制度到有制度，从粗疏的制度到周密的制度，从个别制度到不同层次的集成制度，人类社会制度体系（Institutional System）经历了漫长历史过程。人类历史一定意义上是一部制度演进史。今天，大至社会制度，小到员工守则，制度已构建起方方面面的密集网络。在宏观上，制度的进步是人类真正的进步，制度文明是一个社会文明的本质内容；在微观上，制度过程是社会生活规范化、有序化过程；制度好，坏人无法干坏事；制度不好，好人无法干好事。

十四、无论一个国家一个地方抑或一个组织，
制度并非越多越好

制度对于人类公共生活不可或缺，然而大至一个国家，小

至一个社团，制度决非越多越好。制度泛滥与制度缺失一样，是一种灾难。制度功效的函数，与制度质量成正比而与制度数量成反比。一个社会之所以要刚性规范，是因为一件事具有了"社会行为"的性质，其他软性约束（如习俗、道德）必然"式微"或"失效"，否则决无必要。一个社会如果无处不立法，无事不立法，非扼杀其内在机制甚至弄坏社会风气不可。"其政闷闷，其民淳淳，其政察察，其民缺缺"（《老子·五十八章》），政治越精细严峻，老百姓越"刁钻"；"法不繁匿，万民敦悫"（《管子·正世》），法令简约宽厚，老百姓就淳厚。社会在内质上，需有"模糊"空间和"弹性"地带。数学是精细的，但有模糊数学；上帝是智慧无边的，但还有大量混沌和天体黑洞。国民"被管"依赖与对"管民"苛政机制的反弹，会孕育"刁民"社会性格。在根本上，"个人和集体的安全和幸福要靠社会和文明的伟大基本原则，要靠得到普遍赞同和相互维护的习惯法"（潘恩语）。

十五、腐败是公权的天然病象，但腐败可以被遏制

人类关于腐败的铁律是：第一，腐败是权力的伴生物。只要有公权的地方，就会产生腐败。"所有权力都易腐化，绝对的权力则绝对地腐化"（哈耶克语）。腐败作为"政治之癌"，在空间上是全球性的，在时间上是历时性的。第二，腐败是政府的掘墓人，"一个政府的腐败意味着另一个政府的诞生"（萨拜因语）。一个政体中，"低度"腐败难以规避。但是腐败一旦发生，就容易延绵，就可能越过底线。人类生活史证明，无论何种社会，无论何种政府，只要听任腐败泛滥，必将导致"合法权力"

（Legitimate Power）的"合法性"（Legitimacy）丧失。腐败固然有其难以规避性，但它是可以制约和控制的。如果一个社会想真正遏制腐败，就一定有击穿腐败黑暗的阳光。治理腐败的基点，不在于"觉悟"或"道德"的自律，而在于刚性规则钳制的他律。

十六、公共管理必须重视成本与公共绩效

作为公权代理人的政府行为，本质上属于科层机构（公共部门）向社会提供公共产品这样一种范畴。科层结构缺乏竞争性、非利润化和敏感性迟滞等固有特点，使各种非绩效行为如官僚主义、文牍主义、形式主义、扯皮推诿、劳民伤财的政绩偏好等，有可能大量产生。由于执政主体执掌着公共资源，"滥于文丽而不顾其功"，不计成本、不惜代价、不节民力的行政惯象，很容易构成公共运作中的"绩效黑洞"。历史上，一切非人民性的政权都大量耗费民脂民膏，不体恤民生。行政的成本和绩效是一个关涉"公权正义"的伦理问题。公权行为必须经受"成本—收益"的考量。21世纪席卷全球的"新公共管理运动"的一个目标，是在政府系统中推行绩效管理（Performance Management）。公共管理和公共决策中的任何一项战略、目标、理念、举措、口号、改革的提出和实施，都要有"成本"意识、"节简"意识，都要进行严格的绩效评估，尽可能减少公共耗费，扩大公共收益。

十七、政府知识体系不可能自足，必须购买外在服务

不要期望政府内部可以"完满地"解决公共决策上的所有问题。以下两点，决定了政府知识体系的非完满性：一是如果政府能自满自足，就意味着一个智慧无边的全能型政府，事实上再庞

大的政府也做不到；二是公共决策需要大量专门知识，官员们仅仅是政治选举和任命的结果，他们不是专家，对复杂而专业的问题无能为力。正因为如此，人类进入20世纪后，领袖外脑、民间智库风行天下，成为"有限政府"的有力支撑。政府购买服务，实现公共产出最大化，已是全球范围的共识，也成为新的政府原理。"有限政府"不仅指权力、角色、行为、体量的有限，也指其"知识"有限，不可能全能全知、包打天下。一个"智慧"的政府，不是"样样精通"，只是懂得如何去寻找和运用专门知识罢了。越是重要的、复杂的公共决策，政府越需要外在的知识参谋系统的支撑。

十八、人们奋斗争取的一切同他们利益有关

"利益"是一种伟大的机制，是人类文明前行的杠杆和动力。合理地追求自身的利益，不仅是无可非议的，也是世界丰富多彩的内在依据。"对个人和对集体而言，人生的终极目的都属相同；最优良的个人的目的也就是最优良的政体的目的"（亚里士多德语），个人利益与公共利益有很大的"同心圆"性质。问题不在于排斥个体利益，而是如何"使个别人的私人利益符合于全人类的利益"（恩格斯语）。利益需求和偏好具有不确定性、多样化并不断加剧的态势，这不仅对经济资源配置体制的选择产生初始影响，而且对理解公共生活有重要意义。对于政治—行政过程来说，"利益的人"总是比"觉悟的人"更可靠，也更现实，更可以作为公共决策的立足点。正因为如此，利益是整个文明的基础，"思想一旦离开'利益'就一定会使自己出丑。道德、宗教、哲学、理论思想等都是以物质利益为基础的"（马克思语）。

十九、安逸可能是一个民族衰亡的序曲和前奏

尽管"采菊东篱下，悠然见南山"可以成为人们的生活方式，但是总体上，"安逸对于文明是有害的"（汤因比语）。人类文明增长和陨落的历史表明，安逸是文明逆境的开始，是一个文明"自决能力"衰退的前曲。有证据表明，世界各大文明的陨落都始于安逸。古罗马的奢侈糜丽，是其败亡的先兆。中国盛唐经灿烂的繁华后，就由安逸而进入了国家机能和民族精神的萎缩。"安逸"的出现，可能在一个民族获得巨大文明成就后，也可能是月白风清式的抱守残缺，因循守旧。由此，"天行健，君子以自强不息"（《易经·乾卦》）不仅是关于生命个体的箴言，也是人类整体经验的表达。人类一切文明皆源起于各种挑战。人类的命运，便是必须有劳作的田野或原野，"千淘万漉虽辛苦，吹尽黄沙始到金"。不要希冀有永远晴朗的天空或有永久安逸的乐园，伊甸园里亦有蛇。

二十、现代化是人类宿命，但不是涵盖一切的文明主题

"现代化作为一个世界性的历史过程，是指人类社会从工业革命以来所经历的一场急剧变革"（罗荣渠语），它是人类一个必然性的文明走向。现代化创造了巨大财富，带来了物质生活的巨大提升，但是现代化并不能承载起人类的希望、幸福和未来。人类的现代化进程始于15世纪的欧洲。20世纪以降，现代工业文明在全球取得长足发展，它带给人类的并不是单纯的进步，而是"忧喜之共门，吉凶之同域"的矛盾过程，是"祸兮福之所倚，福兮祸之所伏"的演绎。现代化使人类付出了并且还在继续付出

高昂的代价，而人的主体性和自我身份的掩失、人在工业化的巨大框架中，心为形役，器盛道弱，人生缺失终极意义的绝对根基，这已是人类幸福感或福祉最为本质的丧失。物质进步是人类生存的题中应有之义，但是现代化不可能成为生存的终极目标。人类在追寻现代化的同时，还有更为本原的价值追求。人类必须对现代化（和全球化）的陷阱保持警策。

二十一、不同地域的文明群落应相互尊重

文明作为以共同心灵结构为内核的人类文化群落，基本上是在不同的时空环境中独立生长起来的。不同的文明形态，有其异质性和独特的构造结构。各地域文明在一开始，就显现了独特的资质和禀赋。文明的政治组成，在文明之间各不相同，在一个文明之内也随着时间而变化。一个文明可能包含一个或多个政治单位（亨廷顿语）。各文明单元（特别是政治文明单元）间的差异客观存在，是难以消解的。以文明的统一性，来抵消文明的异质性，或者以文明的异质性，来淡化文明的统一性，都有着巨大困难。文明的"相融"与文明的"冲突"是一枚硬币的两面。差异基础上的"共享"、"共存"、相互渗透和相互影响，是人类文明进程的基本事实。世界的丰富多彩主要表现为人类文明不是单质的。宽容、借鉴、沟通是一种需要的文化胸襟，是任何一种文明单元得以延承的前提。

二十二、人类智慧是一种稀缺资源，理性过度会演化为愚昧

人的理性是一种"有限理性"（Bounded Rationality）。在博大

无边的混沌大智慧面前，人类那点理性和智慧显得过于贫瘠。人类并没有也不可能穷尽知识和真理，拥有"完全理性"只是一种假设或希冀。人类已掌握的知识和真理只是茫茫知识大象中很小一部分。雅典德尔菲神庙石碑上镌刻着"认识你自己"的神谕，埃及法老、释迦牟尼、苏格拉底、耶稣、穆罕默德、孔、老、孟、庄等先贤先知们无不告诫人要"自知"、对"未知"要有敬畏感。天底吴楚，狂妄自大，不仅可能成为愚昧的展览，还将给人类带来灾难性后果。"理性的自负"（哈耶克语）一直是人类延续至今的毛病，从圣经上的"通天塔"记载，到今天的核武器、克隆羊、"人兽同体"器官培育等，都是这方面的明证。人类一思考，上帝就发笑，正是种种过度的自信和胆大妄为，人类已给自身带来了极大风险——今天人类已步入一个风险社会（Risk Society），而其中大半恰恰是人类自我铸就的。

二十三、创新是文明发展的内在逻辑，但创新强度必须合宜

创新是人类文明生长与变迁源源不绝的活力源泉，是历史风物景观最本原的底色。创新生发于对自然、社会、人三者关系的历史性演绎和对生存内在驱动的回应。当人类生存境遇遇到巨大挑战时，创新需求和创新自觉的数值最大。在"轴心时代"（Axial Age），人类已整体性地在哲学、文学、宗教、政治、科学等方面，展示了巨大的创新能力，并由此构成了诸民族文化特质的基型，奠定了人类文明的精神基础。此后，各文明形态由创新的不断激荡而一次次获得新的生命亮泽。创新在本质上，是人类"族类"特质之外化。然而人类的经历表明，创新强度必须恰当，

必须保持在一个"恰当的点"上。没有创新，文明很容易画出抛物线；创新强度过大，则折足覆餗，超越了群体所能承受的极限，导致无力应战或在一次性的应战中耗费过大而不能应对下一轮的挑战。适度的创新挑战，不仅激荡民众成功地进行当前的应战，而且还使其有能力凝聚起更大的力量，去进行以后的创新应战。文明沉积越多，创新的悖论也越多。在文明行进中，人类的创新既是一个风光万象的明媚过程，也是一个风尘仆仆或风雨交加、突破重围的过程。

权利不是被"赋予"

在一所大学主持行政管理专业硕士研究生论文答辩，有个学生论文写《人本视域中的中国法治政府建设研究》，写得不错，但其中如"宪法作为国家根本大法，一方面赋予了公民基本权利，赋予了公民充分的自由；同时为使这些权利得到落实……"云云，有悖宪政原理。我请她谈谈这方面认识，作为"行政管理专业"硕士生，这方面的"理"，应当是明白的。

其实，这也不能怪学生，"宪法赋予公民的权利……"一直是我们经典的说法。多少年来，我们一直这样认知，也一直这样说的。

"宪法赋予公民……"这个理念，非常不正确。公民的自由和权利不是宪法"赋予"、"规定"的，而是相反。宪法源于公民权利，因为权利需要保护，人们才制定宪法，人类才有宪法，才有了宪法价值。所以，公民权利先于宪法而存在。公民权利是宪法之源而不是相反。公民权利只是由宪法所保护。这是公认的最基本的宪政原理。

这个问题，涉及权利（right）与权力（power）的基本关系——这两者是人类社会一个极重要的命题，是现代社会的一个基准，但它们的基本关系时常被颠倒。

所谓权力，指公权力，或称公共权力、政府权力；所谓权利，是人民的权利，或称公民权利。在自然法（天道）上，权利是与人类同时产生的，而权力则是相当后来的事。公权力不是天然的，而是由权利生发的。由于人类结成了社会，结束了"自然状态"，一部分事务超出了个人范围，成为社会性事务，或者说成了"公共事务"，这就需要公共权力。今天我们常说的"权为民所赋"，就是这个理儿。

尽管在实际生活中，权力这玩艺很牛、很厉害，但在法理上，权利高于、大于权力。没有公民权利，便没有公共权力。当然，人类社会一个基本事实是，公民权利时常受到其各种形式的、合法的和不合法的公权力的侵害。于是，一直存在的悖论是：为了保护公民权利，人类需要设立公共权力——公权力的产生，历史上，是由一些大型的公共工程如治水、灌溉等需要而开始的；就公权力的性质来说，它与正规的或"传统的"公共行政模式的产生有关；但公共权力一旦形成后，它就有可能通过各种方式侵犯公民权利。

权利既不是由宪法授予的，也非源于宪法，它们先于宪法而存在。权利亦非政府所赐的礼物，它们先于政府而存在的。政府应当尊重和保护这些先在的权利。

所以，应当正本清源的是：宪法并不"生发"公民权利。时下经常说的"宪法赋予公民的权利……"云云，是不对的。公民权利不由宪法产生，但却由宪法来保护。

伦理精神像坛酒

德国浪漫主义思想家 J.G. 哈曼说过一句挺有趣的话："规则就像处女，她们若是没有受到非礼，是生不出任何东西来的。"话说得逗了点，却是这个理儿。

今天，我们已生活在一个由大大小小、无数规则构成密集网络的世界中。"为什么我们不能没有规则制度？"一次讲座上，曾有人这样问。"因为我们没有'完美的'人性，需要外在的刚性规则来弥补这种'缺陷'。"我说。如果人类具有完美的人性，那就不需要上帝，也不需要硬性的杠杠条条来约束了。只是追求完美的人类，本身并不完美，规则制度作为一种"非人格化结构"（impersonal structure），成了任何社会维系和运行不能少的人文构架。人性有缺陷不要紧，要紧的是要有良好的制度规范，来弥补这种缺陷。

人情这东西，暖暖的，它是农耕社会、乡村社会和熟人社会、半熟人社会中维系人们关系的纽带。可是，我们生活在一个有着生物特性的"人"所组成的集体环境中——竞争、利益、冲突……制定游戏规则并共同习守之，是一种无可奈何的选择。

只是在我们的历史传统中，制度理性、规则意识、法治理念这些东西太少，它们犹如黄梅天云层里偶尔闪现的阳光，依稀得很。充斥于日常生活、支撑社会运行的，是各种伦理的东西、说教性的东西，而不是刚性的，被普遍认同、习守从而真正起作用的规制。

有段时间，下班常走延安东路隧道。限速 70 码，明白地作了规定标志。但几乎每天，你都能听到隧道大喇叭在这样喊："驾驶员同志请注意，驾驶员同志请注意，现在车速不受限制，请尽快驶出隧道……"

既然车速可"不受限制"，为什么要作出"限速 70"的规定？既然作了限速规定，又怎么可以"不受限制"呢？

这样的例子太多了。你可以说这是"变通"，这是"灵活性"，这是"一切从实际出发"。问题是，再好的游戏规则，只要遭遇"变通""灵活性""下不为例"这些伟大魔法，一定沦为儿戏，一定名存实亡。

正如林语堂说的："我们伟大到可以精心制作一套完整的对官员进行弹劾的制度、行政管理制度、交通制度、图书阅览制度，但我们也伟大到可以打碎所有的制度，不理睬这些制度，绕过这些制度，和制度开玩笑，驾驭这些制度。"

我们习惯把各种制度规范视为一种外在的、异己的东西。凡事要那么个东西，至于遵守执行，那是不必过于认真的。如果谁固守规制，会被说成"书生气""死脑子""傻冒"之类。今天老佩对我说，他们单位有个会计，业务相当棒，以严格遵守财会制度出名，可她并没赢得人们的敬意，而是获得了"女花岗"的雅号。

只要有可能，人们总是喜欢钻制度法律的空子。"打擦边球""红灯来了绕道走"等，被视作值得夸耀的生活智慧。前面红灯亮了，如果闯了红灯没被警察叔叔发现，他会很得意，拣了一个便宜。一个公司，一个企业，如果以什么法子偷税漏税成功，或者规避了某种应当承担的社会责任，老总会沾沾自喜，认为取得了一次不小的胜利。

伦理的积习、伦理的精神像一坛陈年老酒，越久越醇，沁人心脾，让人不觉漓然自醉。虽然早在 1997 年甚至更早，我们就提出要建设法治国家，但在这充满伦理养分的土壤中，要想浇灌出壮壮实实的法治参天大树，噫吁嚱！难乎难哉。

制度是一个社会结构的灵魂

对于一个社会，制度营建了某种结构，从而影响整体社会系统。只有通过结构，各构成要素才能形成系统整体，实现系统性能。而系统结构，是系统的整体结构，没有整体，系统的结构及其所决定的系统性也无从体现。

今天世界上，美国是公认的经济强国，更是政治大国。大国之"大"大在哪？不是大在幅员上，不是大在体量上，而是大在内在实力上。最近埃及发生动乱，内阁倒台，但民众不依不饶，局势还在加剧，美国又出来"给力"了。奥巴马发表讲话，告诫埃及当局"不要使用暴力镇压人民"，这种"舍予其谁也"的风度，这种动不动充当世界警察的架势，的确让人不喜欢。但是它有这个底气，有这个分量，因为它牛。

它的"强大"究竟来自哪里？美国"强大"的一个极为重要的原因，是来自它的规则效益，它的"规则产出"是相当显著的。我这里丝毫没有吹捧美国的意思。世界上任何国家，都不是尽善尽美的。但美国建国二百多年来，一套稳定的制度一直发挥着效应，激励着人们的想象力和创造精神。举个例子来说，在美国，如果你昨晚做了个梦，第二天起来你宣布你要竞选总统，任你是一名检修工或保洁员，没有人会觉得奇怪，不会有人担心你是不是高烧40度烧坏了，因为它的游戏规则告诉人们，只要你有梦想，只要你有能力，没有什么不可能。而在其他一些国家，这可能就是引人发笑的"痴人说梦"，是一个很大的笑柄了。

2005年，美国密歇根州希尔斯代尔市长选举中，一名刚满18岁的高中生迈克·塞申斯，击败51岁的现任市长英格斯，当选希尔斯代尔市市长。高中生当市长，当就当了。这在其他国家是难以想象的。这名高中生在做市长同时，仍按时去上课，下午下课后回市政厅处理行政事务。

在美国，一个人实际的创造力、实际能力非常重要。它形成一种"社会引力"，引导人们去发挥想象力，去创造、去奋斗、去实现自己的目标和梦想。久而久之，这种力量对于推动社会整体发展、积累社会财富并形成积极向上的奋斗精神，影响是极为巨大的。

很多人认为制度是死的，不过是表达了一种"工具理性"而已。其实制度是活的，是一个社会结构的灵魂。它不仅是一个社会内在精神的凝结，也是引导一个社会形成某种精神的动力。制度和体制的进步，是人类真正的进步。所以"制度的差异"，确实会造成政策的差异，最终会造成社会面貌和民族精神的差异。

无论是一个社会抑或是一个组织，好的制度有着巨大产出和丰厚效益。好的制度创制，是一种伟大创造，也是一种很大的投入，但这种投入会转化为巨大的社会产出。

制度好，使人能干事、干好事；制度不好，能使好人不能干事，甚至干坏事。邓小平的话是非常经典的："制度好可以使坏人无法任意横行，制度不好可以使好人无法充分做好事，甚至会走向反面……"

    据我对公共行政过程多年的实际观察，任何形态下的公共作业，其实都是一种"制度行为"，都是对某种制度精神的运用和演绎。比如腐败，不能光从人的所谓"品质"去考量，去规范，归根结底是制度结构问题，很多腐败，是制度性的腐败。只有从制度设计、体制安排上去完善和遏制，才是反腐败的根本之道。

    对于一个社会来说，建构一套好的、公平稳定的制度，实在太重要了，比涨工资、降房价、放长假是更大、更重要的国民福祉。这当中，有一点非常重要——就是制度供给者和设计者，必须与制度的狭义对象分开。否则，人们就会操纵整个制度制定过程，利用制定规制的机会，为自己和部门利益谋利。17 世纪思想家哈林顿曾提出过著名的"分饼原则"，就是针对制度的供给者利用制度来给自己谋私利这一普遍现象的。

政治如溪流

政治学家里普森认为：政治活动也像溪流一样，它的连续性，表现在其能量而不是数量的结合上。它是一个流动的运动的整体，在时间上绵延而不是在空间上扩展。

里普森还认为，在政治整体进程中"蕴含着一种韵律"，这种韵律的节奏随着解决问题方法的变换而变化。"每一个问题给人们提供的选择机会就是政治变迁的动力"。

这是一种比较大的视野的看法。以历史眼光看，人类良性政治确如里普森言，犹如溪流一般。

首先，它是流动的而非静止的。文明行进到今天，是其流动之果，并沿着历史之河在继续流动。

其次，这种流脉，可能是清澈的，也可能是浑浊不堪的。但其因为流，尽管泥沙俱下，尽管时巨时细，它是有活力有能量的。

第三，作为一种"流动的结构"，一旦失去流动，便失去活的灵魂。各种沉淀物必破坏其水质，浊水污泥，蔽溷生矣。

最后，人类政治活动"流动的韵律"表现在解决问题上。没有问题，便没有人类政治。而问题和问题的解决，是人类政治发

317

展和政治变迁的真正动力所在。

　　古希腊思想家亚里士多德提出"优良的政治"——这其实是人类所有社会物优良的最高表现形式。可能这是理想主义的情结了。不过终有一天，人类的良性政治，当如一脉清泉一样宛约可爱。

第十二章

问一问，人的本质

靡哲不愚

今天人喜欢无病呻吟，明人吕坤是"有病呻吟"。这名明万历年间（1573—1619）进士，在他长年病痛折磨中省察自身写成的《呻吟语》一书（他称为"病时语"）里，参悟人生，说出很多道理。比如"大智若愚"，很多人说过了，他在书中说："愚者人笑之，聪明者人疑之。聪明而愚，其大智也。夫《诗》云'靡哲不愚'，则知不愚非哲也。"

意思是，世间愚笨的人一般会遭人耻笑，聪明的人则会遭人疑虑。所以"聪明而愚"——外表看起来很愚笨、很钝感、很木讷的人，才是真正的聪明人。《诗经》说"靡哲不愚"，一个人不懂得状愚的人，不是真正的聪明人。

一幕幕生活便如此。一个人有点灵气，有点聪明劲，有点什么成就功绩，你得小心了，你的同僚，你的上峰，特别是拿你当着竞争对手的上峰，一定会深"疑之"。吕坤还谈到人的"精明"，认为精明应"藏在浑厚里"发挥作用，也就是钝感力，他指出"今之人惟恐精明不至，乃所以为愚也"——现在的人唯恐自己精明得不够，不晓得用浑厚来掩蔽，这实在是愚蠢之举。

这话好像就是在今天说的。你看，我们仿佛进入了一个"精明社会"，"人精"越来越多，浑朴越来越少，人一个比一个精明强干。"精英"之精，莫非"精明"之精？但这种强悍的"精明"，在吕坤看来，有点好玩，有点假聪真愚。

吕坤所引《诗经》上的话"靡哲不愚"，语出《大雅·荡之什·抑》："抑抑威仪，维德之隅。人亦有言：靡哲不愚。庶人之愚，亦职维疾。哲人之愚，亦维斯戾。"

这话大意是，哲人有周密严正的威仪，这是因为他品德端正。人们常说，没有聪明的人不显得愚蠢不明。一般人的愚蠢不明，那是本身有毛病。聪明的人看上去愚笨不明，那是为了避罪刑而装傻充愣。

很多人把"靡哲不愚"，理解成"没有一个哲人不出现愚蠢的时候"，"千虑一失，聪明人也要谨慎小心"，太违拗原义。

这话表达的，就是真正聪明的人，没有不状愚笨的这个道理。《诗经》距今2500多年，那时的人们已对人性、世态有了如此深切的洞察，说出了这般睿智的话，真让人惊诧。而司马迁在《史记》里记载，老子曾对孔子说："君子盛德，容貌若愚"，大体也是这意思。

过去，父母常絮叨孩子的话是"聪明面孔笨肚肠"，即外表看上去挺聪明，内里很笨瓜。这种"对立统一"，最划不来了。最好是倒过来，外表憨憨的，内里贼精贼精的，即吕坤说的"聪明而愚，其大智也"。

你看那些大贪官，一个个憨态可掬，脸谱都很菩萨，很易经，很气功，很瑜伽，内里则穷凶极恶，一个比一个混账。他们不读书不看报，只玩风月场，但"悟心"极高，能把"假面艺术"演绎得炉火纯青，堪称表演艺术大师，远非科班出身的戏剧学院毕业生能比肩。

靡哲不愚，愚人愚面路好走，两千多年前《诗经》时代如此，今日还是如此。世事沧桑，但生活道理没怎么变。不知道这是人的幸运，还是人的悲哀？

人类的争斗习性

著名田野学家珍妮·古多尔，长期在非洲丛林中考察黑猩猩，她发现，一群黑猩猩之间能和睦相处，还能相互帮助，可是，当遇到别的种群的黑猩猩时，它们就变得凶残无比。

前些时候，看央视一档地理类节目，记不得叫什么名了。说的是一个美国人，到非洲原始部落去体验生活，他在那里受到各部落盛情接待，为融入当地社会，他按那里风俗，光着屁股在牛群背上跨跑。画面上那些不同部落的人们，都那么厚道、木讷，那么和蔼可亲，可是一遇上别的部落的人，他们立马变成了比野兽更凶恶可怕的杀戮机器。谁获得"敌人"的头颅越多，谁获得的奖赏越多，荣誉越高，在部落内的地位就越高。

这是一个人类主义问题。由于人类一直是在争斗中成长的，故"争斗的能力"，战绩、鲜血、头颅等，一直是荣光的标志。过去各部落、以后各民族，都如此。"勇士"，可能是人类第一个激动人心的伟大桂冠。

这是一种复杂的历史现象，很难简单地作伦理上的考量。

人类有史以来，发生过多少战争？据说14 000多次。瑞士人统计，从公元前3200年到现在，5 000多年全球发生过14 513

次战争，死了 36.4 亿人。挪威史学家统计，到 1982 年，有文字记载的 5 560 年中，发生过 14 531 次战争，平均每年 2.6 次。联合国对第二次世界大战后有个统计，从 1946 到 1985 年，全球发生了 140 次战争和武装冲突，死了 2 100 万人。

我想，这只是个极粗略的估算罢了。由于人类很长一段历史——特别是史前无文献记载，准确的战争数字，几乎是无法得到的。我们见到的这些战争和死亡数据，一定远比战争死亡的实际数字要小得太多。

歌德在《浮士德》中说："好勇斗狠，本来是人类的天性"，历史学家弗罗姆金认为：种族主义是人类自灵长类动物时代进化到如今一直携带的"阴暗天性"。人类的排他性，一直威胁着文明的发展。如由于宗教矛盾导致的战争，在人类历史上屡见不鲜。

很多战争，不过是在"国家利益"名义下人的争斗习性的表达罢了。小布什发动伊拉克战争，名曰"反恐"，但谁能说布什父子两代人与萨达姆的"恩怨"，不是这场战争的一个内在动因呢？至于一个民族、一个国家内部，很多战争的本质，只是"正义"光环下的权力之争或团体和阶层利益之争。不错，战争分"正义"和"非正义"——可是有哪一场战争，不是打着"正义"的旗号？

"人性"，或者说人的动物性，才是大部分战争烟云中你能见到的基本事实。

艾伦·凯（Elen Key）在《战争，和平和未来》一书中说："战争最残忍的是，它强迫人们集中在一起，干一些就个人而言谁都反对的事情。"在我看来，另一名谈战争的学者丁·克里费德在他《战争文化》一书中说的"战争，尤其是格斗，是人类所能参与的最令人兴奋、最刺激的活动。它让其他一切黯然失色……兴奋和刺激幻化成纯粹的享乐"，简直近似痴语，或者说是胡说八道。

战争最简单的事情是：一是死人，特别是大量平民的死伤；二是摧毁文明，破坏生活、生态、生存秩序；三是一批人升职或获得更大权力，"一将功成万骨枯"。如果跳出狭隘的民族主义、如果抑制人的权力欲的泛滥，这世上会减少多少无谓的冲突？有多少鲜活的生命，可免于兵燹？

战争是与人类文明进步成反比的。文明越发展，战争和争斗应越少。

弗罗姆金在《世界大历史》中不无调侃地说："全世界有8 000多个民族，如果每个民族都要求建立同文同种的政权，地球将怎么办？"弗罗姆金认为，区域性的联邦组织甚至世界国，与从现有政治组织整合而来的规模较小的政治单元，两者是可以共存的。

如果没有国际主义和人类共同理想，民族主义便会成为可怕的东西。狭隘的民族主义不是"爱国"，情绪的暴戾也不是"爱国"。爱国主义要与人类精神相统一。

马克思在谈到人的时候说："人是最名副其实的社会动物。不仅是一种合群的动物，而且只有在社会中才能独立的动物。"我们不妨也可以说：一个民族是最名副其实的世界动物。不仅是一种合群的动物，而且只有在世界中才能独立的动物。

一个人要有胸怀，一个民族也要有胸怀，要有人类主义的关怀。文明到了今日，合作、和平与发展，比争斗和排斥更重要，也更爱国。今天，世界变成了"地球村"，各民族间的"共生"和依赖，已变得相当紧密。各政治单元之间文化的相融，比起文明的冲突来，更是一个不可逆忤的大趋势。

星球不大，所以这个星球上的人类，心胸就得宽阔博大一些。

梦想、激情、乌托邦

一

人们时常把柏拉图的"理想国",说成是"人类第一个乌托邦",这其实错了。人类的乌托邦,远早于柏拉图的"理想国"。

公元前 8 世纪上半叶,荷马之后古希腊最早的诗人(也是古希腊第一个个人作家)赫西俄德(Hesiod)在《工作与时日》(Works and Days)中,描写了像神一样生活的黄金时代的人。生活在这个时代的人类不会衰老,"他们拥有一切美好的东西……"

这是不是人类"第一次"构筑的乌托邦,不好说。这只是指文献记载的,没有文献记载的乌托邦,应当更为久远。因为乌托邦是人类的一种"特质",包含了理想、梦想和激情,只要有人类这个物种存在,就永远会存在乌托邦。

接着,古希腊阿里斯托芬的经典喜剧《鸟》(The Birds)描绘了"云中鹁鸪国"(Cloud-cuckoo-land,据说这是阿里斯托芬被吸纳进现代英语的唯一短语)。这个"云中鹁鸪国"由神交出了一部分权力,是理想中平等、自由之地。这里啥也不缺,"有智慧,有热情,有非凡的风雅,和悦的宁静"。

几个世纪后,卢奇安(Lucian)在《真实的历史》(The Tne

History）中，描写了迷人的"福人岛"（Island of Blest）。这个美好社会浸润在"愉快而芳香"的气氛中，鸟儿在歌唱，和煦的微风吹拂过树林。"一年里只知道有一个时节……永远是春天"。人们性关系既简单又自由，"无论是异性之交还是同性之合都是如此"。

一千五百年后，著名空想家托马斯·莫尔和文艺复兴时期法国人文主义者拉伯雷，都成了卢安奇狂热的崇拜者。一项研究说，卢奇安的《真实的历史》，是莫尔《乌托邦》一书灵感的来源。拉伯雷则在他的《卡冈杜亚和庞大固埃》（*Gargantua and Pantagruel*）中，将卡冈杜亚的王国命名为"乌托邦"。

在他们两人之前，为阿里斯托芬题写了"美乐女神寻找一所不朽的宫殿，她们终于发现了阿里斯托芬的灵府"这一诗情墓志铭的柏拉图，在他的"理想国"中，提供了"理想"社会制度的样板。以至于今天我们生活中，还能影影绰绰地看到"理想国"的某些影子。柏拉图没称自己的构想为"理想国"，他的著作的原名是"共和国"（Politeia）。柏拉图为实现这个理想寻觅几十年，三次去叙拉古，想去实践美好梦想，但都失败而归。晚年的柏拉图，从美丽幻想回到现实，写下《法律篇》，提出了所谓"第二好的国家"的社会图式。

1516 年，莫尔划时代的《关于最完美的国家制度和乌托邦新岛的既有益又有趣的金书》——这部被简称为《乌托邦》书的问世，轰动了整个英国和欧洲各国。"乌托邦"是一个没有私产、没有剥削压迫、没有贫困的"最完美"社会。自此，"乌托邦"成为各种幻想、梦想、空想和"理想社会"的经典招牌。

意大利人康帕内拉幸福温暖的"太阳城"，是继"乌托邦"

之后又一个影响甚大的美丽梦想。"太阳城"是"推理所发现的国家",是从理性出发构想的最好的国家。它受"天赋理智"支配而建立。"阳光不仅照亮了大地,而且照亮了每一个人的心"。而德国思想家安德里亚在他的其乐融融的"基督城"中,为我们演绎什么是人类最美好的生活。他说:"我替自己建造了这个城市……要让你们看到和了解我们按照什么样的规则去支配生活"。

至于后来闻名遐迩的"空想社会主义者"圣西门、欧文、傅立叶等,这里无需赘言了。恩格斯在谈到圣西门时说:"圣西门主义很像一颗闪耀的流星,在引起思想界的注意之后,就从社会的地平线上消失了。"但乌托邦不绝如缕,永远都存在。人类各个时期都有乌托邦。

二

雅各比在他的重要著作《不完美的图像》(*Picture lmperfect*)中,将历史上的"乌托邦"分为两种:一种是"蓝图派"的乌托邦主义传统,另一种是"反偶像崇拜"的乌托邦主义传统。他认为,要反对的是"蓝图派"的乌托邦,因为这种乌托邦"强调详尽无遗地描绘出日常生活的各个方面,还设计出奇奇怪怪的未来之形象,几乎到了令人窒息的地步",而另一种,在他看来是可以保留的。

雅各比称自己写此书的目的,是要"拯救乌托邦主义的精神"。他说:"一个丧失了乌托邦渴望的世界是绝望的。无论是对个体还是对社会而言,没有乌托邦理想就像旅行中没有指南针。"

人们认为,乌托邦应为"20世纪所有的暴力和大屠杀"买单。雅各比认为,乌托邦不应承担此责,"因为它们与乌托邦毫无共同之处"。汉娜·阿伦特、以赛亚·伯林、卡尔·普波尔将乌托邦主义、纳粹主义等同极权主义的各个侧面联系起来，但雅各比认为，"不能发现乌托邦思想导致了极权主义的令人信服的证据"。

雅各比有很多真知灼见，但说人类的一些行为"与乌托邦毫无共同之处"，有些离谱。其实，何需提供具体的所谓"证据"？人类经历的"乌托邦"灾难够多的了，每一场改天换地的荡涤旧社会的宏大叙事，都有"乌托邦"的惨痛经历。"乌托邦"的逻辑必然导致专制、低效率和腐败。人类历史上，几乎所有精神的和现实的"乌托邦"，都是威权社会。"乌托邦"理想社会的逻辑起点（也是第一个明显特征）是"计划"——所有事情，都在无以遗漏的严密计划中。这种全方位的严密计划，是威权、专制和腐败之诱因。为什么？因为它会衍生出这样的运行逻辑：

一切事物严密的计划性——→形成政令极端聚合的绝对权威——→构成权力型社会运行体制——→社会高度整合单一化——→威权、专制形成——→绝对权力导致绝对腐败——→低效率……

雅各比在书中说，与其说要竭力从乌托邦思想导致了极权主义这一指控中拯救它，不如说是在竭力拯救乌托邦思想本身。我们要说的是，与其说要"拯救乌托邦"，不如说更要限制和警惕乌托邦。

"乌托邦"是绚丽的、诱人的，也是警策的。在任何时候，"乌托邦"都不可能"推动着与日俱增的进步"——人类缺少"乌托邦"式的梦想，兴许会少了些浪漫的光泽，但由于乌托邦的光怪陆离，却会深陷"美好"的灾难。

三

人也好，人类也好，一直存在一个悖论：梦想、激情等究竟应保持在何种瑰丽的"度"上？

人应该有梦想，生活应当有激情。没有理想和激情——"哀莫大于心死"，无异于行尸走肉。但是梦想和激情，有很高的"燃点"，当它发出熠熠火焰时，一个社会就可能会掉入乌托邦的泥淖。

特别是"社会理想"，一旦搭上激情的快车，它的终点一定是乌托邦。而拎着一大包伟大的社会计划，在那个站点匆匆下车的，多是有着气吞山河宏大构想的理想主义家。

在梦想和激情的五彩笔下，各式理性主义者勾画出一个又一个玫瑰色的阳光普照的幸福乐园。人们按"理性"生活，社会运行犹如一架精确设计好了所有程序的丝毫不差的机器。尽管那些梦想乐园，附丽着美好的精神价值——其中透出的文化品质确实是人类美好的希冀所在，但在根本上，因其内在逻辑和思想方法"先天"性缺陷，本质上具有的"非理性"性质，是注定要失败的。

梦想、理想是人类珍贵的禀赋。所谓梦想、理想，是超越实际、超越油盐酱醋茶的一点浪漫，是本朴生活上的几抹光色。生活是有风沙的，正如蔬菜有残留农药、面包含有添加剂、"莲花河畔"新楼会倒下一样。于是，我们需要想一想"更好的生活"是怎么回事。这便是梦想和理想。

332

任何理想和梦想，本质上都有乌托邦性质。"大道之行也，天下为公"的"大同世界"、落英缤纷的"桃花源"、风光旖旎的"香格里拉"……都是人类安逸的梦乡。而思想家们对于未来社会的想法，大体都在构筑一种乌托邦。马尔库塞的《爱欲与文明》，被认为是 20 世纪最后一部有乌托邦色彩的著作。而康德关于"世界公民社会"的阐发，何尝不是一种乌托邦?

正是在此意义上，人类不能没有"乌托邦"，不能没有高于现实的梦想、激情和憧憬，不能没有超越现实的美好价值追求。但是毫无疑问，我们必须将"乌托邦"控制在一个适度的点上。

因为，"乌托邦"一旦跨出它思辨领域，成为改天换地的伟大工程时，就成为一种危险行动。它带给人类的不是福祉，而是不尽的风险和灾难。刚刚过去的 20 世纪，是人类各种"乌托邦"获得绚烂现实而又黯然破灭、给世人沉痛教训的时代。

恩格斯说的这段话，是非常值得我们"学而时习之"的——

"社会所表现出来的只是弊病；消除这些弊病是思维着的理性的任务。于是就需要发明一套新的更完善的社会制度，并通过宣传，可能时通过典型示范，把它从外面强加于社会。这种新的社会制度一开始就注定要成为空想的，它愈是制定的详细周密，就愈是要陷入纯粹的空想。"

文化理性主义的神话

老同学聚会，有人取出两份著名学者的演讲录让看，都是说文化的，都充溢着理性主义的气血方刚。如其中一篇说"重建中国文化"，提出诸如对中国文化作"现代阐释"等。如今此类文章"多乎哉，极多也"。我把这种文化上无敬畏感、为所欲为的意志至上的现象，称为"文化理性主义"。

今天"重建文化""建设文化""打造文化"……是高频率词，几乎在任何场合你都能如雷贯耳，犹如电视晚会上华彩灯光一样不能少。很多人的意识是，"打造文化"犹如厨房里面做馒头包子那般，揉揉搓搓，于是厨房案板上，就会摆满精致漂亮的"文化"。而在一些相对严肃的学者眼中，文化虽不似制作馒头、面包那般容易，却也如一种器皿，是工匠按着图纸、按着意志，刻意打造出来的。

面对"文化重建"之类的高论，最想说的话是：文化与我们，究竟谁更有力量？是我们主导文化，还是文化主导着我们？在巍峨的文化高山面前，人应当做什么？

我想我们还是应当弄清楚，文化是什么，文化意味着什么。文化的定义无数，这里不讨论它的具体定义，只说它的特性。文化本质上是人类经历和历史岁月"无意识"的产物，凡有意识的东西是"作品"——"作品"能不能成为文化，还得由岁月和历史来大浪淘沙。

文化是物质的，更是心灵的。最重要的是：文化不是一代人的产物，它是一个民族、一个或数个生命群落经历代风霜雪雨后的一点痕迹。一代人，数代人，本身都是文化包容的一部分而不是相反。记得在去年《好玩的"文化秀"》中说过：不是你拿捏着文化，而是文化拿捏着你。不要说一两个人玩不了文化，就是一代人、两代人，也玩不了文化。

无论哪个阶段的民族，文化都是一座既定的高山。爬爬山可以，散散步、游览游览、修身养性可以，若你气度恢宏地要"愚公移山"，要玩"文化重建"，说白些，是痴人说梦。因为文化是既定的，文化因子是历代相承的。重建文化，正如想改变自身的基因一样匪夷所思。丹尼尔·贝尔在谈到文化时说：文化有自己刚性的逻辑，不会臣服于人的意志和操纵。文化的变化需要很长的历史时期才能完成。

既然你要"重建文化"，那你得告诉人们，怎么个"重建"法？哪些人参与"重建"？是推倒重来，重建出崭新文化，还是如今如火如荼的"旧城改造"法？是工地施工式"重建"，还是工匠打铁般"打造"？

如果说，对文化进行"现代阐释"就是所谓"重建"的话，那也太笑话了一点。因为那不过是当代人（其实只是极少部分当代人）一种自说自话的游戏。哈姆雷特只有一个，对哈姆雷特的解释可以有一万个。一万个的"阐释"，也代替不了哈姆雷特本身。种种所谓对文化的"现代阐释"，有多少是可以成立的？

言必谈"文化重建"，正如当年言必谈"文化"一样时髦。难道这样才算披上了时代的流行色？

在文化面前最有文化的态度，是对文化保持应有的恭敬。也许我们很有钱，也许我们很有权，也许我们很有荣誉，很有声望，很有改天换地之伟大意志，但这跟文化都没关系。文化只听命于自己的刚性的逻辑。文化不相信权力，不会臣服于人的意志，正如太阳不会按我们要求升起落下一样。

一座旧屋子，可以拆了重建，一座文化高山，不可能拆了重建，甚至不可能有真正意义上的"现代阐释"。因为本质上，文化没有新旧之分（也没有所谓先进、落后之分）——所有真正的文化，都是"旧"的；所有真正的文化，又都是"新"的。哪一种"旧文化"不活在今天？哪一种"新文化"不是"旧文化"的延承？所有的文化都有历史，所有的文化又都是历史的产物。任何所谓"现代阐释"，充其量只是给文化穿上花花绿绿的某种外衣罢了，丝毫改变不了文化本身的内质。

文化不是"建"出来的，更不是"重建"出来的。文化作为历代人无意识的产物，作为无数代生命的延续和维系，文化的延承、发展和变革，都是自自然然的春花秋月、风流云霞。一代人、数代人的意志能施加的影响，是极其微量的。

所以"重建文化"之类，只是一个伟大的笑话，是哈耶克等人批评嘲弄的"无知的狂妄"的一个例证。今天，理性主义极度膨胀，到处是理性主义的彩旗飘扬。"打造""重建"之类，成为我们公共生活的时尚流行语。

文化理性主义作为一个伟大神话，虽昂然和动听，却永远不会成为现实。不要说文化人"重建"不了文化，就是一代人、数代人也"重建"不了文化。动辄谈文化"重建",不过是一种浮躁和漫夸,是一种理性主义的虚妄,一种无意义的"气壮山河"。它本身,是不懂文化和没有文化的表现。

在文化这座高山面前,我们最明智的态度是"安分守己",对文化保持应有的敬意和畏惧。首先是不闹出笑话;其次要景行行止,保护和弘扬文化;再是"行有余力,则以学文",有可能的话,给文化大山有点添砖加瓦,增加点草木,如此而已。

理性主义：历史中的一味亢奋剂

古罗马时期，西塞罗在给人下定义时说："我们所谓的人，是具有预见性、灵敏性、综合力、激智力，是富有记忆力、充分的理性和深谋远虑的动物"。在古希腊古罗马时代，"理性"已成为人认识自身的特质之一。后来康德甚至认为，所谓"启蒙"，就是在公共事务上大胆运用"理性"。

理性是人类拥有的最为珍贵的禀赋之一。但是，理性作为人的特质，它的最大的危险是"昂扬"过度——人类很多灾难，正是由理性过度激昂所造成的。正如布热津斯基说的："'理性'……它就形成了一种为理想主义目标而从事社会工程的倾向。以一种反常的方式，平素适合建立美满社会的浪漫理想主义竟同教条式信仰——认为人类有能力来实现这一社会理性蓝图——结合起来。"哈耶克则从"理性"本身的功能出发指出："理性并非万能，而且那种认为理性能够成为其自身的主宰并能控制其自身的发展的信念，却有可能摧毁理性……"

事实正是这样。尽管人的理性和智慧也是一种稀缺资源，但理性的过度高涨，给人类带来的恶果是灾难性的。

在整个文明进程中，人类的理性时常出现这样的悖论：一方面，人的理性无论在对社会历史发展"扩展秩序"方面还是对自身生存价值的逻辑方面，都是不可缺失的，否则人不成其为人，社会也不成其为社会——排除了人的理性，也排除了人的生存本质；另一方面，理性时常与唯意志主义、权力意志等结合一体而在社会领域盲动、为所欲为。理性本身，成了一种破坏性极大的非理性。

在今天的社会领域，我们需要的是"渐进理性"。正如孟德斯鸠在谈到"理性"时说的："人类理性所以伟大崇高，在于它能够很好地认识到法律所要规定的事物应该和哪一个体系发生主要关系，而不至于搅乱了那些应该支配人类的原则。"

其次，理性主义并不与"理性"简单对应，这里且不说。"理性主义"作为一种社会思潮，主要特征是理想主义和社会唯美主义，它以"先验的"理想、原则、理念为轴点，去逻辑地推演和构造伟大的理想蓝图。

人类历史上，自古希腊以来，一直有着两条基本的思想线路：一种可称为"理性主义"路径，另一条可称为"经验主义"路径。我曾在拙著《政治设计研究》中，对这两方面作过一些梳理。"理性主义"线路大致是：起点柏拉图的"理想国"→莫尔的乌托邦→空想社会主义→……基本特征是依据理性，推导和演绎社会，改天换地，重建社会文明；"经验主义"线路大致是：起点亚里士多德的城邦政制→到洛克、孟德斯鸠的宪政论→联邦党人联邦制度设计→……基本特征是依据现实，按照"可能的"状况和条件，审慎地"渐进"推动社会进步。

你去看，所有的乌托邦和社会激进论者，都是理性主义者。历史上，柏拉图的"理想国"、莫尔的"乌托邦"、康帕内拉的

"太阳城"、安德里亚的"基督城"、闵采尔的"千年太平之国"、马布利的"理性社会主义"、巴贝夫的"平等共和国"、摩莱里的"自然法典"、圣西门的"实业制度"、傅立叶的"和谐社会"、欧文的"劳动公社"等，都是理性主义的典型产物。

理性主义的思想方法是什么呢？是"应然"（ought）而不是"实然"（is），崇尚"理性支配世界"，"我自身的理性是我的首席法官、我的第一统治者和我的第一国王"，喜欢推演社会"应当怎么样"。其运作路径不是从现实到理想，而是从理想到现实，社会中一切，皆可作为伟大意志的副产品。

最具调侃意味的是，几乎所有的理性主义者，都十分强调"社会发展规律"。但在强调"客观规律"的同时，他们决不肯降低意志、智慧、理性这些东西的作用，总是以高扬的意志和理性，来超越规律、替代规律。这是一种非常有趣味的现象。

德国哲学家康德曾就"唯理论"和"经验论"分析说：唯理论的"先天分析判断"虽然具有普遍必然性，但这类判断不依赖经验，经验论的"后天综合判断"的内容虽然从经验而来，但这类判断是通过归纳得到的，不具有普遍必然性。所以，要获得具有普遍性的认识，只有实行"先天综合判断"，即把先天的理性和后天的经验结合起来。

在社会发展模式上，"理性主义范式"下的社会，又有怎样的风貌特点呢？

一是"弱小社会"。理性主义下的社会模式都是强国家、弱社会，大政府、小社会模式。好对社会实行全方位的、无以遗漏的"密集型"管理。

二是"伦理社会"。伦理精神贯彻一切，"品德"远比规则重要。社会公正的刚性原则不是法律，而是"社会觉悟"。人们天天浸泡在道德说教盛行，同时反道德、伪道德大行其道的境遇中。

三是"人治社会"。这种社会模式特别推崇"贤人政治"，社会的发展寄托于领导人的"超凡能力"和"贤人品质"。所以"巨无霸"式的政治强人，是人们普遍期待的。正如马克思所批评的："最后得出一个答案：应该由贵人、贤人和智者来统治。"

四是"质朴社会"。一方面，主流价值宣扬鄙视财富，"轻视盛装丽服，绸缎被看成贱品，黄金被看成泥沙"，甚至如很多理性主义社会范式所倡导的：黄金"制作便桶溺器、犯人的锁链链镣和儿童玩具"等；另一方面，整个社会物欲横流，贪赃枉法、贪污腐败盛行。当然，这种"质朴"价值观中，还是有一部分合理因子。

恩格斯针对"理性"和"理性主义"说过一段话，很深刻："解决社会问题的办法还隐藏在不发达的经济关系中……社会所表现出来的只是弊病；消除这些弊病是思维着的理性的任务。于是就需要发明一套新的更完善的社会制度，并通过宣传，可能时通过典型示范，把它从外面强加于社会。这种新的社会制度是一开始就注定要成为空想的，它愈是制定得详尽周密，就愈是要陷入纯粹的幻想。"

我把文化上无敬畏感、为所欲为的意志至上的现象，称为"文化理性主义"，是因为这种亢奋"重建"思维、"打造"思维，本质上是文化领域中的唯意志主义和权力意志，是"重建社会文明"这种人类历史上悠久的理性主义的一部分。

"莫使有尘埃"与"何处染尘埃"

    禅宗有一空灵辩案,对中国思想界和文化界产生了深远的影响。唐时五祖弘忍隐居于湖北黄梅县双峰山,时有弟子数千人。据《六祖坛经》记载:一天弘忍把弟子们都喊来,让大家"各作一偈",说"若悟大意者",即"付汝衣法,禀为六代",即授予袈裟为嗣法人。

    这是一场"玄思考辨",但意义和影响都远远超出了遴选六世法嗣这件事。

    当时弟子中,神秀为上座并为教授师。神秀夜里在东山寺题下四句著名的偈语:"身是菩提树,心如明镜台,时时勤拂拭,莫使有尘埃。"

    弘忍看了,不太满意。把神秀喊来,说"汝作此偈,见即未到","若觅无上菩提,即未可得"。意思是说你只到了门前,却没入门,要他"更作一偈",如能得道,即付与法衣。

    神秀苦思几天,没能写出新偈。寺内有个未剃发的舂米行者,即后来的慧能,不识字,先"请人一读"神秀偈语,然后请人代笔写下一偈:"菩提本无树,明镜亦无台,佛性常清静,何处染尘埃?"然后请人书写于寺内的西间壁之上。

弘忍见偈，认为写得好，遂选定慧能为嗣法人，密授予《金刚经》。慧能得法后，按弘忍嘱，连夜从山寺后门出走，即南归新州（今广东新兴县）原籍。

从此禅宗分为南北两派。慧能在岭南传顿教，世称"南宗"；神秀在北方传渐教，世称"北宗"。慧能因强调"见性成佛"，被称"顿悟派"，灵秀因主张"拂尘看净"，被称"渐修派"。

《红楼梦》第二十二回"听曲文宝玉悟禅机，制灯谜贾政悲谶语"中，对这个事情描述为：当日南宗六祖惠能，初寻师至韶州，闻五祖弘忍在黄梅，他便充役火头僧。五祖欲求法嗣，令徒弟诸僧各出一偈。上座神秀说道："身是菩提树，心如明镜台，时时勤拂拭，莫使有尘埃"，彼时惠能在厨房碓米，听了这偈，说道："美则美矣，了则未了。"因自念一偈曰："菩提本非树，明镜亦非台，本来无一物，何处染尘埃。"五祖便将衣钵传他。

后来的历史中，两派都称自己为禅宗正宗，但因慧能袭得袈裟，遂取得正位。

神秀"无相偈"强调"时时勤拂拭"，慧能扬弃于神秀，认为"世人性本自净，万法在自性"，人佛之间，无不可逾越的鸿沟，自"迷"至"悟"，一念而已。这种类似"立地成佛"式的理念，是慧能"顿悟说"的基础。一般都认为慧能偈语，比神秀"得道"，如范文澜先生在《中国通史》中认为："从空无的观点看，慧能的空无观比神秀为彻底。"

但以今观之，这场玄思之辩，颇有进一步考辨厘析之处。

首先从陈述方式看，神秀的"莫使有尘埃"是"肯定式"思辨，以肯定"尘埃存在"为前提。要做的是"时时勤拂拭"，以毋染尘垢。在这一点上禅道的悟力与老庄思想相一致，如《道德

343

经》一、二章，被认为说出了禅的形而上基础。慧能的"何处染尘埃"，则为否定性思辨，以否认"尘埃"存在为前提。由此人要做的是内心无物，空悟一切。

其次从哲学方法论看，神秀的"时时勤拂拭"，是"实然"，思想方法为归纳法，揭示了生活真实。慧能的"何处染尘埃"，是"应然"，思想方法是推演法，反映了生活理想。"何处染尘埃"认为虚无所物，哪会染上尘埃，并不真正切合世尘实际。事实上，无论物质空间还是人的精神世界，无论以前农耕社会，还是今天的PM2.5，"尘埃"无处不在，名缰利锁、各式诱惑，更无处不有。

其三从实践价值看，无论"渐悟"还是"顿悟"，要津都在如何修行修为，这是禅宗理旨根本所在。慧能主张"思量一切恶事，即行于恶；思量一切善事，使修于善行"，但"何处染尘埃"站位虽高，操作性却不甚强，所谓"顿悟"，并不易得，玄思难免会流入空泛。神秀主张"莫使有尘埃"则是一种"接地气"、积极向上、心向上勤勉可行的修行预设。

由此，在"悟"的角度，慧能的"见性成佛"无疑更得玄道。毛泽东曾称赞，慧能在哲学上有很大的贡献，他把主观唯心主义的理论推到最高峰，要比英国的贝克莱早1000年。禅的一个重要特质，在于强调内心的自证。此种自证，与庄子的坐忘，心斋和朝彻是相一致的。但在"行"的层面，神秀的"修禅成佛"则更可践行。世间何处无尘埃，时时修身，时时拂拭，才是修行的真谛，得"禅"之三昧。"何处染尘埃"玄思不免流于空泛高远。

那么为什么神秀机锋语，反不如慧能的玄幻论？——人们有这样的疑惑，为何一直以来都认为"慧能偈语"更胜一筹，由此弘忍授与嫡传衣钵？

这里有个更为深层次的可能缘由在于：人类"冷门绝学"都有一种"极而言之"的内在驱动。禅宗的形成，最早受制于大乘佛学的推动，它使禅与老庄互为融合，获得勃兴与发展。当有一种玄思，能把某种价值推向极致，通常会被视为更"得其衣钵"，所谓"玄而又玄，众妙之门"，此即谓矣。慧能的玄思达至极致，正合乎了这一内在逻辑和"人设"。

由此对于历史上学说学派体系，我们当超然远览，厘析本末，考辨损益，才是更为实事求是的态度，也更能扬长避短，得其真意。

孩子，是一个时代的童真

南朝宋刘义庆的笔记小说《世说新语》，记述了汉末至南朝之际许多奇闻趣事，其中有许多小孩子的故事。梁国杨家有个小朋友，九岁，很聪明。有一天，有个叫孔坦的客人来访。父亲不在，小孩子就自己招待起了客人，摆出了杨梅等果品招待他。孔坦指着杨梅，对孩子说"此是君家果"——"这是你家出产的果品"（调侃杨姓）。那孩子不假思索，回答他说："可没听说孔雀是你的家禽啊！"

看看过去的"小人精"，比脑筋急转弯还快。

再看小人精：

东晋人谢尚，在简文帝第二次北伐中曾任中路指挥，后人称"镇西将军"。《晋书》上说他"善音乐，博综众艺"。我们今天说"桃红柳绿"，来自他的诗句："青阳二三月，柳青桃复红，车马不相识，音落黄埃中"（《大道曲》）。他还有诗句如"长杨荫清沼，游鱼戏绿波"等，都有清逸之气。

这家伙也是个小人精，很小就"语已神悟，自参上流"。他八岁时，有一次家中聚会，高朋满座。客人们称赞他"年龄这样小，真是座中的颜回！"那孩子听了，没美滋滋，来了句惊讶四座的话："坐无尼父，焉别颜回？"——"可在座的当中并没有孔子，怎么能辨别出颜回？"

超级小人精：

还有两个小朋友，一个叫张玄之，一个叫顾敷。张玄之是顾和的外孙，顾敷是顾和的孙子。两人都很聪明，但顾和老爷子比较偏爱顾敷，说顾敷比张玄之聪明。

张玄之9岁，顾敷7岁时，有一次，顾和一手牵一个，带他们去佛寺玩。佛寺里热闹，许多佛家弟子对着佛祖涅槃塑像在哭泣，有的则没哭。顾和问两个孩子，为什么有人哭，有人不哭。

张孩子说："受到佛祖亲近的就哭泣，没受到亲近的就不哭泣。"

顾孩子说："不对。应是忘却尘世之情的不哭泣，不能忘却尘世之情的就哭泣。"

这一答问，堪分高下。张孩子道出了"人之常情"，这是尘世之情，颇有见地。但顾孩子更说出了"佛心真谛"，小小年纪，光风霁月，有这样一种"慧心"。

农耕时代的孩子，不用考钢琴八级、十级之类，也不用学奥数或上真人秀表演节目什么的，也没拼爹斗富，平平静静的生活，倒透着一种天真的慧气和人文的聪颖。

孩子离诗最近，是一个时代的童真。

第十二章　问一问，人的本质

问一问，人的本质

　　人的本质是什么？从古希腊哲学到现代西方哲学，一直在追问。人太丰富了，以至于历史上对人的本质的追问和解答，如繁星点点的夏日夜空，灿烂无比。

　　前些日子读德国现代哲学家卡西尔的《人论》(*An Essay on Man*)，是一本解读"人"而有盛誉的著作。作者卡西尔（Ernst Cassirer）很牛，是"新康德学派"第三代人物，誉为"思想界具有百科全书知识的学者"，人们将他相提并论于罗素、爱因斯坦、杜威等人。

　　古希腊哲学是西方思想史的发端。苏格拉底以前各派，都从客体提出问题，苏格拉底出现是一个转折，他从主体提出问题。但古希腊哲学对人的探讨，还相当初始。近代西方哲学对"人"的研究，才有了比较大的突进。

　　现代西方哲学中，"人"的问题更成为焦点。从叔本华、尼采的唯意志主义开始，经伏尔泰、柏格森的生命哲学，到海德格尔、萨特等人的存在主义哲学，其势弥大，分支也多。人格主义、弗洛伊德主义、新托马斯主义、西方马克思主义……都把"人"作为自己的基点。

卡西尔著述 120 多种，煌煌三大卷《符号形式的哲学》，是他"文化哲学体系"的巍峨大厦。《人论》一书，则是他从朋友之请，用英语写的用来说明《符号形式的哲学》的缩写本，但它不只是前者的简单提要。一不小心，写成了名著。

卡西尔认为，关于人的本质"不能以任何构成人的形而上学本质的内在原则来给人下定义"，人只有在文化创造中才能成为真正意义上的"人"。卡西尔考察了 2 000 多年来各种关于"人"的理论，否定了以往人们对这个问题的内心体验方法和其他方法，强调人有一套独特的"符号系统"——这套符号系统使人拥有宗教、神话创作、艺术、语言、历史、科学这些独特的意识形态能力，形成区别于动物的人类文化。还是引卡西尔原话更明白：

> 人的突出的特征，人的与众不同的标志，既不是他的形而上学本性，也不是他的物理本性，而是人的劳作（work）。正是这种劳作，正是这种人类活动的体系，划定了"人性"的圆周。语言、神话、宗教、艺术、科学、历史，都是这个圆的组成部分和各个扇面。

此书的一个学术贡献是：提出了人是"符号的动物"定义。"符号化的思维和符号化的行为是人类生活中最富于代表性的特征，并且人类文化的全部发展都依赖于这些条件"。人与其说是"理性的动物"，不如说是"符号的动物"。动物被动地接受物理世界的"事实"，而人生活在"理想"的世界，只有人能够把"信号"（signs）改造成为有意义的"符号"（symbols）。"命题语言与情感语言之间的区别，就是人类世界与动物世界的真正分界线。"

历史上关于人的解析，多乎哉，够多也。但这本不太厚的书，开垦出让人们思索的新天地，难怪声誉鹊起。尽管如此，书中偏颇之处似不少。试举几例——

比如，他把人的"形而上"本性，排除在"人"的特性之外，似难圆其说。既然人是追求意义的"符号动物"，既然"事物与符号之间的区别"、"现实性与可能性之间的区别"很重要，又何以把人"形而上"拒于"人的突出特征"之外？

人之为人，在一定意义上，在于它"形而上"的特性。尽管我们天天生活在"事实"中，但我们能完全丢弃理想、想象和"形而上"这些东西么？如此这般，人甚至连马尔库塞说的"单向度的人"也说不上，成了"无向度的人"了。那是一种什么样的"生活世界"（借用胡塞尔语）？

又如卡西尔认为，人的本质，毋须依赖外部环境说明，由自身价值便可满足。这也值得质疑。因为，人不仅是个生物存在，还是个社会存在，是社会关系的总和。难道人真能"遗世而独立，羽化而登仙"？任何创造活动，都以一定社会关系为前提。社会环境、自然环境、社会生产关系乃至人际关系等，都对人的本质产生影响。

正如爱因斯坦说的："我们吃别人种的粮食，穿别人缝的衣服，住别人造的房子。我们的大部分知识和信仰都是通过别人所创造的语言由别人传给我们的……个人之所以成其为个人……从生到死，社会都在支配他的物质生产和精神生活。"

爱因斯坦说："鱼对于它终生都在其中游泳的水又知道些什

么呢?"可是人不是鱼,尽管"人生寄一世,奄忽若飙尘",尽管"譬如朝露,去日苦多",人还得问一问自身的本质和意义。想起法国科学院院士李比雄(Xavier Ie Pichon)说过的话:"今天,人处在一个新的断层。事实上,高科技的发展不断加重人类的痛苦……人类需要超越自己,再定义自己。"

人的本质是什么? 有许多答案,没最终答案。

这个亘古弥久的命题,将伴随人类生存的始终,或许。

第十三章

阅读，是最有风情的游历

读书是什么

　　说起读书，总想起毛姆的话："养成读书的习惯，就给你自己建造了一座逃避人生几乎所有不幸的避难所。"

　　读书由于能汲取知识、萌育良知而能规避许多不幸。当然读书不是"人寿保险"，像温州动车追尾这样的生命浩劫，你书读得再多，也没用。读书倒是作为一名读书人，一名学者，一个知识分子的"必要条件"。前几日去安徽，朋友邀了去太湖看"中华五千年文博园"，说"雄伟壮观，极值得一看"云云。到那一瞧，有些目瞪口呆。

　　除了根雕陈列可看外，这个名号极大、号称投资 7 个亿并还在扩张的"中华五千年文博园"，简直就是一个假文化的垃圾场。号称"来自东海之底"的巨石是假的，许多树是假的，至于"文化"两字，更是假大空。整个就是一个杂乱无章的假文化大杂烩。说白些，这是根本不懂文化的人，在假"文化"之名大胆地亵渎文化。

　　导游小姐冒着大热，给我们讲解。她指着这个园的"标志性建筑"老子巨像和"老子天下第一"大字对我说，"……所以我们老总特意写了'老子天下第一'这句话，来称颂老子……"我实在不忍心坏她的兴致，但后来还是有些忍不住，对她说："如果读过老子的书（更不说好好读过），就不太可能有这种夸饰之语"。老子哲学或老子思想的基本精神是什么？就是强调本真无为，强调"不敢为天下先"。他反对狂大，嘲弄自恋，鄙视自以为是。"老子天下第一"只是今人急功近利的狂大心态，与老子精神大相径庭。以这样的话来"礼赞"老子，是令人有些哭笑不得的大笑话。

前些时候，与同事诸友聊起读书。我说作为一名学者，还是应当先把那些该读的书读掉。"哪些书是应当读掉的？"他问。

"比如《论语》《诗经》《圣经》《孟子》《老子》，苏格拉底、亚里士多德、柏拉图、弗洛伊德、奥威尔、哈耶克、萨特、狄更斯、马克思……影响人类文明最基本的述著，是读书人、文化人、研究者用来混饭吃的最基本的'必修课'。如果你没读个差不多，先不急着为人类文明作贡献。"

知识先于创造。没有知识，就谈不上"知识分子"。当然有了知识，并不就是知识分子。知识分子当有良知，一名知识者如没有社会良心，充其量只是一名没有灵魂的学问者。

罗素说：西方文化人的思想产品"塑造了西方世界"。人类历史上如果没有苏格拉底、亚里士多德、柏拉图，如果没有笛卡儿、培根、卢梭、洛克、康德、黑格尔、尼采，如果没有莎士比亚、雨果、托尔斯泰、苏轼、曹雪芹，今天的人类文明，就不是这个模样。

读书既是人类思想产品产生的动力，也是人类思想产品传递的基本方式。至少，读了书，就不会闹出许多伟大的笑话，就能看破许多伟大的神话。

"好书三病"

明人谢肇淛有笔记《五杂组》，分天、地、人、物、事五部，故名。此书记述明代社会、文化、政治、经济和草木鸟兽虫鱼、药用植物和考辨，中有"好书三病"一文，不长，很有警策：

> 好书之人有三病：其一，浮慕时名，徒为架上观美，牙签锦轴，装潢炫曜，骊牝之外，一切不知，谓之无书可也。其一，广收远括、毕尽心力，但图多蓄，不事讨论，徒洗浣灰尘，半束高阁，谓之书肆可也。其一，博学多识，矻矻穷年，而慧根短浅，难以自运，记诵如流，寸觚莫展，视之肉食面墙诚有间矣，其于没世无闻，均也。夫知而能好，好而能运，古人犹难之，况今日乎！

谢肇淛说了三种"好书"的毛病。一种是仰慕虚名，摆着书只为摆谱，好看，象牙书签锦缎轴面，炫目得很，可什么都不知道——今天盛行装帧考究、价格昂贵的所谓"礼品书"，是典型的"徒为架上观美"。第二种，收揽搜求费尽心力，只求多，不求懂，书束之高阁，积满尘埃，如书铺一般。第三种，学习也算

第十三章 阅读，是最有风情的游历

用功，广学多记，可慧根短浅，了无创见。这与不读书不看报的鄙陋高官、不谙世事的迂腐学者虽有些区别，但在无益于社会默默无闻上，却是一样的。

这"好书三病"，其实也是今人的通病，我们从中可看到自己的影子。

"好书"不能止于"好"，要"知而能好，好而能运"。死读书，读死书，都不行。读书贵在滋养慧根，养身养心，融会贯通，激荡思考力、创造力。

读原著是硬道理

冯友兰先生在谈到读书时说：一个人若不能读哲学著作原文，要想对它们完全理解、充分欣赏，是很困难的……中国哲学家的言论、著作富于暗示之外，简直是无法翻译的。只读译文的人，就丢掉了它的暗示；这就意味着丢掉了许多。

今天我们身旁，装饰性、华彩的东西太多。读书也一样，读原著少了，读远离原著、远离原著精神的花花哨哨的东西多了。当年电视剧《红楼梦》演员海选，报名演贾宝玉的选手，突破3万人。但是半数以上没读过《红楼梦》，不知贾宝玉何许人也。当时著名红学家陈熙中先生对这些俊男表示了担忧，他说"选贾宝玉，重要的不在外表而是气质。要做到气质符合，就一定要多读原著"。

就人的习性来说，总是喜欢偷懒。今天我们一是"没时间"读书，2009年《人民论坛》杂志有一项读书调查，有七成以上党政人员每周的读书时间，只有6小时以下甚至更少。国人每周阅读时间平均8.1小时。二是即使坐下来读点极有限的书，也大体读那些花里胡哨的书。严肃一点的，读些二手三手转述、诠释性的东西，然后人云亦云。这种偷懒，看来"省力省事"，其实最浪费时间和精力。

　　读书的第一要义，是读原著。读书如果有什么重要方法的话，还是读原著。靠二手三手转述，难得书之精髓。原著才有原味。就像吃薯片，原味的那种才最有味，最本真，是吧。

"显处视月"与"牖中窥日"

　　在前面"南北不同学风"一文中，谈到刘义庆《世说新语》对北方人、南方人学问特点的记载："褚季野语孙安国云：'北人学问，渊综广博。'孙答曰：'南人学问，清通简要。'支道林闻之，曰：'圣贤固所忘言。自中人以还，北人看书如显处视月，南人学问如牖中窥日。'"（《世说新语·文学第四》）

　　褚季野名褚裒，东晋名士。谢安在谈到褚裒时说："裒虽不言，而四时之气亦备矣。"孙安国是孙盛，东晋大史学家，写过很多史学著作，有"词直理正，咸称良史"之誉。这哥们还长于论辩，当时有个东晋名流殷浩，前文说到过，是个论辩高手，在思想界极有影响力，"为风流谈论者所宗"，但遇上孙盛，论辩起来时常捉襟见肘，力不从心了。

　　这一次，褚裒与孙盛聊起南方人、北方人学问上的特点和差异。褚裒说："北方人做学问，渊深概括而广泛博大。"孙盛回答说："南方人做学问，清朗通达而简明扼要。"支道林听后说："圣贤做学问本是得意忘言，但就一般人来看，北方人读书，恰如在明处看月亮，南方人做学问，好似在窗口看太阳。"

　　褚、孙两人，讨论南北学人不同的学问风格，说得很到位。

但真正说清楚的，不是褚裒，也不是孙盛，而是那位支道林。支道林是东晋高僧，与谢安、王羲之等人交游，玄思深远。特别喜欢《庄子·逍遥游》，他注解的《逍遥游》大大超越郭象、向秀两个权威的解释，对《庄子》研究影响极大。我们今天时常说的"标新立异"这个成语，其实与支道林有关。

支道林很浅白又很明了地道出了南北学人之间的不同。北方人读书，正如在显阔的地方看月。"显处视月"，是指大而化之，大大咧咧。南方人读书，则如在窗户里看太阳。暗中看日，甚是洞亮，甚至有点洞若观火了。"视"与"窥"是有差异的。"视"，不是很刻意，"窥"是用意的。

这场对话，很有意思。就这段对话来看，大抵当时人认为，北方人读书宽宏一些，南方人则更窄深精细些。当然，这也只是人文地域上大体呈现的风格特点。读书学问，更多在于各人的习惯和心志，并不一定以地域、以人群划类。

我这里想说的是，不妨把"显处视月"、"牖中窥日"作为两种阅读方法，各有适用。

在今天的忙碌社会里，对一般的书，"显处视月"式的阅读，大体也就可以了。那些时髦书、跟风书、花哨书、文宣书、扯谈书，自我包装书、无病呻吟书，一两分钟翻下足矣，何须费神来读？——这里不指这些，这里说"显处视月"式阅读的书，是指那些正儿八经值得一读的书，但可能暂且不用，或闲情中可随意翻阅之书，浏览泛读亦无不可，无需枯灯黄卷地"攻读"。

但对于好书，会心的书，经典的书，有质量的大部头，或对我们品性、专业、工作、学习、生活深有启益的书，不能只是

"视月"式打量，当以"牗中窥日"，细读之，审思之，明辨之。

以"牗中窥日"之法读过的书，一定教益甚多，甚至终身受其影响，也会成为我们做人、做事、做学问的"根底"。

苏轼的"笨工夫"

林语堂先生谈到苏轼，总是非常敬仰。在《苏东坡传》中，他给苏轼冠的名号就有十多项，如散文作家、新派画家、伟大的书法家、酿酒实验者、工程师、皇帝的秘书、心肠慈悲的法官……林语堂先生如此憬从的广博之人，在读书上一定另有门道了？

我们都是这样想的。可事实上，苏轼读书之法非常原始，用的是"愚钝"之法，下的都是苦功夫。

宋代陈鹄的笔记《西塘集耆旧续闻》记载：当年苏东坡贬谪黄州，结识了当地一名叫朱司农的人，后来两人成了知己。这哥们时常来看苏轼，两人煮茶论道，颇为快意。

两人成为好友是因为一句诗。一天，苏轼听到有人吟诵"官闲无一事，蝴蝶飞上阶"，很惊诧，僻远之地有这样幽雅的句子，问是谁的诗？人们告诉他是朱司农写的。后来两人由诗成友。

一次朱司农来看苏轼，在客厅坐了半天，没见苏轼出来，等也不是，走也不是。正等得疲倦，苏轼出来，说不好意思，让你久等，因每日必做的功课，耽搁了时间。朱司农问这"日课"是什么？苏轼说在抄《汉书》。朱司农听了很惊异："以先生天才，开卷一览可终身不忘，何用手钞邪？"——以您资质，过目不忘，哪有必要以手抄书呢？

东轼告诉他：不是这样的。"我读《汉书》，到现在已是第三次手抄了。开始一段抄下三个字作为提示，后来抄下两个字为提示，现在只需抄一字了。"朱司农问，能不能把抄的书给他瞧瞧。苏轼叫人拿来一册，朱司农看了不解其意。苏东坡让他"试举题一字"，朱司农随意挑了一处，"东坡应声辄诵数百言，无一字差缺"，来来回回挑了好几个地方，苏轼都能流畅背诵。朱司农感叹："先生真谪仙才也！"

朱司农后来拿这事教育他儿子，"东坡尚如此，中人之性岂可不勤读书邪？"——苏东坡这样才思聪颖的人尚且勤奋如此，我们这些资质平平的人，怎能不更勤奋地读书呢？

苏轼学识博大，是勤学苦读的结果。苏轼不仅手工三遍抄写《汉书》，其他《史记》等大部头也一遍遍地抄写，以使浸入自己身心。苏轼自己称为"迂钝之法"。

所谓"最淡的墨水胜于最强的记忆"，"买书不如借书，借书不如抄书"说的就是这个理儿。《三国演义》中，邓艾从山中小径暗度阴平，一举拿下成都，但读书学问这样的"阴平捷径"无处可觅。正是"迂钝之法"，造就了博学多才的苏东坡。其实不光苏轼，许多人都好此法，如诸葛亮曾把《六韬》《管子》等手抄一遍。

但这种读书法今天有隔世之感，今天快餐社会中，哪里寻找这种毅力和耐心？

苏轼还有一种与"迂钝"相关的"八面受敌"读书法。大体意思是一本书读几遍，"每一过求一事"，即读一遍重在搞懂一个方面"如治道、人物、官制、兵法、财货之类"，苏轼说"此虽愚钝，而它日学成，八面受敌，与涉猎者不可同日而语也"，各方面都理解透彻而能经得起考验。一次，毛泽东与人聊起读书，说到苏轼的"八面受敌"读书法，非常推崇。

今天我们进入了一个机巧社会，凡事讲机巧、求捷径，并把会玩机巧当聪明。读书亦不例外，青灯黄卷，下苦功夫，很少了。但做人做事，机巧只能讨得一时之巧，只有扎扎实实、一步一脚印方为正道。至于读书学问，还是四个字：笨工最巧！

梁章钜"精读一部书"

很多年前，后来写了《白鹿原》的陈忠实说，他一直想着要写一本"死时可以当作枕头的书"。一个人如果一生能写出一部真正的好书，也算无枉此生。读书治学也这样。学问之业如能烂熟于一二部经典，以为治学之根，亦不负日出月落、春花冬雪。

清代嘉庆进士梁章钜倡导所谓"精读一部书"之法，就是选择一部书，读透乃至烂熟。"此一部便是根，可以触悟他书。"在这本书基础上扩展开来，旁涉其他。这是过去很多读书人的治学方法。

梁章钜认为，读书要读"纯粹无疵、有体有用之书"，"倘熟一部没要紧的书，便没用"，这就如领兵，亲侍一伙没用的兵是徒劳的。那些"没要紧的书"偶尔看看可以，但无需花费太多时间。

读书其实如旅游，不能拘囿一地，不能拘囿所谓"专业"概念。兴之所至，皆可遍览，这样才多读、读杂。现在有些领域过分强调所谓"专业意识"，其实很害人。"专业"之外，隔行隔山，概无所知。

知识是个整体，我们偏重专业，但在阅读上，不能局限于那一点专业的东西。孔子提出"君子不器",就是强调人不能局限于一二功用,犹如器皿一般。

当然这是问题的一方面。另一方面,还是要读值得读的东西,即梁章钜所谓"有体有用之书",少读可读可不读的东西。特别是精读一两部书以为根基,此乃所谓"一部为根"读书法。

蒙田"漫无计划"读书

　　法国 16 世纪的蒙田是思想界有影响的人物，被认为是"人类感情冷峻的观察家"，与莎士比亚、苏格拉底、米开朗琪罗并驾齐驱。他的代表作《蒙田随笔全集》被誉为"思想的宝库"，前几年在我国售量很大。

　　蒙田喜欢给人一种印象：不善治学，"漫无计划"地读书，写作则是"家常闲话，平常情怀"。他的随笔平和温暖，信马由缰，结构松散，他自己说是"世上同类体裁中绝无仅有的"。当时人们有一些批评，但 18 世纪狄德罗认为这种"无条理"，正是"自然的表现"。后来培根的哲学散文，受到蒙田很大影响。

　　蒙田这样谈到他的读书习惯："有时翻翻这本书，有时看看那本书，不作严格的安排，也无一定的计划，多方涉猎，随兴之所至……"在另一篇文章中，蒙田说："如果这本书看烦了，我丢下换上另一本，只是在无所事事而开始感到无聊的时候再来阅读。"

　　蒙田解释说：他这种不作严格安排的读书，"是为了自娱"。"如果有谁对我说，单纯为了游乐、消遣而去利用诗神，那是对诗神的大大不敬，那么，说这话的人准不像我那样了解娱乐、游戏和消遣的价值。我禁不住要说，别的一切目的都是可笑的……"

趣味和好玩，是蒙田读书的主要取向。在蒙田看来，娱乐、消遣是读书的题中应有之义，比起其他"有目的"的读书，更可取。

读书，有时就是一种娱乐，一种消遣，一种精神的漫步。无需目的，不必刻意，随心所欲，兴之所至，闲庭信步。这种"消遣式阅读"有如晚餐上的一道甜点。

这种阅读方式，在内容上有什么特点？

蒙田说"我很少阅读现代人的作品，因为我觉得古代人的作品更丰富更严峻……"蒙田认为："在那些纯然是消闲的书籍中，我觉得现代人薄伽丘的《十日谈》、拉伯雷的作品，以及让·塞贡的《吻》（若可把他们归在这类的话），可以令人玩味不已……"

我们都有这样的体验：有时处于某种"精神真空"状态，或百无聊赖，茫然无适，这时捡起一本书，就可以放浪形骸。我们来到了一个新地方，漂流，徜徉，我们随遇而安，看云来风去。

蒙田甚至反对作书摘之类。他认为："任何好书的摘要，都是愚不可及的东西"。如果要给这种读书冠个名称，这是"自然主义"读书法，除了阅读本身的轻松自然，还要克制各种主观想法、理性等先入为主，对阅读对象和阅读过程有过多侵入干扰。

这种阅读不是思想的赶集，而是精神的踏青。我们的心境是放松的，偶尔飘下些思绪落叶，不啻是精神休憩的一种方式。

"书读完了"

历史学家陈寅恪曾对人说：他年轻时，去见史学界老前辈夏曾佐。那位老人对他说："你能读外国书很好，我只能读中国书，都读完了，没得读了。"他当时很惊讶，以为老人糊涂了。后来陈寅恪体会到，那位老人的话是有道理的，中国古书不过几十种，是读得完的。

一方面，书海茫茫，书是读不完的。有人作过统计，全球每年出版的化学方面的文献书籍，如按日读 8 小时计，一个人要 37 年才能读完。而到了那时，后面 37 年累积的资料书籍还一点没动呢。另一方面，真正的元典是有限的，书是读得完的。一些书是另一些书的核心和基础，许许多多的书，只是依附在那个基础之上的衍生物，是"核心书"的外围。读书自然是先读这个"核心"、这个"基础"，再向广博或精深发展。比如"红学"，核心和基础是《红楼梦》，其他红学著作只是它的衍生和扩展。

"书读完了"，乍听甚奇，细揣有理。这是理清了中国古书的头绪和系统，所以能抓住要领，顺着脉络，择要精读，一通百通。

融会贯通地择书而读，面对横无际涯的茫茫书海，就不至于望洋兴叹。比如唐诗，博大精深，清代康熙时编的《全唐诗》共收48900余首，作者2000多人。1982年出版的《全唐诗外编》补佚1800余首。但作为赏读，一般情况下熟读《唐诗三百首》，足以对唐诗"管中窥豹"了，不一定非得陷入那庞大体系和结构中。当然，要作深入研究则是另一回事。

研读西方文化，如先读荷马史诗等古希腊古罗马作品，上路比较快，因为它们是西方文化的源头。另外《圣经》是不可不读的。它是一部宗教经典，也是一部伟大的思想和文学作品。不读《圣经》，很难读懂西方公元以后的书。读莎士比亚，"四大悲剧"最重要了，尔后，再涉及其他33部剧作以及林林总总的研究文献。这有点像《桃花源记》中渔郎探津，寻入桃花源一样，"初极狭，才通人"，以后就"豁然开朗"。

"书有未曾经我读，事无不可对人言"，我们读得再多，也只是茫茫书海中极小部分。所谓书海无涯，人生有涯，所以庄子说"吾生也有涯，而知无涯，以有涯随无涯，殆矣"。如果能注重方法，择书而读，就能缩短"以有涯随无涯"的距离，读书会更有效率。

季羡林的书单

季羡林说有两个对他影响最大的大师，一个是德国的亨利希·吕德斯（Heinrich Lders），一个是他的导师陈寅恪。两人都是考据大师，方法缜密到神奇的地步。

吕德斯是世界公认的梵学大师，印度每有新碑铭没人能读懂，大家就说："到德国去找吕德斯去！"吕德斯的书中，对季羡林影响最大的是《古代印度语文论丛》，季羡林说"读之如饮醍醐……"

陈寅恪书中对季羡林影响最大的是《寒柳堂集》《金明馆丛稿》。书中考据无证不信，如剥春笋，剥到最后，露出核心，让你恍然大悟。

季羡林说自己一生无爱好，大部分时间都用来读书了。季羡林明确列出的"最喜爱"的10本书：

一是司马迁的《史记》。我国世称有"二十四史"，但季羡林认为其实其中的哪一部都不能与《史记》相提并论。二是《世说新语》。"表面简单淳朴，内容却深奥异常，令人回味无穷"。三是陶渊明诗。颇近道家，纯任自然。四是李白诗。有一股"气"不可抗御。五是杜甫诗。杜诗是"戴着枷锁跳舞"。六是南唐李后主词。特别是降宋后篇篇皆杰作，一个典故也不用，"意境却哀婉凄凉"。但是对于王国维在《人间词话》中称后主"有佛祖的胸怀"，老先生表示"至今尚不能解"。七是苏轼的诗文词。季羡林说苏轼达到了诗、书、画、文、词五绝，"是中国文学史和艺术史上最全面的伟大天才"。八是纳兰性德的词。"胸怀愁思，流溢于楮墨之间"。九是吴敬梓的《儒林外史》。十是曹雪芹的《红楼梦》。

季羡林说吴敬梓惜墨如金，从不作冗长描述。《红楼梦》则是书中"状元"。读这样一部书，主要是欣赏它的高超的艺术手法。那些把它政治化的无稽之谈，是不可取的。

很多人要书单，这十本书，可作为打基础的普及性书单。

读书越少，胆子越大

清代朱克敬在《暝庵杂识》卷二中谈到读书时说："凡人读书，各有心得，虽契友不能同，亦不能喻"，读书其实是一个人的事，但阳光下，明窗前，佐以香茶一壶，清气袅袅，二三契友茶叙心得，纵论天下，趣味自然更佳。

前两天，有亲戚对我说，有个很好的场所，想开一个品质高的咖啡屋。说很想做这件事，但犹豫不决。我说，既然想好了，就去做。

"可是，我硕士不是白读了？"她说，"再说，这辈子我就干这个？"

开好一个咖啡屋，其实也是事业，同样造福社会。至于读的书，肯定不"白读"，一个人读了多少书，全在自己身上，反映在内外气质上。读书不仅有益知识结构，更涵养灵魂。书总是在渐渐地改进一个人。再说人一生，至少应经历三种职业，才算有点人生况味。我这样对她说。

今天读书，有各种标的。为学业读，为考试读，为写论文读，为职称读，这都正常。但这类读书，任务性强，只是应对性、基础性读书，浮光掠影，过后便忘。真正的读书，是超功利的，为身心读、为灵魂读，为性情读，是心灵和灵魂的漫步，是心智上的春耕秋作。

一个不读书的人，胆子会很大，口气会很大，派头也很大。读了书，掂出了自己几斤几两，大体上不会说伟大的疯话和胡话。所以我概括的一条定律是：一个人的口气作派与读书成反比，读书越少，口气作派越大，反之亦然。

一个不读书的人，如果一生"躬耕垄上"，倒没什么，只是"本朴"生命在那里运行罢了。但人总得进入社会，一个人拿着充满原始意味的生命体去冲撞社会，不是犹如一头大熊莽撞地闯入大街一样么？

不读书，我们的生活同样花花绿绿，但灵魂是个空壳。

读书使我们领略文明的风景，经历山山水水，与古今中外有心智的人对视、对话。读书使我们洞悉人的心灵，也回眸自己的心灵。所以要使生命有质量，还是得读书。

读书并不隆重，无需"红袖添香夜读书"什么的。读书是最简易不过的事儿。草地上、候车时、地铁里、卫生间，都可以读书。

书展越多，读书可能越少

书展与读书

这几日坐书桌上，被书展吹来的风"热"着了。书展，每年的桥段。以前常逛书展，现在很少去了。主要是文宣的风太大，营销和场面工程太热闹，热风吹雨，如阵阵余暑，这一切与读书远了些。

热闹的书展越多，真正的读书越少。这是个定律吗？

我们要建这个社会，要建那个社会，任重道远，最好先有一个"书香社会"。

但读书是纯粹的私人行为，很难成为高大上的集体运动。

不读无聊之书

套用《红楼梦》"好了歌"，世人都说读书好，唯有功利忘不了。在满世界都嚷嚷读书的当下，读书的另一面是"不读书"——不读无谓、无聊、无价值、无病呻吟之书，而要读有趣、有识、有价值之书。

中国每年出版书籍超过45万种，超过美国一倍以上，是世界第一出版大国。但这个大，是体量大。在汗牛充栋的庞大阵容中，至少有 80% 的书是不必去浪费时间的。花书、渣书、垃圾书充斥其中。剩下 20% 中，大部分亦不必页页看，厚厚本子中或有一二价值，就相当了得了。真正可观者，百中有一二，可能已高估了。

近代学者王国维说："凡一代有一代之文学。楚之骚、汉之赋、六代之骈语、唐之诗、宋之词、元之曲，皆所谓'一代之文学'，而后世莫能继焉者也"。

王国维"后世莫能继焉者"这个见解，是非常有价值的。"轴心时代"前后，元典已构成对这个世界的解释，先贤们"话语体系"已相当完备，在这样一个浮夸、不可能再有经典、元典的时代，回到元典，少读花书、渣书、垃圾书，是一种伟大的清醒。回到元典，诗必盛唐、文必秦汉，是有道理的。

不为滥书费心力，是读书的一条准则。

读书、发呆、思辨

读书可以消遣，也可以思考，但更与思考有关。

身体随波逐流，精神和灵魂也随波逐流，最省力。但如果我们有时对这个世界很多事情要想一想，那就要读书了。载于书册的真知灼见经历史沉淀，是值得我们认真对待的。有时，我们思考了，但你的前面，早有人作了更深刻的洞见……你在开辟一条小溪，但你前面其实有一片大海。你不读书，你不会知道。

叔本华说得好："读书仅仅是独立思考的一个代用品"，"许多书的作用，不过是告诉人们使你铸成大错的方式有多少，使你误入歧途的程度是如何的深，假如你真要听它们的引导的话。——所以，只有当你自身的才志枯竭时你才应去读书"。

我们在发呆、思辨、无聊时候，应当有一卷在手。

酒多人颠，书多人贤

有段时间，中国人跑到英国去"学习考察"文官制度，英国人感到奇怪，说："我们文官制度是跟你们学来的。"世界上几乎所有政治制度类型，都能在英国那里找到源头。但文官制度是中国的伟大创造。正如美国著名历史学家费正清（John King Fairband）和赖肖尔（Edwin Reischauer）在论及中国秦汉时代时说的："中国早已开始发展一种以功绩为依据的现代类型的文官制度"，"几乎在两千年以后，西方才采用了与此相似并部分受到中国影响的文官制度"。

对人类文官制度的精神结构说得最透彻的，在我看是德国社会学家马克斯·韦伯。韦伯在《社会与经济》一书中，对文官制度有详尽的研究。而在近现代政治人物中，对中国科举制、文官制度最持公允态度的，是孙中山——这且不多说，这里要说的是，中国的文官制度，是由一批读书人作为其灵魂的；中国文官制度的本质，是考试制度加上"士子精神"。

什么是"士子精神"？

我说的"士子精神"，就是"以天下为己任"的知识理性和公共理性，后者还特别强调民本和遵从民意。

在中国古代，士子群体与官员相当重合，官僚队伍基本由士子群体构成。中国历朝历代，士大夫群体不读书是不可想象的。屈原、张九龄、姚崇、韩愈、欧阳修、苏东坡、王安石、张居正、纪昀……都是饱读诗书的官员。他们的文章述著，是中国文化的瑰宝。

如今大部分官场从业人，工作中忙事务，工作外忙应酬。白天劳心劳力，晚上应酬放松。没时间读书，也没心思读书。偶尔读点有限的书，多为宫廷秘事、职场攻略、炒股经纬、官场秘籍、易经测命之类。真正意义上的"读书"少而少矣。当年毛泽东批评的"不读书、不看报"、"不知有汉，无论魏晋"，今日尤甚。不读书的"学习型官员"越来越多。

20世纪80年代那种"全民读书热"，那种对知识的渴求和对各种社会思潮的浓烈兴趣，已是遥远的记忆。今天，不仅官员不读书，专家学者也不读书，学生也不读书（除上课、应付考试之外）。中国出版科学研究所披露"国民阅读与购买倾向抽样调查"，人们认同"读书越来越重要"的比例，已降低到1999年以来最低点；"国民图书阅读率"连续6年下降。官员不读书，只是社会整体不读书的一部分，正常得很。

当下中国，实用主义理性高涨，凡人凡事，皆以"有用无用"考量。读书离"实用"太远。在中国，即使读书最盛的年代，也强调读书的"经世致用"，今天人们更是重技艺、技巧之类，重术轻道。读书无用作为一种社会倾向，整体性地重新抬头。

既然知识无用，既然读书对功业和前程无利，既然"文盲"比"文化"更洒脱，更能"处世"和应付裕如，人们为什么要刻意去读书呢？

"竹帛烟消帝业虚，关河空锁祖龙居。坑灰未冷山东乱，刘项原来不读书。"晚唐诗人章碣的这首诗，有点历史哲学的味道，很值得一品。这是题外话。

在中国古代，官员不读书是很难混的。不读书，你连奏章都写不好。今天，稍有职务的官员，不用读书和动笔，一切由文秘人员或专门班子代劳。在整个行政过程中，你完全可以"不读书、不看报"，一切由人操办。再加上现今的政绩考核机制，与人的读书学养毫不关联，读不读书相当不重要。甚至在很多时候，读书不如不读书。当大多数人不读书时，读书反倒有"红袖添香夜读书"似的奢侈了。

过去封建社会士大夫，略通文墨是最起码要求，至于饱学之士，历朝历代层出不穷。范仲淹应邀为新落成的岳阳楼写点文字，他没机会到实地看，只凭图纸，留下了气势磅礴的千古绝唱《岳阳楼记》，这是一种素养。《刘向新序·杂事第五》记载，鲁哀公问子夏说："必学而后可以安国保民乎？"子夏说："不学而能安国保民者，未尝闻也。"

不读书，是今天"知识经济"时代，我们热热闹闹打造的"学习型社会"里，一道颇有滑稽意味的社会风景。

公职人员还是要少些酒气，多些书香。

"你想流芳千古，就写一本书"

几年前听以色列作家阿摩斯·奥兹来华演讲，题目是"漫长岁月里，我们除了书一无所有"。这名作家反复强调："犹太人是书的民族，读书就是力量"。在今天这样一个不定的时空中，能这样淡定地津津乐道读书，甚至把"读书"解释为文明的驱动力，真是难得。

许多中国人见到以色列人，总会问一个问题：犹太人有很大成功，他们会做生意，有杰出企业家、科学家、文学家、诺贝尔文学奖得主，以色列人成功究竟靠什么？

阿摩斯说：答案很简单，我们民族基因并不比中国人强，以色列人成功，在于"在漫长岁月里，我们除了书之外一无所有"，"中国人在建造琼楼玉宇、桥梁、城市、村庄、万里长城等恢宏建筑的时候，犹太人在干嘛？在写书。当其他国家在打仗、在征服他国时，以色列只有书……"

犹太人有句著名的谚语："如果你想在一个冬天避雨，就造个茅屋；想在许多冬天避雨，就造一所石屋。想被子孙后代铭记，就建一座石墙环绕的城市；如果你想流芳千古，就写一本书。"

阿摩斯说：犹太人是书的民族。他们没有机会成为战士、政治家和建造者，因为他们一无所有。今天犹太人，在许多方面取得了成功，但书对他们仍然最重要。"现在我们有了自己的国家，在那里建立了城市、乡村、宫殿、广场、桥梁、街道，也许有一天，我们会失去特别珍贵的东西——著书立说的遗产，但以色列人读书仍比其他任何国家要多，以色列的图书平均销售与发行量，在世界上比任何一个国家都大。"

谈到以色列人的思想时，阿摩斯说"以色列人喜欢论争，喜欢不一致，喜欢有异议。在犹太人传统中充满了'论争'，犹太人书中也充满了'论争'。国王这样说，先知那样说，但普通人并不跟着说。他们尊重先知，但并不妨碍思辨……"

在犹太人传统中，甚至有人同上帝争论。《圣经》记载：先父亚伯拉罕曾和上帝辩论，指责上帝不公正。这种论争，在其他地域文化中，是难以想象的。所以犹太人文化传统的基础，一是怀疑，二是论争（当然不是无谓的争论）。

我们在小学、中学乃至大学接受的教育，是让你认同一致的东西，是给你准备了一个真理，让你接受。但在以色列，如果小学里孩子们见解和老师不同，老师不是批评，而是鼓励孩子们拥有自己的见解。

阿摩斯说："你与总理争论，总理很可能会邀请你到他家里喝杯茶，或者吃饭。"他说他和太太曾被当时的总理奥尔默特邀请到家里吃饭，为的是一起讨论问题。

论争和怀疑，是犹太文化的精髓，其实也是人类文明的灵魂。

任何一个民族，思想的强健和发散才有希望。读书是为了强健灵魂，不是为了销蚀灵魂。

阅读，是最有风情的游历

读书是一种生活形态

阅读，是思想的游戏，也是初春平湖上荡舟。

读书不是件"刻意"的事儿。读书是一种日常生活，一种生命形态，一种生活品质。

阅读使我们超越时空，到达足迹到不了的地方。阅读带领我们参观一场场思想的博览会。我们与先哲围炉品茗，体悟哲思，聆听惠言，"不畏浮云遮望眼"。

没有阅读，思想很难，生活很枯涩。阅读涵养灵性，长学问在其次。

阅读，应当是我们生活的一道甜点。

有两种读书

阅读是思维的写作，写作则是阅读的另一种方式。

读书有两种：一种是为应考之类的"任务性"读书。一种是兴之所至的"散步性"读书。散步性阅读，无处无不可。车站码头、地铁、庭院、洗手间、闹中取静的街心花园，哪里不可以是我们阅读的书房？

散步性阅读没有专业分割的界限。我时常对学生说：知识的分割只是为了传授的方便，并不代表知识本身有如此明确的分界。如果一个人，"专"到除专业那几本书啥都无所知，那是真的"专业"了。借用马尔库塞的概念，这是另一种"单向度的人"。

善读书，人是书的主宰；不善读书，书是人的主宰。

笛卡儿说："读一本好书，就是和许多高尚的人谈话。"阅读的时候不会孤独。我们身边有彩云、嘉风，有先哲们心灵的风筝在飘飞。

阅读是一种游历。阅读增加阅历。阅读延长生命的日历。

当然，阅读也是精神的休憩，是最有风情而广袤的思想游历。当你在阅读中，发现了悦人风光，你会情不自禁地在芳草地上坐下来，歇一歇脚，看看蓝天白云。

后 记

　　本书中内容，是近年报刊发表的学术随笔的一部分。

　　端午小长假，天高云淡，人都挤景点去了。周遭静了许多。校完书稿，有风掠过，是粽香气息。门外木槿花开了。月季似乎一直在开花，蔷薇春后一波大花浪后，改成星星点点了。金银花开始休假。金桂绽放还远，但青枝绿叶的，已得八月先声。

　　吹灭读书灯，一身都是月。我们不要只是一个前殿，一种场面。还得有一处旷野，看高天流云，月晕而风，础润而雨。有一方水域，看老鱼吹浪。

　　时光荏苒，斗转星移，中国正处于非常特殊的时期。唯有书桌，是平静处。唯有读书，养平静气。唯有著书，得平静之三昧。

　　一本书当如一株树，站成春天的模样。拂得清氧三分，一分化为晨曦，一分化作晚霞，还有一分换得清茗半盏，冲泡岁月。

端午，于绿隐书屋

2018 年 6 月 18 日

图书在版编目(CIP)数据

思想的郊外:知识、智慧与人性/秦德君著. —
上海:上海人民出版社,2019
ISBN 978 - 7 - 208 - 15945 - 7

Ⅰ. ①思… Ⅱ. ①秦… Ⅲ. ①社会科学-文集 Ⅳ.
①C53

中国版本图书馆 CIP 数据核字(2019)第 132587 号

责任编辑 郭立群
封面设计 范昊如 夏 雪 等

思想的郊外:知识、智慧与人性

秦德君 著

出 版 上海人民出版社
　　　　(200001 上海福建中路 193 号)
发 行 上海人民出版社发行中心
印 刷 常熟市新骅印刷有限公司
开 本 890×1240 1/32
印 张 12.5
插 页 2
字 数 272,000
版 次 2019 年 9 月第 1 版
印 次 2019 年 9 月第 1 次印刷
ISBN 978 - 7 - 208 - 15945 - 7/I·1834
定 价 58.00 元